KB272289

우아한 사고를
위한 철학

우아한 사고를 위한 철학

어떻게 정신적 빈곤에서 벗어날 것인가

호세 카를로스 루이스 지음　　　　　김유경 옮김

북하우스

마누엘 마린에게

당신이 못 여덟 개로 조명과 그림 거는 법을 알려준 덕에
우리 집을 더 아름답게 밝힐 수 있었습니다.

시작하기에 앞서

증후군syndrome

(스페인왕립학술원RAE의 스페인어 사전에 기재된 두 번째 정의)

2. 보통 부정적 상황을 드러내는 징후나 현상들.

　'증후군syndrome'이라는 단어의 어원은 그리스어 '신드로메syndromē(모임, 일련의 상황)'에서 유래했고, 이는 접두사 '신syn-[함께(합류하다, 결합하다, 동시에……)]'과 '드로모스dromos[경로(길, 거리, 장소……)]'가 합쳐진 단어이다. 따라서 본래는 그리스어로 '혼란(한곳으로 몰려드는 움직임, 소란스러운 군중)'을 뜻한다. 아리스토텔레스는 이 단어를 의료적 의미로 썼으며, 2세기 그리스의 철학자이자 의학자인 갈레노스는 현재 우리가 사용하는 의미대로 여러 문헌에 이 단어를 기록했다. 이 책에서는 갈레노스의 용법을 따라 증후군을 단순한 질병으로 보지 않고, 오늘날의 특정한 상황을 규정하는 징후이자 현상으로 해석하고자 함을 미리 밝혀둔다.

빈곤Indigence

1. 식량과 옷 등을 마련할 수단이 부족함.

　이 단어는 라틴어 '인디겐스indigens', '인디겐티스indigentis(indigens의 소유격—옮긴이)'에서 유래했고, 이는 다시 동사 '인디게레indigere('인디게오indigeo'와 유사한 뜻)'에서 파생되었다. 이는 '결핍되다, 무언가가 부족하다'라는 뜻으로, '필요로 하다, 부족하다'라는 뜻을 가진 동사 '에게오egeo'와 같은 어근을 가진다.

정신적mental

1. 정신에 속하거나 정신과 관련된.

　어원적으로 '멘탈mental'은 라틴어 '멘탈리스mentalis'에서 유래했고, 이는 '생각과 관련된'이라는 뜻이다. 라틴어 '멘스mens(정신, 마음)'에 접미사 '알-al(~와 관련된)'이 더해졌다.

차례

행복이라는 좁은 길을 따라

1장 정신적 빈곤

다름에서 품격으로

2장 우아하게 살기

범주에 관한 생각

3장 범주의 후성유전학

행복이라는
좁은 길을 따라

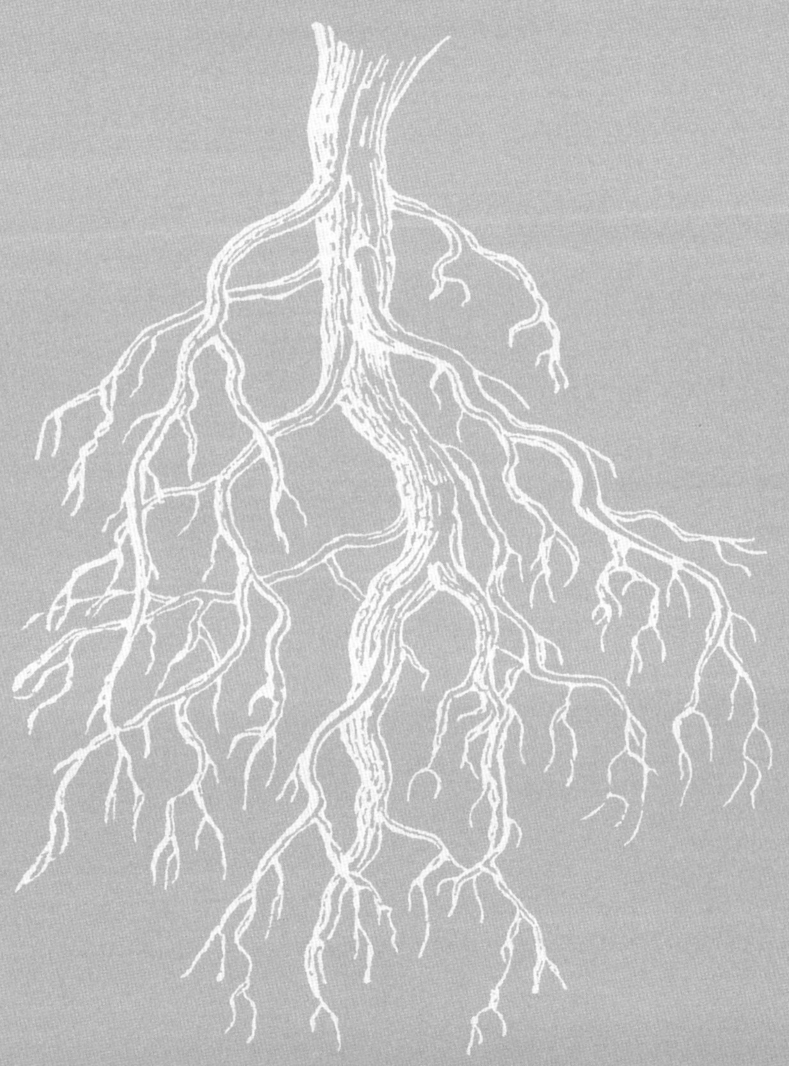

정신적 빈곤

여는 글

행복이 부수적인 목표이거나, 덕 있는 삶의 결과 혹은 뜻밖의 행운으로 여겨지던 시대는 이제 끝난 듯하다. 간단히 말해, 세계화 이전[즉, 스크린 이전prescreen(스크린이 사회와 일상에 보편화되기 이전―옮긴이)] 시대에 행복은 삶의 여정 속에서 찾아가는 것으로 인식되었다. 그 당시 행복은 고유하거나 독립적인 범주에 속하지 않았고, 한정되거나 분명하게 정의되지도 않았으며, 절대적인 개념으로 자리 잡지도 않았다. 그래서 세계화 이전의 주체는 행복 '그 자체'를 탐구하는 일에 별다른 노력을 기울이지 않았다. 행복이 삶의 과정과 동떨어진 별개의 목표로 인식되는 걸 원하지 않았기 때문이다. 그리고 그 덕분에 각자 자신의 행복 모델을 평가했고, 이는 삶을 좀 더 여유롭게 살아가는 데 도움이 되었다. 세계화 이전 시대에 대부분의 부모 세대, 조부모 세대는 존엄한 삶을 일구는 데 집중했고, 주로 그런 과정에서 행복과 자연스레 조우했다. 그들은 자기 삶을 추동하는 힘을 개선하고 키우기 위해 노력했다. 오늘날처럼 '행복'이라는 단어가 사회구조(미디어, 출판, 기관 등)의 구석구석을 점령하지는 않았다. 하지만 세계화 시대가 도래하면서 긍정심리학과 초연결성 hyperconnection(정보 통신 기술의 발전으로 지구촌이 하나의 네트워크를 중심으로 거미줄처럼 긴밀하게 연결되는 현상―옮긴이), 옴니스크린omniscreen(스크린 만능주의. 즉, 디지털 스크린이 편재하고 그 힘이 강력한 상황―옮긴이)이 등장했고, 행복에 관한 관심도 커졌다. 이런 변화 추이는 구글 검색 엔진만 살펴봐도 충분히 파

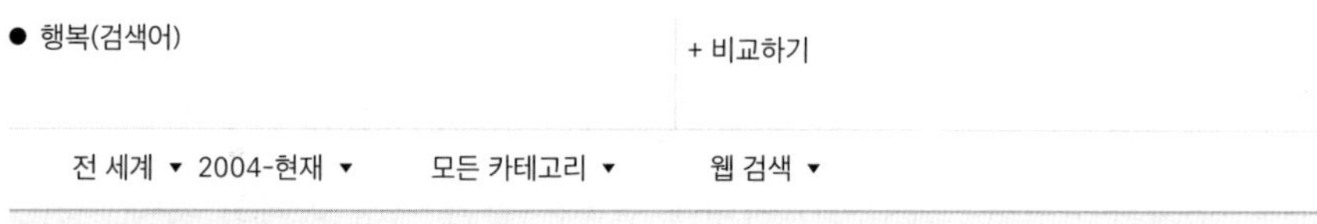

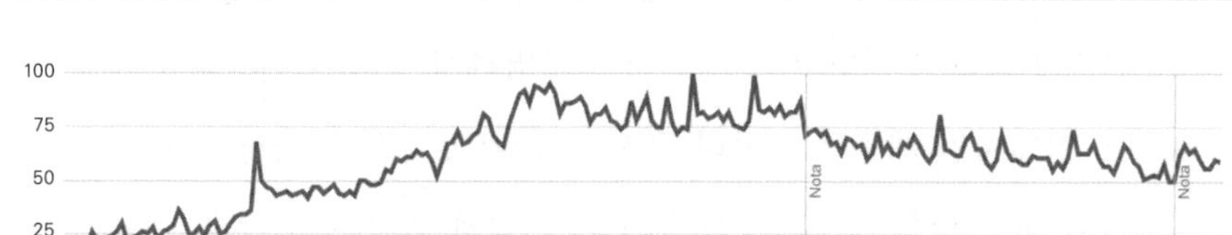

출처 구글 트렌드

악할 수 있다.

아리스토텔레스는 행복이 최소한의 토대에서 시작해 덕 있는 삶으로 확장된다고 보았다. 그 당시 주요 관심사는 식량과 주거 공간, 자유 시간 및 미래 설계였다. 여기에 더해, 행복은 개인의 잠재력을 자연스럽게 발전시키는 과정으로 이해되었다. 그리스 고전 철학은 행복이 목적이 아니라, 결과임을 분명히 밝히는 것 같다. "아리스토텔레스에게 진정한 행복*eudaimonia*(에우다이모니아)은 삶과 행동에 기인하며, 선한 사람의 활동은 그 자체로 선하고 즐겁고 행복하다."[1] 아리스토텔레스가 아들 니코마코스를 위해 쓴 책인 『니코마코스 윤리학』은 행복에 관한 이야기로 시작한다. 즉, 이 그리스 철학자에게 행복은 윤리 안에 있고, 그것과 분리될 수 없었다. 또한 윤리는 인간의 행동, 보다 구체적으로는 활동과 밀접한 연관이 있었다. "정치의 목적은 무엇인가. 그리고 실현할 수 있는 모든 것 중에서 최고의 선은 무엇인가. 이 질문에 대한 대답은 거의 모든 사람이 일치하는데, 대중이나 지식인 모두 행복이라고 대답하기 때문이다. 그리고 대부분 올바르게 살고 행동하는 것이 곧 행복이라고 생각한다."[2]

세계화 이전 시대의 '잘 사는 것'은 오늘날 현대사회를 지배하는 쾌락과 욕망의 개념을 반드시 포함하지는 않았다. 행복과 쾌락의 관계는 감각, 육체, 물질의 차원을 넘어섰다. 실제로 윤리 문제를 다룬 사상가들은 품위 있고 덕 있는 삶이 꼭 즐거운 일을 하며 사는 것이라고 보지 않았다. 하지만 그 행동의 결과가 행복으로 이어질 수 있다고 확신했다. 이와 관련해 칸트는 다음과 같이 말했다. "덕과 행복은 한 사람 안에서 최고의 선을 이룬다. 또한 행복이 도덕성에 상응하는 비례로 주어질 때, 가능한 세계에서 최고의 선이 된다. […] 이성적 존재가 살아가는 내내 끊임없이 자신의 삶에 동반하는 즐거움을 자각하는 것이 바로 행복이다."[3]

그러나 세계화(옴니스크린 시대)와 함께, 우리는 행복 개념의 패러다임이 변화하는 것을 목격하고 있다. 이제 행복은 세계화 이전의 기준을 따르지 않는다. 그 본질은 변했고, 형식과 내용이 다른 '포스트 행복post-happiness'으로 바뀌었다. 그리고 이 포스트 행복은 시시각각 우리를 괴롭히는 정신적 빈곤 증후군의 주요 징후가 될 것이다. 여기에서 접두사 '포스트post-'를 붙인 이유는 과거의 행복과 전혀 다른 새로운 형태의 행복이라는 것을 강조하기 위함이다. 이 포스트 행복은 우리를 과다한 활동으로 내몰고, 사색과 관조, 즐거움을 누릴 시간을 허용하지 않는다. 이런 관점에서 '포스트-'라는 접두사는 세계화 이전 시대에 정체성 형성의 일부로 이해되었던 행복이 사라지고, 그것이 자극과 자기암시의 기능을 수행하는 일종의 플라세보 행복, 즉 가짜 행복으로 바뀌었음을 의미한다.

앞으로 '하이퍼모던hypermodern(철학자 질 리포베츠키가 사용한 용어를 차용사회 단계—옮긴이)'[4] 주체라고 부를 개인은 그 어느 때보다도 외부 환경에 많이 노출되어 있지만, 방어 능력은

　　행복이라는 좁은 길을 따라

그만큼 더 약해졌다. 우리는 우리에게 직접적인 영향을 미치는 두 가지 문제에 직면했다. 첫째, 우리는 인터넷처럼 매우 적대적일 수 있는 새로운 불안정한 생태계가 제공하는 사회 변화와 기술적 혼란에 영향을 받는다. 둘째, 세계화 시대는 우리에게 직접적인 영향을 미치는 환경(가족, 교육, 인간관계 등)을 바꾸어놓았다. 이것은 일련의 (후성유전적) 변화들로 이어졌으며, 그 결과, 우리는 이전 세대가 표현했던 것과는 매우 다른 방식으로 자신을 표현하게 되었다. 또한 이는 수치심의 메커니즘을 재구성하고, 우리가 받은 유산에서 '신중함'이라는 단어를 제거해버렸다. 하이퍼모던 주체가 생각하는 존재being는 '행함doing'에 그치지 않고, 주저 없이 자신을 드러내야 한다. 따라서 신중함에서 나오는 우아함이 부족할 수밖에 없다.

이 하이퍼모던 주체는 가장 가까운 주변 사람들로부터 유대나 정체성 형성 측면에서 어떤 영양도 공급받지 못한 채 성장했다. 그저 '긍정적' 감정과 야망이 넘치는 식단만 공급받았는데, 이는 불안정한 심리와 허약한 지적 방어를 낳았고, 결핍이 채워질 때마다 또 다른 새로운 결핍이 생겨 불완전함만을 증폭시키는 불만만 가득한 정체성을 초래했다.

여기에 코로나19 팬데믹이 더해지면서, 특히 아동과 청소년이 정신적으로 더 취약해졌다(이 세계적인 위기 상황으로 정신 건강 장애를 겪는 미성년자가 최대 47퍼센트 증가했다).[5] 세계보건기구WHO에 따르면, 중증 우울증 및 불안 장애가 25퍼센트 증가했는데, 스페인소아과협회도 아동의 우울증과 불안 및 섭식 장애 사례 증가를 우려하고 있다.[6] 그러나 이보다 더 걱정스러운 건 "2020년 스페인에서 자살 또는 자해로 인한 사망자가 3941명이었는데, 이는 지난 40년 동안 가장 높은 수치"[7]라는 사실, 그리고 14세에서 29세 사이 젊은이들의 첫 번째 외인사의 원인이 자살이라는 사실이다. 또한 모든 인구 계층에서 비일관적인 성격을 보이는 사람들이 늘어나고 있는데, "40세에서 59세 사이의 성인 자살 비율이 가장 높고, 지난 10년 동안 80세 이상의 자살 비율도 증가했다는 사실을 간과해서는 안 된다".[8]

가장 가까운 환경과 관계 속에서 이어져 내려오던 정체성이 무너지고, 대신 외부(인플루언서, 틱톡커, 코치 등)에 의해 그럴듯하게 꾸며진 메타-정체성meta-identity이 그 자리를 차지하게 되었는데, 이것은 '가상성'이 강한 만큼 전파 속도도 빠르다. 통계에 따르면, '맞춤형 교육'의 부재와 스크린 앞에서 보내는 시간의 증가는 주체, 특히 어린아이들의 개성을 약화하는 주요 원인으로 지목된다.[9] 이 모든 것으로 인해 극한에 몰린 주체는, 자신이 당면한 삶의 문제를 해결하는 데 필요한 수단을 쓰려는 순간, 자신의 빈곤함을 드러내는 상황에 맞닥뜨린다.

이 정신적 빈곤 증후군은 특정 증상과 (또는) 현상들이 복합적으로 작용한 결과 나타나는데, 궁극적으로 하이퍼모던 주체는 사고를 담당하는 정신적 메커니즘을 제대로 작동시키지 못하는 결핍을 겪게 된다. 이 주체는 스스로 현실을 비판적으로 분석할

     행복이라는 좁은 길을 따라

수 있는 능력이 얼마나 부족한지를 느끼는 동시에, 분석 능력과 비판적 사고를 올바르게 사용하는 것이 얼마나 중요한지를 깨닫는다. 또한 스스로 이런 상황에서 벗어날 능력이 없다는 사실도 알게 된다.

그럼에도 퍼뜩 제정신이 드는 순간들이 있는데, 그제야 자신이 이제까지 삶을 이끌어가는 데 필요한 자원들을 잘 관리하지 못했다는 것을 깨닫는다. 그러나 그럴 때마다 문제들을 해결하고 상황을 회복하기 위해 자신과 가장 가까운 영역이 아닌, 가장 멀리 떨어진 외부 요인에 도움을 청하려고 한다. 자신이 제대로 비판적 사고를 할 수 없다는 걸 깨닫고, 그나마 남은 유일한 선택지로 타율성(타자, 외부의 힘으로 결정되는 상태)을 선택함으로써, 스스로 정신적 빈곤에 처했음을 선언하는 것이다. 어떤 경우, 이 타율성은 온갖 자기계발서 탐독과 워크숍 및 동기부여 강연 참석, 심리 클리닉 방문 등으로 나타나기도 한다. 또한 자신을 비난하기도 하고, 다시 포스트 행복 정복에 나설 힘을 회복하는 데 도움이 될 만한 항불안제와 항우울제에 의지하기도 한다.

대중을 유혹하는 매우 교묘하고도 정교한 시스템의 보호 아래, 정신적 빈곤은 점점 더 획일화된 모습으로 나타나며 교육 수준이나 사회계층과 관계없이 곳곳으로 퍼진다.

비록 하이퍼모던 주체를 형성하는 요소들이 너른 범위에 걸쳐 있고 개인에 따라 영향을 받는 요소들이 다를 수 있지만, 우리는 이 하이퍼모던 주체를 특징짓는 일련의 요인만큼은 도출

해낼 수 있다. 이를 테면, 좀 더 시각적이고 직접적이며 감성적인 사이버 소통을 추구한 결과 구어와 문어가 심각하게 빈곤하다.[10] 이는 '언어의 감정적 철학'을 자극한다. 또한 '타자'의 지위를 소비의 대상—타자 섭식(타자 소비)—으로 취급한다. 이는 타자가 간헐적 존재(관심을 끌 때는 존재하고, 아닐 때는 무시되는)로 전락한다는 뜻이다. 이와 더불어, 공간의 범주가 변하면서(재범주화되면서) 물리적 실체의 경계가 모호해진 환경 속에서 감동의 정도에 따라 공간의 가치를 다르게 여긴다. 즉, 실제 장소와 가상의 장소 모두 (그 장소들이) 우리에게 얼마나 감동을 주고, 감정을 불러일으키는지에 따라 그 중요성이 결정된다. 또한 시간에도 같은 일이 일어나는데, 움직임과 잠재력*dýnamis*(뒤나미스)을 우위에 두고 삶을 조정하는 데 중요한 요소로 삼는다. 이 모든 변화는 직설적이고 반투명하며(실체가 뚜렷이 드러나지 않는 과잉 현실의 특성—옮긴이) 위치 기반적인 포스트 행복의 새로운 관점 아래에서 전개된다. 그리고 이후에 분석할 포위의 방법론을 활용해 덕 있는 삶을 통해 추구하던 이전의 패러다임을 폐기하며, 주체가 계속해서 포스트 행복을 정복하도록 밀어붙인다.

하이퍼모던 주체는 모든 편리함과 근접성을 동원해 잠재력을 극대화하고 동기부여를 하려고 애쓰지만, 두려움의 메커니즘에서 벗어나질 못한다. 이 두려움은 이미지(토템 스크린)를 통해 주체를 잠식한다. 또한 이 주체는 비이성적 조급함에 시달린다.

이는 주변의 도덕적 기준을 무시하여 발생하는데, 이 모든 것은 주체를 탈의무의 단계에 위치시킨다. 도덕적 엄격함이 부족하고 덕의 명확한 실천을 결여한 탓에 새로운 두려움이 생겨난다. 그리고 이 두려움은 자신의 정체성을 돌보는 과정에서 더 커지고, 그 결과 실제 자아와 디지털 자아(아바타)에 관한 관심과 걱정이 배로 늘어난다.

이 모든 요소가 더해지면서 주체의 성찰적 요소를 약화하는 시스템이 생겨났다. 이런 환경 속의 삶은 평온함과 차분함이 부족하고, 정적인 상태를 견디지 못하며, 조잡하고, 우아하지 않고, 자기 기준이 없는 모습으로 드러난다. 앞으로 이 책 전반에 걸쳐 우리는 우아한 삶과 사고를 어렵게 만드는 몇 가지 변화를 분석해볼 것이다. 안타깝게도 그런 우아함은 뚜렷한 해결책 없이 서서히 사라져가는 듯하다.

행복의 유전학

하이퍼모던 주체에게 행복은 21세기 들어 매우 좁고 단순한 개념 중 하나가 되었고, 결국 그것은 '포스트 행복'이라는 새로운 방식으로 재조정되는 상황에 이르렀다. '행복'이라는 용어 자체는 영향력[11]과 파급력의 측면에서 더 강력해졌지만, 다른 한편으로는 주체가 내적인 풍요로움을 잃으면서 전보다 단순해지고 축소된 존재가 되었다. 과거의 행복은 집단적이라기보다는 개인적이고 주관적인 주제였다. 여러 이유가 있겠지만, 무엇보다도 이를 직접 관리하는 기관이나 수치화하는 기준이 존재하지 않았기 때문일 것이다. 그러나 하이퍼모더니티hypermodernity에서 행복은 '주류'가 되었고, 결국 이 책에서 '포스트 행복'이라고 부르는 단계에 이르렀다. 오늘날 우리는 전 세계적으로 포스트 행복을 체계화하거나 유형화하려는 시도를 목격하고 있다. 영국의 정치학자이자 사회학자인 윌리엄 데이비스는 이러한 상황을 다음과 같이 설명한다. "행복 분야에 통계 자료가 축적됨에 따라, 행복 경제학도 성장한다. 이 분야는 통계 자료를 바탕으로 어느 지역, 어떤 생활 방식, 어떤 직업 유형, 어떤 소비 형태가 가장 높은 정신적 웰빙을 만들어내는지를 정교하게 규정해 수익을 창출하고자 한다. 또한 예전에는 주관적이라고 여겨졌던 기분(마음 상태)에 관한 문제들이 지금은 객관적 자료를 통해 분석되고 있다. 우리의 기대는 전략적으로 이 행복을 추구하는 방향에 맞춰지고 있으며, 이는 객관적이고 측정 가능하며, 적용 가능한 방식으로 이루어지고 있다."[12]

가장 내밀한 주관성이 외부로 드러날 때, 심리학자 자크 라캉이 '외밀성extimité'[13]이라 명명한 개념이 나타난다. '외밀성'이란 내밀함이 외부로 표출되는 과정을 뜻하며, 이는 포스트 행복의 개념 변화에서 두드러지는 특징 가운데 하나이다. 개인적인 영역, 즉 내밀함은 점차 사적 영역으로서의 특성을 잃어가, 때로

   행복이라는 좁은 길을 따라

는 지나치게 노골적이고 외설적으로 드러나기도 한다. 이와 반대되는 현상인 외부적인 것의 '내밀화*intimización*' 또한 주목할 만하다. 정신 빈곤 속에서 우리는 외부에서 벌어지는 모든 일을 잘 다듬어진 내러티브로 제시하려 하고, 그 사건들을 우리 내밀한 자아의 연장선처럼 보여주려고 애쓴다. 외부적인 것이 내밀한 영역을 점유해 그 안에 함께 자리 잡아 담론의 방향을 바꿈으로써, 두 영역 사이에 존재했던 경계를 약화시킨다. 그러나 내밀함이라는 보호막을 벗어던질 때, 우리는 무의식적으로 더 큰 오염의 위험을 떠안게 된다.

이러한 과정의 또 다른 중요한 결과 중 하나는 사적 영역과 공적 영역을 구분하는 과정이 느슨하게 진행되면서, 이 둘 사이의 경계가 희미해지는 것이다. 사적 영역과 공적 영역 사이에 존재하던 경계, 즉 감정 억제(감정은 주로 사적 영역으로 제한되곤 했다)와 감정 표현(공적 영역과 관련) 사이의 분리가 이루어지던 그 경계 또한 사라졌다. 예를 들어, "사람들 앞에서 울지 말 것", "자기감정을 밖으로 드러내지 말 것", "신중하게 행동할 것" 등의 사회적 선언은 이제 설득력을 잃었다. 사회학자 에바 일루즈에 따르면, 공적이고 비감정적인 영역과 사적이고 감정적인 영역 사이에 존재하던 합의가 깨졌다. 사적인 자아가 지금처럼 공개적으로 드러나거나, 경제 혹은 정치 분야의 담론 및 가치와 이토록 밀접하게 연결된 적은 없었다.[14] 이제 우리는 내밀한 감정을 감추라는 압박을 사회적 억압으로 인식하고, 오히려 그것을 극복해야 할 대상으로 여긴다. 그 결과, 정치를 포함한 공적 영역에서 감정을 노출하고 극대화하는 일이 일상화되었고, 그로 인해 최소한의 품위마저 지키기 어려운 상황에 이르렀다.

감정적 능력이 점점 더 중요해지면서 행복의 인식에도 직접적인 영향을 미쳤다. 감정이 사회 전반에 걸쳐 전성기를 누리면서 이는 사적인 영역에서 '공동의 행복'을 실제로 이룰 수 있다는 가능성을 설득하는 데 매우 유용한 수단이 되었다. 이는 일종의 포스트 행복 모델로, 그 핵심은 모두가 똑같은 방식으로 행복해질 수 있다는 믿음이다.

이 새로운 변화 속에서 '감정emotion'과 '상품commodities(소비의 대상)'이 결합한 '이모디티emodities'라는 개념이 등장했다.[15] 에바 일루즈에 따르면, 소비(상품)는 감정 표현과 경험을 강화하며, 그 결과 감정 자체가 소비의 대상(상품)이 된다. 따라서, '이모디티'는 소비와 감정이 합쳐진 결과물이라 할 수 있다. 현대 소비문화에서는 감정이 소비의 최우선 대상이 되며, 그로 인해 여러 면에서 감정적 탁월성을 길러야 한다는 필요가 강화되는데, 이것이 바로 포스트 행복의 특징이다.

포스트 행복을 추구하는 동안, 사적인 영역의 투과성이 점점 강해지면서, 외적 영역이 내면 깊숙이 침투하게 된다. 그 결과 주체는 포스트 행복의 외부성에 점점 익숙해지고, 그 모습을 부끄러움 없이 쉽게 드러낸다. 하이퍼모던 주체는 외적 요소를 자기 내면으로 받아들인다. 감정이 이처럼 개인적, 사회적으로 위치 설정을 하는 가운데 감정은 사회를 구성하는 또 다른 요소가 되어 마침내 "사회적, 역사적으로 규정된 행복과 웰빙well-being을 달성할 수 있는 능력으로서 감정적 웰빙이라는 새로운 위계를 제시하기에 이른다".[16] 이런 새로운 등급, 감정의 지배, 내적 영역과 외적 영역의 변증법적 관계의 붕괴는 정신적으로 빈곤한 사람의 삶을 해석하는 방식에 근본적인 변화가 일어났음을 보여준다.

지적 방어력이 강하고 다양한 경험을 통해 훈련받은 주체는 일종의 면역력이 형성돼 있어서 삶에 우선순위를 세울 수 있고, 미디어의 과잉 노출과 포스트 행복의 공격에도 거의 영향을 받지 않고 자신의 '원상태'를 유지한다. 반면, 고통과 아픔, 고심 등 힘든 감정을 경험하지 못하고 과잉보호만 받아온 주체는 '긍정적 감정'이라는 사탕발림에 빠진 채 포스트 행복의 포위 속에서 자신의 정체성을 형성한다.

이 책에서는 현대의 행복 개념이 어떻게 변화하는지를 이해하기 위해 두 가지 개념인 돌연변이와 후성유전에 주목하려 한다. 돌연변이와 후성유전은, 행복이라는 개념이 포스트 행복으로 전환되는 과정에서 세계화 이전 시기와 세계화 시기에 각각 어떤 변화를 겪었는지를 살펴보는 데 꼭 필요하다.

돌연변이란 본질적인 변화와 단절, 그리고 새로움, 즉 어떤 것은 사라지고 어떤 것은 새롭게 시작되는 현상을 의미한다. 살아남은 돌연변이 유기체는 환경 적응에 성공한 존재이지만, 모든 돌연변이가 세대에 걸쳐 지속되는 것은 아니다. 돌연변이가 생식세포에 영향을 미치는 경우, 이는 후손에게 전달되며 세대에 걸쳐 영향을 미치는데, 이것을 생식세포 돌연변이라고 한다. 반면, 개인의 체세포에만 영향을 미치고, 후손에게는 전달되지 않는 체세포 돌연변이도 있다.

이러한 관점에서 나는 행복을 돌연변이나 급격한 역사적 변동 없이, 안정적인 진화를 거쳐 그 유산이 전승되어 온 비유기적 범주로 이해한다. 동시에, 행복이 어떻게 돌연변이나 환경의 영향을 받아(후성유전) 새로운 '포스트 행복'의 형태로 바뀌게 되었는지를 설명해보려고 한다.

행복에서 포스트 행복으로 변하는 과정에서 생각할 수 있는 또 하나의 중요한 생물학적 개념은 바로 후성유전이다. 이것은 유전자 발현 방식에 영향을 미치는 외부 요소들을 뜻한다. 후성유전은 20세기 중반 생물학자 C. H. 웨딩턴[17]이 제창한 것이지만, 21세기에 들어서서 인간 게놈 프로젝트의 진전 이후에야 제대로 주목받기 시작했다. 후성유전에 따르면, 환경(외부 요소)은 유전자 발현에 영향을 줄 수 있고, 발생 조건이 똑같이 재현될 경우 유전자는 똑같은 복제 과정을 유지할 수 있다. 후성유전에서 환경은 유전자 발현 방식에 중대한 영향을 미친다. 즉, DNA의 염기서열이 바뀌지 않아도 유전자가 조직되고 구조화되는 방식에서 변화가 일어날 수 있고, 이 변화가 다음 세대까지 유전될 수 있다는 뜻이다. DNA 염기서열은 그대로지만, 이런 변화로 인해 유전자의 발현 방식이 달라진다.[18] 이 개념은 단지 유전자뿐만 아니라, 외부 요인도 유기체에 결정적인 영향을 미친다는 것을 보여주었다는 점에서 중요하다.

후성유전학은 환경적·사회적 요인, 개인의 경험이나 사건 등이 유전자 발현을 조절할 수 있음을 설명하는 학문이다. 유전자가 그대로여도 발현 방식은 변할 수 있다는 것이다. 최근까지는 유전자 전달이 중립적인 과정으로 여겨져왔지만, 이제는 그 과정이 환경의 영향을 받아 발현 방식이 바뀔 수 있다는 것을 알게 되었다. 환경의 자극은 유전자의 전달 방식과 발현을 변화시키며, 이는 유기체에 다양한 결과를 초래한다. 유전자 발현을 변화시키는 여러 인과적 사건과 원인이 존재한다는 점이 밝혀진 것이다. 환경 자극은 유전자에 화학적 '꼬리표'를 붙이거나 제거함으로써 유전자의 행동을 조절한다. 이로써 같은 유전자를 가진 쌍둥이라도 서로 다른 질병을 갖는 이유, 혹은 복제된 개체도 원본과 완전히 같지 않은 이유를 설명할 수 있게 되었다. 이러한 차이는 같은 유전자 조건을 갖고 있다 할지라도 그 유전자의 후성유전학적 조건을 똑같이 재현하지 못하기 때문에 발생한다.

이런 생물학적 관점을 빌려, 행복에서 포스트 행복으로의 전환에 매우 큰 영향을 끼친 개념과 범주들이 어떻게 변이되고 그 발현이 달라져왔는지를 이해하고자 한다. 여기에는 구조적·문화적·기술적 변화가 작용했는데, 그 과정을 돌연변이나 후성유전의 관점으로 설명해볼 수 있다.

결론적으로, 포스트 행복의 주요 특징은 기존의 행복과 달리 환경 요인에 더 취약하고 변화에 더 많이 노출된다는 점인데, 이는 포스트 행복이 지닌 불안정성과 피로감을 보여주는 분명한 증거다.

공동체적 행복

세계화 시기에 일어난 다양한 변화 중 행복의 개념에 가장 큰 영향을 준 것은 타자에 대한 인식 변화다. 이전에 타자라는 범주는 공동체적 의미를 내포했다. 타자는 폴리스(도시국가)의 본질이자, 공감하고 공유할 수 있는 존재였고, 과장된 표현 없이도 우리의 '파토스*pathos*', 즉 감정을 움직일 수 있었다. 이렇게 타자는 자아를 지지하고 보완하며 늘 함께하는 존재였다. 이러한 타자에 대한 인식은 전혀 새로운 게 아니다. 플라톤은 『국가』에서 기게스의 반지 이야기를 들려준다. 양치기였던 기게스는 어느 날 양을 치던 중 땅이 갈라지면서 생긴 깊은 굴을 발견한다. 호기심에 안으로 들어가 보니, 그곳에는 거대한 청동 말이 있었고, 그 안에는 벌거벗은 거인의 시신이 놓여 있었다. 시신의 손가락에는 빛나는 보석이 박힌 금반지가 끼워져 있었다. 기게스는 그 반지를 빼서 자기 손가락에 끼고는 떠난다. 얼마 후, 매달 가축의 상태를 왕에게 보고하는 목동들의 모임에서 그는 자리에 앉아 있다가 무심코 반지의 보석을 손바닥 쪽으로 돌렸는데, 그 순간 투명인간으로 변했다. 다른 사람들은 마치 그가 거기에 없는 것처럼 말하고 행동했다. 그렇게 그는 반지를 돌리기만 하면 투명인간이 될 수 있다는 사실을 알게 되었다. 이후 그는 그 힘을 이용해 궁전에 몰래 들어가 왕을 죽이고 왕비와 동침해 왕위를 차지한다. 플라톤은 이 이야기를 통해, 아무리 올바른 사람이라도 타인의 시선이 사라지고 자신의 행동에 대한 외부 평가가 없다는 사실을 알게 되면, 다른 사람의 승인이나 판단을 무시한 채 자신의 기준을 강요하며, 어떤 처벌도 두려워하지 않고 행동하게 된다는 것을 보여준다. 결국 타자의 존재, 타자의 본질, 그리고 공동체 영역은 정체성을 형성하고 표현하는 데 매우 중요하다는 뜻이다.

세계화 이전 시대에 '교육'이라는 단어는 그 단어가 지닌 근본적인 의미를 떠올릴 땐 이미 교육의 씨앗을 품고 있었다. 교육이라는 단어는 라틴어인 '에듀카레*educare*'에서 비롯되었는데,[19] 이는 양육하다, 기르다, 키우다 등의 뜻을 가지고 있고, 가족과 학교, 미디어 등 이 일에 필요한 여러 주체를 포괄하는 개념이었다. 이런 관점에서 교육은 자연스럽게 양육 책임자에게 '사회적'이라고 통하는 범주의 핵심을 전수하는 역할을 부여했다. 즉, 공동체는 집단을 유지하려면 개인이 폴리스(도시국가)와 집단의 구성원이 되도록 교육하는 것이 필수적이라는 사실을 알고 있었다. 타자는 모든 교육 단계에서 필수적 존재이고 기준점이자 교육적으로 자아를 보완해주는 존재였다. 실제로 교육하는 사람의 권위는 가족에서 이웃, 버스 운전사, 교사 등 다른 사람들로까지 확장되었다. 예를 들어, 예전에는 아이가 길가에 쓰레기를 버리면 이웃이 공개적으로 훈계하거나, 노인이 버스에 탔을 때 운전사가 젊은이에게 자리를 양보하라고 요청하는 일이 흔했다. 즉, '타자'는 한 개인을 완성하는 데 도움을 주는 존재였다.

고대 그리스에서는 행복을 '에우다이모니아*eudaimonia*', 즉 '좋은*eu* 영혼*daimon*'으로 여겼다. 이는 덕을 갖추는 것, 즉 윤리가 행복과 좋은 삶을 이루는 데 필수적 요소임을 의미했다. 타자는 항상 존재했고, 중요한 핵심 요소였다. 아리스토텔레스도 이를 옹호하며 다음과 같이 말했다. "행복의 뜻에 대해서는 거의 모든 사람이 동의하는데, 대중이나 지식인 모두 잘 살고 잘 행동하는 것을 행복이라고 생각한다."[20] 선善과 행복은 덕 있는 행동 속에서 하나가 되었고, 여기에는 타자의 존재가 반드시 포함되었다.

윤리와 행복의 연관성 외에도, 우리는 그리스 스타게이로스 출신인 아리스토텔레스에게서 행복에 대한 두 번째 관점을 발견할 수 있다. 이 관점은 집단성의 개념과 간접적으로 연결되는데, 행복을 공동의 요소로 추구하는 것이다. 아리스토텔레스의 『니코마코스 윤리학』에 따르면, 행복(에우다이모니아)은 모든 인간이 추구하는 목표이지만, 인간이 본래 사회적인 존재라는 점에서 이는 단순히 개인적 목표가 아니라, 사회적 삶을 영위하는 데 '필수 불가결한*sine qua non*' 조건이 된다. 공동체인 폴리스의 선은 항상 개인의 선보다 상위에 있는 것으로 여겨졌는데, 그것이 더 높은 차원의 선이자 더 높은 차원의 행복이기 때문이었다. 이와 관련해 그는 다음과 같이 말한다. "개인의 선과 도시의 선이 같은 선이라 하더라도, 도시의 선을 달성하고 이를 유지하는 것이 분명 훨씬 더 위대하고 완전한 일이다. 한 사람의 선을 이루는 것도 바람직하지만, 한 민족과 도시 전체를 위해 선을 이루는 것은 훨씬 더 아름답고 신성하다."[21]

도덕과 행복의 통합, 개인과 집단 간의 깊은 연결은 다양한 핵심 범주의 축을 세우는 기반이었으며, 이는 시민들의 사고방식과 정체성을 형성하는 데 기여했다. 고대 그리스철학에서는 이를 보여주는 사례가 수없이 많이 등장한다. 그 대표적인 예로 플라톤의 『크리톤』에서 소크라테스가 제시한 논리를 들 수 있는데, 그는 법을 존중하고 덕을 실천하는 행동을 위해 기꺼이 자기 목숨을 희생한다.

타인 포식자

하이퍼모던 주체에게 이런 시대는 끝났다. 행복과 미덕의 연결은 사라졌고, 집단이 개인보다 우선한다는 가치는 점점 악마화되고 있다. 더불어 우리는 '타자'라는 개념이 점차 도구화되는 과정도 목격하고 있다. '타자성otherness'의 범주는 정체성의 범주를 강화하는 방향으로 변화했다. 정신적 빈곤에 처한 주체의 정체성은 타인의 범주까지 집어삼켜버린다. 타자를 흡수하면 자기 정체성이 확장될 수 있지만, 이러한 흡수가 늘 영양가가 있는 건 아니다. 자칫하면 자기 숭배에 빠질 수 있기 때문이다. 타자는 상호 보완적인 존재로 나타날 때만 주체에게 영양분이 된다. 이와 관련해, 철학자 하비에르 고마[22]의 주장은 주목할 만하다. 그는 타자를 자기 자신과 동등한 존재로 대우해야 하며, 타자가 독특하고 대체 불가능하며 완전한 권리를 가진 주체로 인식될 때 타자는 비로소 존엄성을 회복한다고 주장했다. 즉, 타자는 간헐성(한결같이 존재하거나 반응하는 존재가 아니라, 때때로 나타나기도 하고 사라지기도 하는 불연속적이고 예측할 수 없는 모습을 보이는 것—옮긴이)의 문제를 겪게 되었다. 만일 타자를 단순히 자아의 소비 대상으로 인식하면, 진화적 관점에서 타자는 존엄성을 잃는다. 자아가 본능적으로 타자를 단순히 자신의 배고픔을 해결해줄 '잡을 수 있는 먹잇감'으로 인식하기 때문이다.

우리는 타자가 미끼를 물도록 자극하고 꾀기 위해 자신을 과시하는 자아의 전시를 목격하고 있다. 그리고 그런 곳에서는 진짜처럼 꾸며 유혹하거나 속이는 사람들이 성공한다. 타자의 관심이나 '좋아요like'를 받으면, 자아는 그 기쁨을 제대로 누릴 틈도 없이 즉시 그것을 삼켜버린다. 왜냐하면 곧바로 다음 먹잇감을 찾아나서야 하기 때문이다. 이는 마치 사냥과 생존이 중요했던 원시로의 회귀처럼 보인다. 그 과정에는 어떤 교양도, 즐거움도, 우아함도 존재하지 않는다.

끝없는 사냥과 타자의 섭취로 자아의 몸집은 점점 커진다. 그렇지만 그것이 영양상 균형 잡힌 성장을 의미하는 것은 아니다. 자아는 두 가지 형태로 몸집을 키울 수 있다. 첫째, 맛있지만 건강에 해로운 포화지방을 섭취하는 것이다. 이런 경우 결국 동맥경화에 걸린다. 둘째, 가상 세계에서 타자를 흡수한 뒤 감정적 보상을 얻어 자기 인식을 키우는 것이다. 대개 디지털 자아가 사이버 커뮤니티에서 축하(좋아요, 팔로워, 좋은 댓글 등)를 받을 때 일어난다.

물론 자아가 감정적 보상을 위해 타자를 먹어 치울 마음을 먹는다고 해서, 원할 때마다 늘 타자가 나타나는 것은 아니다. 타자는 간헐적으로 존재하는데, 때때로 우리의 통제 밖에 있는 독립적인 개체로서 존재감을 드러내기도 한다. 타자가 자아에 영양분이 되지 못하는, 자아의 손에 닿을 수 없는 대상으로 나타나는 순간들도 있다. 즉, 영양분을 얻기 위해서는 타자가 우리를 인식해야 하는데, 타자는 종종 우리를 무시하거나 우리 반대편에 선다. 타자가 자아를 거부하는 방식으로 자기 존재감을 드러낼 때, 특히 공개적으로 자아를 공격할 때(소위 악플러가 될 때), 자아는 그 공격을 받아들이기가 무척 힘들다. 그럴 때 자아는 자신을 보호하기 위해 격리 메커니즘(앱 차단 기능)을 활성화한다. 타자가 다가오지 못하게 막음으로써 해를 끼칠 가능성을 사전에 차단하는 것이다. 일단 나와 상관없는 독립적 실체이자 자율적

존재인 타자를 제거하거나 차단하고 나면, 그다음 단계는 내 정
체성의 이익에 맞게 모든 범주를 재정의하는 것이다.

타자의 간헐성과 가상성

　하이퍼모던 주체는 생존을 위해 타자와 싸우지 않는다. 즉,
타자는 더는 적이 아니고, 심지어 존재감도 약해져서 '간헐적
인 존재'가 되어버렸다. 본래 적이 두려움을 불러일으키는 이유
는 상대에게 힘이 있다는 전제 때문이다. 누군가를 적으로 인식
한다는 것은 그 사람을 자신과 비슷하거나 우월한 존재로 인정
하고, 지속적인 존재로 여긴다는 뜻이다. 따라서 적은 방심할 수
없는 대상인 셈이다. 그러나 하이퍼모던 주체에게 타자는 간헐
적인 존재로, 자아를 지탱하는 버팀목으로 기능하거나, 일시적
인 위협으로 나타날 뿐이다. 정신적으로 빈곤한 주체는 타자의
가치와 잠재력을 깨닫지 못하고 자기 편견을 강화하는데, 결국
은 스스로 자기 자신을 적으로 세운다. 그리고 자신이 가지고 있
다고 믿는 잠재력을 제대로 발휘하지 못할지도 모른다는 최악의
두려움을 품는다.
　이 주체의 목표는 자신의 생산 능력을 최대한 발휘하는 것
이다. 나중에 더 자세히 살펴보겠지만, 이는 라틴어 동사 '에듀
케레*educere*(안에서 바깥으로 끌어내다, 꺼내다)'에 초점을 맞춘 새

로운 교육 패러다임의 형성으로 이어졌다. '끌어냄'은 주체가 가진 역량을 최대한 끄집어내는 것을 목표로 하는데(역량 중심 평가), 그 과정에서 타자는 뒷전으로 밀려난다. 교육의 주체는 공동체가 아닌 개인이며, 교육 활동은 자기 개선을 위한 능력 개발에 초점을 맞춘다. 세계화된 주체는 항상 잠재력을 최대로 끌어올려야 하는, 발전 가능성을 가진 존재로 여겨진다. 지금 우리는 세계화 이전의 교육관, 즉 '에듀카레*educare*(양육하다, 이끌다, 지도하다)'를 저버렸다. 세계화 이전에는 타인(교사, 가족, 이웃, 미디어)이 교육의 주체이자 안내자였다. 그러다가 생물학적 용어로 '환경'이라고 정의할 수 있는 사회의 변화가 교육의 유전학에 영향을 미쳤으며, 이로 인해 '교육하다'라는 개념 자체가 후성유전학적 관점으로 설명되기에 이르렀다. 다시 말해, 환경(후성유전)이 우리가 교육을 이해하는 방식 자체를 바꿔놓았다. 그 결과 하이퍼모던 주체는 자기 잠재력을 개발하도록 격려하는 권위만을 인정하게 되었고, 자신을 꾸짖는 이웃이나 버스 자리를 양보하라고 요청하는 버스 운전사의 말은 뒷전으로 밀려났다.

이런 주체에게 타자는 더는 대립적인 존재나 지속적인 실재가 아니다. 타자는 주체의 이목을 끌거나 주체에게 언급될 때만 의미를 갖는 간헐적인 존재가 되었다. 즉, 타자는 주체가 주목할 때만 존재하고, 그렇지 않으면 존재하지 않게 된 것이다. 지금 우리는 양자적 관점에서 타자가 불연속적인 존재로 파편화되는 현상을 목격하고 있다. 대부분의 경우, 타자는 주체가 생각하거나 인식할 때만 존재한다.[23] 세계화 이전 시대에는 타자가 항상 자아의 정체성에 기반해 존재했다면, 세계화 시대의 하이퍼모던 주체는 타자를 불연속적(간헐적)인 존재로 이해한다. 이로 인해 집단의 정체성을 유지하기는 점점 어려워진다. 집단 안에서 우아함이 체현될 가능성은 희미해지고, 시민으로서의 품격은 훼손당하기 때문이다. 특히 철학자 하비에르 고마에 따르자면 이러한 시민들은 현재 최악의 순간을 겪고 있다. "요컨대, 우아한 시민은 자기 마음을 갈고 닦으며, 보상을 기대하지 않고도 문명화된 사회성을 자연스럽게 추구하고, 처벌에 대한 두려움 없이도 무례한 행동에 반감을 느낀다. 또한 아무도 보지 않는 어떤 상황에서도 보상을 바라지 않고 자기 존엄성과 자기 존중만으로 올바르게 행동하는 사람이다."[24]

원래 타자가 물리적으로 존재한다는 것은 연속성의 감각에 직접적인 영향을 미쳤다. 타자가 실제로 눈앞에 없어도 가까이 있는 것처럼 느낄 수 있었다. 그러나 디지털과 가상 기술이 일상에 들어오면서, 타자가 꼭 물리적으로 존재할 필요가 없어졌다. 이제 인간의 본질적이고 핵심적인 요소 중 하나인 육체성은 디지털 환경 속에서 사라지고 있고, 가상화 도입을 기점으로 급격히 가속화하고 있다. 세계화 이후, 타자는 자아의 필요에 따라 활성화되거나 비활성화될 수 있는 존재가 되었다. 또한 디지털 기술이 절정에 이르면서 타자의 모습이 가상화되었고, 자아도 자신만의 세상으로 도피하게 되었다. 타자는 역사상 처음으로,

실체가 아닌 가상의 존재가 되었고, 이제 물리적 실체가 아닌 정신적 형태로 존재하게 되었다. 따라서 우리는 가상현실을 더는 허구로 여기지 않는다. 디지털화, 인공지능, 그리고 빅데이터는 가상적인 것을 단순히 형태화하는 데 그치지 않고, 그것을 실용적인 것으로 인식할 수 있게 만든다. 우리는 타자의 요소들 중 관심이 가는 일부만 표현하고 선택할 수 있게 되었다. 이 과정에서 타자는 하나하나 해체되고, 그 전체성은 무시된다. 우리는 타자로부터 우리와 관련된 부분만 취사선택하고, 나머지는 모두 없는 것으로 치부한다.

이처럼 타자를 해체해 선택적으로 취하면, 그 존엄성은 훼손될 수밖에 없다. 존엄성은 온전함을 의미하며, 타자를 복합적이고 전체적인 존재로 받아들이는 것을 전제하기 때문이다. 하이퍼모던 주체는 타자를 부분적으로 바라보면서, 타자의 연속성을 제거한다. 연속성은 단절되지 않음을 뜻한다. 오늘날 단절은 주체의 수많은 내러티브를 구성한다. 과거에 단절은 우아함의 덕목에서 벗어나는 행위였다. 그러나 현대인은 지속성의 부족을 익숙하게 받아들인다. 지속성은 영속성을 함의하는데, 영속적인 것을 오히려 활력과 새로움의 부족으로 인식하기 때문이다. 우아함을 체화하지 못한 정신적으로 빈곤한 개인은 자신의 서사를 만들어가는 과정에서 단절을 삶의 자극 요소로 인식한다.

자아의 잠재력

프로이트는 저서 『쾌락 원리의 저편』[25]과 이후 『문명 속의 불만』[26]에서, 인간을 특징짓는 두 가지 충동인 에로스*eros*(삶의 본능―옮긴이)와 타나토스*thanatos*(죽음의 본능―옮긴이)를 제시하며, 이 두 충동이 행복 개념을 좌우한다고 보았다. 이 오스트리아 사상가에 따르면, 행복을 방해하는 세 가지 고통의 근원이 존재한다. 첫 번째 근원은 바로 자기 몸이다. 우리 몸은 노화로 인해 쇠퇴할 수밖에 없으며, 그로 인해 고통과 불안이 발생한다. 그러나 기술과 세계화가 융합된 테크노-글로벌 시대에는 예방 의료 정책의 도입으로 몸이 개인의 정신적 안정을 해칠 가능성이 줄었고, 의학과 화학 연구의 발전으로 몸의 고통 또한 상당 부분 완화되었다.

두 번째 고통의 근원은 외부 세계이다. 그러나 몸과 마찬가지로, 외부 세계도 덜 위협적인 요소가 되었다. 오늘날 주체는 현실을 직접 경험하기보다는 웹과 같은 가상현실 속에서 점점 더 많은 시간을 보낸다. 여기에 멀리 있는 것을 가깝게 느끼는 심리지리적 효과도 작용한다. 모든 것이 가까이 있다고 느끼는 인식은 외부와 내부, 타자와 자아라는 대립 구도를 완화하며, 이런 변화는 일상생활에 일종의 마취 효과를 불러일으킨다.

세 번째 고통의 근원은 타인과의 관계다. 관계의 위협은 여전히 존재한다. 하지만 관계의 개념 자체는 변하고 있다. 타인과의 관계에 취약한 하이퍼모던 주체는 세계화 이전 시대의 인간관계에서 비롯된 고통(배신, 실망, 속임수 등)을 피하고자, 관계의 가상화(가상 세계 관계)를 추구하고 그 속에서 자신을 보호하고 예방하는 방어막을 발견한다. 기술의 세계화는 대면하는 인간관계에 쏟는 시간을 줄이는 한편, 가상공간에서 타인을 통제하려는 정신적 틀을 발전시켰다. 그 결과, 디지털 마을이 제공하는 안전성을 더욱 선호하게 되었다.

프로이트에게 있어 이 세 가지는 인간이 행복에 대한 기대를 낮추는 요인이다. "이런 고통의 가능성 때문에 인간이 스스로 자기 행복에 대한 기대치를 낮추는 것은 그리 놀라운 일이 아니다. 쾌락 원칙(본능적 욕구의 충족과 쾌락을 추구하는 인간의 태도―옮긴이)이 외부 세계의 영향을 받아 좀 더 겸손한 현실 원칙(현실의 한계를 인정하고, 즉각적인 만족보다 장기 목표나 적응을 우선하는 태도―옮긴이)으로 바뀌는 것도 어찌 보면 당연한 일이다. 따라서 인간이 단지 불행에서 벗어났다는 사실만으로도 행복을 느끼는 것은 충분히 이해할 만하다."[27]

마지막 요인인 사회적 관계는 타자 개념의 변화와 함께 달라졌다. 프랑스 철학자 장 보드리야르는 세계화가 본격화되기 전에 이미 타자 생산 개념을 언급하며 이렇게 말했다. "모더니티와 함께 우리는 타자 생산의 시대에 접어들었다. 그것은 타자를 죽이거나 미화하거나 명성을 떨어뜨리거나 경쟁하거나 사랑하거나 미워하는 게 아니라, 본질적으로 타자를 생산하는 것이다.

이제 타인은 열정의 대상이 아니라, 생산의 대상이 되었다."[28]

그러나 당시 보드리야르는 자기 자신에게만 관심을 두고 몰두하는 자아로 인해 타자가 불연속적(간헐적)인 존재가 될 거라는 사실까지는 예측하지 못했던 것 같다. 세계화가 정점에 이른 지금, 우리는 고독한 현실, 즉 자아의 생산이라는 과제를 마주하게 된다. 보드리야르는 타자를 나와 다른 독립적인 존재로 인정해야 한다며 타자성의 강화를 주장했다. 그러나 현실이 가상화되고 주체가 그 가상현실에 몰입하게 되면서, 자아의 의지에 따라 타자의 존재가 좌우되기에 이르렀다. 그리고 이때 자아의 주된 목표는 타인의 눈에 자신이 더 위대하고 큰 존재로 보이는 것이다. 하이퍼모던 자아를 움직이게 하는 유일한 '타자'는 바로 자아의 추진을 돕는 존재이다. 자아의 유일한 관심은 이상적인 자아로 발전해가는 것이다. 따라서 타자는 주로 '나를 위한 타자'로 경험된다.

실제 자아는 이상적인 자아가 될 수 있다고 착각하고, 이상적인 자아가 되기 위한 활동에 온 힘을 쏟는다. 그리고 이것은 과잉 활동으로 이어진다. 철학자 한병철[29]에 따르면, 이런 활동은 탈진과 피로를 유발하며 자아를 공허하게 만든다. 그가 말하는 자아의 우울과 피로는 주체 안으로 파고든 긍정성(자기 능력을 강조하며 자아를 소진하게 하는, 보이지 않는 자기 착취적 힘—옮긴이) 때문이라기보다, 노력하는 과정에서 자신이 그 긍정성에 부응하지 못하는, 가능성의 한계를 자각하기 때문에 생겨난다. 가능성("너의 가능성은 무한해", "너의 가능성을 개발해", "너의 가능성을 발견해")이라는 개념은 하이퍼모더니티를 구성하는 중요한 감정적 기반이다. 이것은 역동적이고 변화 가능한 유연한 특성으로 인식되기 때문에, 모든 개인적 자질을 단순히 연습과 노력의 문제로 여기는 경향을 낳는다.

투명인간

겉보기에 가장 투명하고 개방된 사회일지라도 타자는 하이퍼모던 주체의 의지에 따라 점차 의미를 잃는다. 거의 혹은 완전히 보이지 않는 투명인간으로 전락할 수도 있다. 투명인간화는 다양한 환경적(후성유전적) 요인에 의해 좌우되며, 이는 타자를 이해하는 새로운 방식을 형성한다. 철학자 다니엘 인네라리티는 "투명인간화는 이동성과 변동성, 단편화, 융합, 새로운 현실의 급증, 기존 설명 체계의 해체, 예상치 못한 동맹, 이해하기 힘든 이해관계의 결합 등이 맞물린 복잡한 과정의 결과다"[30]라고 말했다.

투명인간화의 핵심적인 결과는 신중함이 무의미해진다는 것이다. 타자를 투명인간으로 만들면 주체의 예의는 무력해지고 수치심의 감각은 사라진다. 신중함은 더 이상 가치 있는 덕목이 되지 않는다. 프랑스 철학자 피에르 자위는 이를 다음과 같이 설명한다. "기업 세계부터 텔레비전과 소셜네트워크SNS를 포함한 예술 세계에 이르기까지 거의 모든 것이 '존재한다는 것은 곧 인식되는 것'이라고 말하는 이 사회에서, 어떻게 우리가 신중할 수 있단 말인가?"[31]

하이퍼모더니티에서는 신중하다는 것을 자기 존재감이 줄어든다는 뜻으로 받아들인다. 신중하다는 것은 세계화 시대 이전에 그랬듯 타자를 지속적이고 연속적인 존재로 받아들이고 인식한다는 뜻이다. 타자는 유기체의 건강을 위협하는 바이러스처럼 지속적으로 존재했다. 타자의 지속성은 주체가 외부 평가를 받는다는 뜻이고, 이것은 때때로 주체를 불편하게 했지만, 예의 바른 사회성을 길러주는 역할을 했다. 타자가 주체의 생각 속에 항상 존재했기에, 타자가 눈앞에 있든 없든 주체는 조심성과 신중함을 갖출 수 있었으며, 이는 공동체 형성에 기여했다. 수치심은 타당한 부끄러움을 의미한다. 수치심을 아는 주체는 자신을 가리거나 숨겨야 할 것 같은 느낌을 받는다. 이에 대해 프랑스 철학자 메를로퐁티는 다음과 같이 말한다. "사람은 평소에 자기 몸을 드러내지 않는데, 만일 드러낸다면 그것은 두려움을 느껴서거나 상대를 유혹하기 위해서이다. 주체는 타인의 시선이 자기 몸을 향할 때 타인이 자기 몸을 훔쳐갈 것 같은 느낌을 받는다. 반대로 주체가 스스로 무방비 상태의 타인에게 자기 몸을 드러낸다면 타인을 자신에게 종속시킬 수 있다는 생각이 깔려 있는 것이다. 따라서 수치심과 뻔뻔함은 자아와 타자 간의 변증법적 관계 속에 각기 제자리를 차지하고 있다."[32] 그의 이런 생각을 우아한 삶의 관점으로 확장해볼 수 있다. 우아함은 지나친 두려움이나 과시적 매혹을 피하기 위한 신중함을 바탕으로 한다.

하지만 오늘날에는 이러한 개념들이 뒤바뀌고 있다. 이제 자신을 드러내지 않고 감추는 것은 타인의 시선을 의식하는 행위가 아니라, 의심을 불러일으키는 요인이 된다. 하이퍼모던 주체는 오히려 자신을 적나라하게 드러내, 이를 타자의 시선을 끌기 위한 미끼로 사용한다.

투명인간화된 타자는 이제 자신의 고유성마저 잃는다. 자아는 타자를 자신과 동등한 존재로 바라보지 않는다. 철학자 페레 사보리트가 말한 것처럼, 이제 타자는 그리움의 대상이 될 것이다. "우리는 우리가 만난 다양한 사람을 평가하고 분류하는 기준이었던 관습의 장치가 있었던 시절을 그리워하며 이야기하게 될 것이다. 그때는 그 장치를 이용해 사람들을 동일성(같은 사람)의 상자에 넣을지, 타자성(다른 사람)의 상자에 넣을지를 결정하곤 했다."[33] 하지만 하이퍼모더니티에서 이런 분류 상자들은 더 높은 의도, 즉 타자를 길들이려는 의도로 사용된다.

리비도

그런 길들이기를 설명하는 데 성sexuality만큼 효과적인 예는 없을 것이다. 이 주체에게 타자의 섭취는 다양한 형태로 나타나는데, 그중 성은 가장 중요한 형태다. 자아의 리비도가 발현될 때, 즉 성적 본능이 폭발할 때, 타자는 두 가지 방식으로 모습을 드러낸다. 첫째, 자아가 포르노그래피를 통해 손쉬운 자위를 할 때 나타난다. 이때 타자는 비인격적이고 즉각적인 시각적 자극을 제공하는 역할을 한다. 이 포르노그래피는 장 보드리야르가 "포르노는 진짜보다 더 진짜 같다"라고 했던 그 '매혹적인 시뮬라시옹*simulation*(현실을 대체하는 이미지 생산 과정―옮긴이)'에서 출발해서 이제는 시뮬라크르*simulacre*(시뮬라시옹의 결과물로 현실보다 더 현실적인 가짜, 원본 없는 복제물―옮긴이)의 극치로 변했다.[34] 여기에 더해, 포르노의 보편화, 다양화, 확산으로 인해 포르노가 현실(실제 삶) 속에서 구현되고 있다. 진짜처럼 연출된 허구를 모방하는 것인데, 이 과정에서 현실은 점점 더 '허구화' 된다. 자기중심적으로 변해가는 자아가 포르노를 소비할 경우 현실의 성행위는 포르노의 모방으로 나타난다. 연극으로 보자면, 성행위에서 자아는 타자를 포르노 속 조연 배우처럼 소비하고 사용하는데, 타자가 자신을 위해 연기해주길 바란다. 그러니 갈수록 집에서 촬영한 동영상이 늘어나는 것도 그리 놀라운 일은 아니다. 자아는 원하는 만큼 여러 번 자신의 모습을 상상하며 즐길 수 있다. 결국 자아의 성관계는 자신이 소비한 포르노를 모방하는 과정이 되는데, 포르노의 주요 특징이 허구라는 사실을 망각하기 때문이다. 이런 관점에서 타자는 마치 연극배우처럼 자아를 위해 성적인 역할을 맡고, 자아에 굴복해야 하는 자기 운명에 충실하게 된다. 스크린 속 포르노를 현실로 이행하는 모방 과정에서 자아는 타자를 부실한 양분처럼 여기기에 결코 만족하지 못하는데, 이는 포르노 소비자의 과도한 기대감 때문이다.[35]

둘째, 파트너를 찾아주는 앱을 통한 사회적 연결의 시뮬라크르에서 드러난다. 이러한 앱은 타자를 온전한 인격적 존재로 보지 않고, 단지 성관계를 목적으로 '비슷한 사람'을 연결해주기 위해 만들어졌다. 안타깝게도 오늘날 타자를 단순한 성적 보조자로 여기는 앱들을 사용하는 사람들이 급격히 늘고 있다.[36] 자아가 타자를 단편적인 대상으로 인식하는 이런 성관계는 타자를 단순한 소비 대상으로 축소하는 환원주의적 흐름의 연장선에 있다. 즉, 자아는 타자에게 관심이 생기는 순간, 그 관심 가는 부분들만을 선택함으로써 타자를 축소한다. 타자는 한 사람에게 허용된 최소한의 정체성만을 갖도록 축소되는 과정을 거친 뒤, 이후에는 다시 보이지 않는 존재로 전락하고 만다. 더는 그 사람을 탐구할 필요도 없고, 알아보거나 분석하는 데 시간을 쏟지 않는다. 그런 앱을 통한 모든 만남은 결국 성적인 목적으로 수렴되지만, 겉으로는 그렇지 않은 척 개인의 특징인 나이와 관심사, 취미, 요구 사항 등을 가득 전시해둔다. 이 모든 것은 스크린과 디지털 세계의 보호 아래 이루어진다.

뿌리 없이 떠도는 사람들

하이퍼모던 시대는 즉시성에 편향된 감상주의적 세계화 sentimentalist globalization의 지배를 받는다. 죽음은 망각의 형태로 나타나고, 과거는 오로지 역사적 관점에서만 회고될 수 있으며, 모든 주체성은 배제된다. 시간적 구분은 거의 사라지고, 연도, 연대, 세기와 같은 시간의 경계를 표시하던 선들도 흐릿해진다. 따라서 40년 전 사건과 200년 전 사건은 감정적으로 거의 비슷한 무게를 갖는다. 한마디로, 어떤 사건이든 그저 과거라는 하나의 서랍에 담길 뿐이다. 게다가 시간의 급격한 가속화로 인해 이 서랍의 폭은 줄었고, 그 결과 어떤 사건이든 발생한 시점과 상관없이, 의미 있는 감정 따위 없이 그저 모두 똑같이 지나간 일로 취급된다.

오늘날 주체에게 있어 타자의 의미는 변했고, 과거 역시 변형되었으며, 정체성도 바뀌었다. 이 세 가지 존재는 더는 예전과 같지 않다. 타자는 독립적인 자아에 묶여버렸고, 과거는 현재에 행사하던 영향력을 잃어버리고 떨어져나갔으며, 정체성은 더는 가족, 학교, 친구 등 지역사회에서 양분을 섭취하지 않는다. 이처럼 뒤바뀐 환경은 정체성 표현에서 후성유전적 변화를 일으킬 뿐 아니라, 궁극적으로는 미래도 변화시킬 것이다. 이러한 전망 속에서 우리가 확신할 수 있는 유일한 사실은, 돌연변이와 후성유전이라는 새로운 패러다임 아래 우리가 오랫동안 삶을 이해하고 분류하는 데 사용했던 개념들이 바뀌고 있다는 것이다. 우리는 생존을 위한 투쟁 과정에서, 인간 존재의 가장 본질적인 범주인 삶에 대한 개념 자체가 달라지는 과정을 목격하고 있다.

이런 '다원주의적 범주의 변화' 속에서는 하이퍼모던 시대에 맞게 재정의되고 적응할 수 있는 개념들만이 살아남는다. 과거의 역사적 시기들과 달리, 하이퍼모던 시대의 변화는 집중적으로 일어난다. 세계화 이전의 범주들은 비교적 선형적으로 변화해왔다. 시간의 흐름과 장소에 따라 점진적으로 새로운 특성이 추가되거나 제거되며 발전했다. 예를 들어, 역사는 각 주체의 개인적인 성장을 동반했으며, 공동체의 정체성을 형성하는 데 기여했다. 가족의 이야기는 대대로 이어졌고, 가족의 역사적 정체성은 중요한 가치였다. 가족 구성원들은 더 젊은 세대에게 이 내러티브를 전달하는 책임을 맡아, 가족 앨범을 함께 보거나 전쟁을 겪은 조부모 세대의 이야기를 들려주었으며, 가족 모임에서는 늘 하는 우스갯소리도 즐거웠다. 가족의 역사는 안정적으로 유지되던 범주였다. 가까운 환경이 정체성 형성에 중요한 역할을 했다. 그 본질은 거의 변하지 않았으며, 각 지역과 지리적 공간에서 통하는 고유의 질서를 따라 그곳에서 자신의 세계를 조직할 수 있었다. 그 뿌리는 깊고 안정적이었으며, 이는 친밀한 공동체 안에서 연속성을 유지하며 성장할 수 있다는 의미였다. 따라서 각자의 소우주에서 발현되는 생존 전략은 고유했고, 지역마다 생존 방식에도 특유의 색이 있었다. 동네, 학교, 마을, 도시, 지방, 사투리 등 우리 정체성을 구성하는 요소들은 대체로 견고하고 예측 가능했다. 그 이유는 우리 삶을 형성하는 범주들이 계속 유지되어왔기 때문이다.

위치(장소)와 시간은 우리가 세계를 이해하는 데 사용하는 개념의 틀을 잡아주는 요소였다. 스페인 철학자 오르테가 이 가세트는 한 개인의 삶을 이야기할 때, 그가 처한 상황이나 환경을 반드시 고려해야 한다고 주장했다. 즉, 개인이 삶에서 스스로 선택할 수 없는 조건들(출생지, 부모의 교육 수준, 사회·경제적 배경, 태어난 역사적 시기 등)을 살펴보고 검토하는 것이 중요하다는 것이다. 그는 다음과 같이 요약했다. "나는 곧 나 자신이며 내 환경이다. […] 이것은 바로 위에서 말한 교훈을 드러낸다. […] 내 삶은 특정 환경의 영향 아래 존재할 수밖에 없다. […] 살아간다는 것은 피할 수 없는 주변 환경 속에 갇혀 있다는 뜻이다."[37]

작은 마을이든, 도시든, 국가든 상관없이 각 지역과 공동체는 나름의 특색에 따라 행복과 성공, 아름다움 같은 개념들을 구성해왔다. 이런 미시 세계에서 나타나는 변화는 크지 않았고, 단어와 명사, 더 나아가 범주들도 항상 특정 맥락 속에서 존중받았다. 개념들은 항상 맥락에 맞게 사용되었고, 특정한 영역에 한정되었으며, 보편성을 요구하지 않았다. 세계화 이전 범주들은 특정 공동체가 갖고 있던 세계관을 효과적으로 조직했으며 삶을 이끌어갈 도구를 제공하는 데 중요한 역할을 했다. 자신들의 삶을 구성하던 범주들을 세계화하겠다는 생각은 받아들여지지 않았다.

그러나 이러한 범주들은 하이퍼모던 시대에 살아남기 위해, 즉 시대적 조건에 맞게 기능하기 위해 급작스럽게 변이했다. 각 범주의 본질이 근본적으로 달라진 것이다. 이런 맥락에서 시간 범주도 환경의 압력을 받아(후성유전) 변형되었다. 오늘날의 현재는 그저 시간이라는 정체성으로만 존재하는 게 아니라, 행동의 차원에서도 중요한 의미가 있다. 현재는 온전히 현재에 존재하는 것, 즉 '마음챙김mindfulness'이라는 개념으로 상징되며, 이는 현재가 과거의 흐름에서 분리되어 미래와 작은 연결 고리만 남긴 채 독립적 개념으로 확장되었음을 의미한다. 이제 과거는 그 어느 때보다도 지난 역사로 치부된다. 과거에서 현재로 이어지는 연속성은 단절되었다. 세계화로 인한 변화는 매우 광범위하고 복합적이어서, 과거의 기준이나 참조가 불필요해졌다. 이런 변화들은 점점 더 파괴적인 성격을 띠며, 기존 질서를 완전히 무너뜨릴 만큼 급격한 전환을 만들어낸다. 예를 들면, 인터넷과 암호화폐, 소셜네트워크 등의 새로운 변화들이 그렇다. 우리는 기후변화, 가상현실, 메타버스와 같은 새로운 도전에 직면하고 있고, 그 결과 하이퍼모던 주체는 더는 과거 세대의 경험이 21세기를 살아가는 데 유효하지 않다고 느낀다.

파격적 변화는 중대한 전환을 맞았다. 그 위상이 높아졌으며, 집단 이념에서 우선적 위치를 차지했다. 과거, 즉 세계화 이전에는 파격적 변화를 수용하는 데 신중했고, 심지어 두려워하기도 했다. 기존의 낡은 관습과 전통 방식을 바꾸는 혁신적인 방식은 처음에는 건전한 회의적 태도 속에서 받아들여졌으며, 그 새로운 변화의 효과를 검증하고 분석하는 절차를 필수적으로 밟았다. 예를 들어, 압력솥이나 새로운 자동차 모델 같은 신기술이 시장에 등장했을 때, 사람들은 건전한 호기심으로 접근했다. 오늘날처럼 새로운 것이 나타나기만 하면 무조건 열광하거나 찬양하는 태도를 보이지는 않았다. 당시 주부들은 압력솥을 사용하면 평소 네 시간이나 걸리던 스튜를 30분 만에 완성할 수 있다는 말을 쉽게 믿지 않았다. 이것은 중요한 사실을 시사한다. 즉, 새로운 것은 이전 것보다 더 나은 것으로 인정받아야 했고, 그러기 위해서는 시험해보고 싶다는 기대감을 불러일으켜야 했다. 그리고 그것이 실제로 더 낫다고 판단될 때만 일상 속에 받아들였다. 하지만 오늘날의 파격적 변화는 모든 것을 해결하는 만병통치약으로 여기는 긍정성의 후광을 입고 있다. 그리고 혁신은, 특히 그것이 파격적일 때는 그 사실만으로도 좋은 것으로 간주된다.

오늘날 새로운 것에 접근하는 방식은 이전 세대의 정체성 형성 방식과 정반대이기 때문에, 이전 세대와 요즘 세대의 유대가 점점 더 약해지고 세대 간 격차가 커지는 것은 당연한 결과다. 오늘날 주체는 선조들의 시간적 흐름에서 이탈했으며, 더는 그들의 가치나 경험을 삶의 기준으로 삼지 않는다.

공간, 좀 더 구체적으로는 위치라는 범주에서도 같은 현상이 반복되고 있다. 이제 위치는 더는 과거(세계화 이전 시기)처럼 중요한 의미를 갖지 않는다. 과거에는 한 사람이 속한 위치가 그 사람의 특성과 정체성을 이해하는 데 핵심적인 기준이었다. 위치는 단순한 물리적인 장소를 넘어 본질을 함축하는 범주로서, 사람과 사건, 특수한 상황을 올바르게 이해하는 데 필수 요소였다. 예를 들어, 주체는 작은 마을 출신인지 대도시 출신인지, 지방 출신인지 수도 출신인지에 따라 구분되었다. 그러나 오늘날 우리는 어디에나 존재할 수 있으며 동시에 어디에도 뿌리 내리지 못하는 시대에 살고 있다. 어떤 변화든 사방으로 즉시 퍼지기 때문에, 그것이 처음 발생한 장소는 사실상 크게 중요하지 않다. 만일 어떤 사회적 범주가 특정 장소에서 변화를 일으키고, 그것이 하이퍼모던 사회에서 효과적이고 유용하다면, 그 변화는 전 세계로 매우 빠르게 퍼지고 글로벌 공동체는 이를 빠르게 받아들일 것이다. 이제 레게 음악이 어디에서 시작되었는지, 비거니즘(완전 채식주의)이 어디에서 유래했는지, 줌바의 기원이 어디인지는 별로 중요하지 않다. 그것이 얼마나 빨리, 널리 퍼지는지만이 중요하다.

이러한 현상은 포괄적 언어와 같은 주제들이나 긍정심리학에서도 나타났다. 이 개념들은 빛의 속도로 영향력을 확장해 사회 전반, 특히 자기계발을 중심으로 한 직업적, 개인적 영역에까지 스며들었으며, 그 결과 하나의 확고한 범주가 되었다.

1997년 마틴 셀리그먼이 미국심리학회APA 회장으로 선출되었다. 임기 동안 그의 중심 화두는 '긍정심리학'[38]이었다. 불과 몇 년 만에 그는 대규모 예산을 지원받고 과학 저널에 논문을 기고하는 등의 활동을 펼치며 낙관주의와 행복이 노동시장에서 긍정적 효과를 가져온다는 주장을 대중화시켰고, 이는 언론에서 폭발적인 관심을 받았다. 결국 긍정적 감정, 낙관주의, 행복은 현대인의 정체성을 구성하는 새로운 범주로 격상되었다.

이러한 새로운 변화는 이제 존재론적인 무게를 지니며, 더는 어떤 저항에도 흔들리지 않는다. 살아남은 변화는 저항 없이 빛처럼 가볍게, 즉각 이동할 수 있는 잠재적 속도를 지닌다. 세계화 이전 시대의 범주들은 오랜 시간에 걸쳐 점진적으로 자리 잡았지만, 세계화 이후 범주들은 양자적 도약처럼 비연속적으로 출현하는데, 사용되는 순간에만 실체를 획득한다. 오늘날의 범주들은 존재하면서도 존재하지 않는, 미결정의 상태에 있다. 이제 공간과 시간의 연속성이 더는 중요하지 않기 때문이다. 오늘날 이 개념들은 영원불멸을 목표로 하지 않으며, 오히려 정반대이다. 즉각적인 현재, 그리고 운이 좋으면 지속적인 현재만을 겨냥한다. 하이퍼모던 주체는 범주에 대해 생각하는 순간만 그것에 관심을 두고, 그것들이 오직 자기 관심사에 맞게 적용될 때만 의미를 부여한다. 이러한 새로운 사고방식의 대표적인 예가 바로 트렌드이다. 트렌드는 돌연 생겨나 전 세계적으로 퍼졌다가, 오래 지속되지 않고 금세 잊힌다. 따라서 세계화된 마을에서 이젠 더 이상 연속성, 안정성, 영원성 같은 범주들이 성공적으로 확산될 수 없다. 예를 들어, 오늘날 자식에게 대대손손 유산을 물려주겠다며 금시계를 사는 사람은 거의 없다. 이제 우리는 배경 화면과 시곗줄을 최대한 다양하게 바꿀 수 있는 맞춤형 시계를 원한다.

죽어가는 이데올로기

어쩌다 이데올로기가 죽음의 단계에 이르렀는지를 설명해보겠다. 이데올로기는 과거에 속한 범주로서 새로운 시대에 적응하지 못했고, 변화에 실패했다. 하지만 정치적 스펙트럼의 다양화는 정치적 메시지를 이데올로기의 보호막에서 분리해 감성에 호소하는 방식으로 조정했으며, 그 메시지들에 '감성적 실용주의'라는 새로운 정치적 범주를 부여했다. 이데올로기가 혁신에 실패하고 힘을 잃자, 정치는 감성적인 메시지와 실용주의적 접근을 통해 생존의 길을 모색했다. 그렇다고 해서 이데올로기라는 거점이 완전히 사라진 것은 아니다. 여전히 이념적 잔존 세력이 존재하는데, 그들은 이데올로기라는 옛 범주를 고수하며 그 기치를 계속해서 내건다. 이들은 하이퍼모더니티에서 가장 주목받는 감정인 '향수'를 건드려 이데올로기를 유지하려 한다. 생존을 위한 이데올로기의 마지막 보루는 바로 이데올로기의 감정적

이용이다. 이러한 이데올로기의 향수를 품은 사람들은 타자의 잠재력과 타자성의 에너지를 두려워하고, 고착된 이데올로기에 안주하려 한다. 그들은 세계화로 인한 변화가 혼란과 두려움을 초래한다고 본다. 그래서 변화를 받아들이지 못하고, 잠재력을 개발할 수 있을 거라는 충분한 자신감을 얻지 못하기에 과거의 범주인 이데올로기를 붙잡고 가능한 한 오래 유지해야겠다고 결심한다. 그들의 목표는 이데올로기의 생명력을 유지하는 것이다. 그것이 곧 자신의 생존과 직결된다고 믿기 때문이다. 그렇게 그들은 지속적인 현재를 두려워하면서 과거를 업데이트하기 위해 끊임없이 노력한다.

다름에서
품격으로

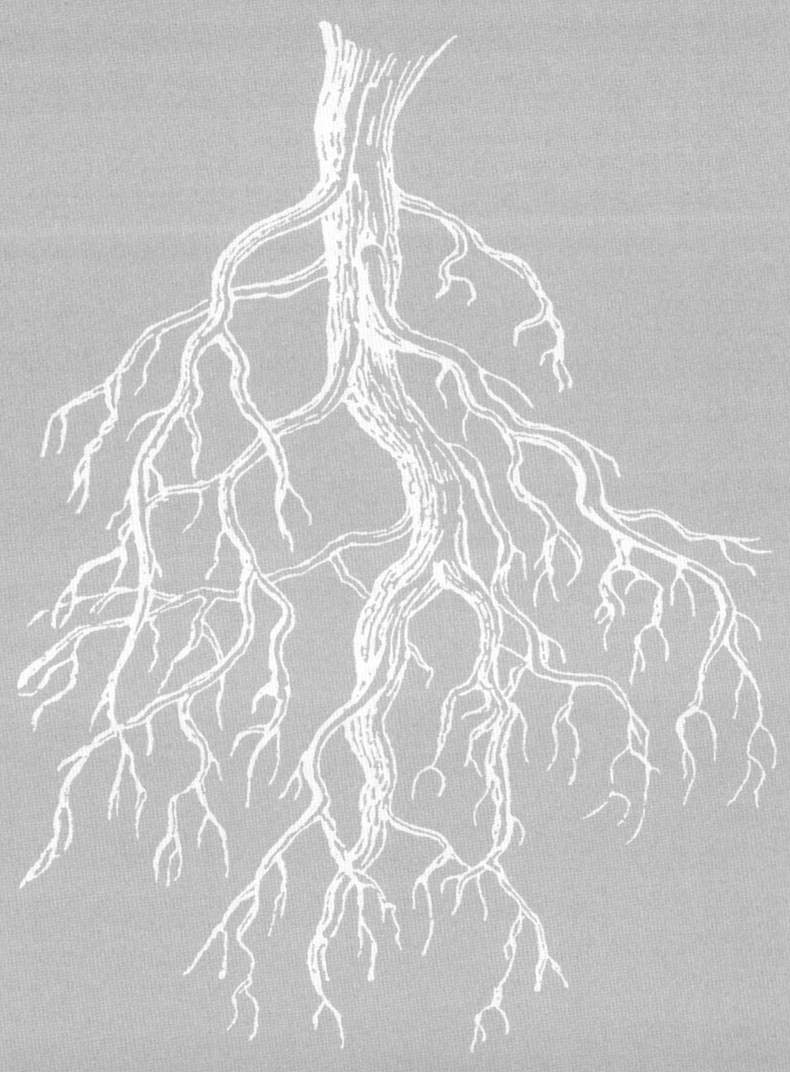

다름에서
품격으로

2장
우아하게 살기

우아함은 온전한 절제다.
—오르테가 이 가세트

우아한 삶이란 넓은 의미에서 휴식에 활력을 불어넣는 예술이다.
—발자크

형식

존재는 우아하게 살아갈 때 고귀해지며, 우아함을 목격할 때 기쁨이 증폭된다. 스페인왕립학술원에 따르면, 우아함이란 단순히 우아하다는 속성을 넘어, "생각을 아름답게 표현하는 방식"을 의미한다. 이 정의에 따르면, 우아함은 아름다움과 생각, 그것의 표현 방식이라는 세 가지 요소의 결합으로 이루어진다. 즉, 아무리 아름다운 생각이라도 표현이 잘못되면 매력이 반감되고, 표현이 아무리 세련돼도 내용이 빈약하면 우아함의 범주에 들 수 없다. 물론 우아함의 본질은 표현에서 비롯되지만, 그렇다고 반드시 외적으로 우아하게 보일 필요는 없다. 투박하고 거칠거나 단순해 보여도, 우아함이 깃든 곳은 단번에 알아볼 수 있기 때문이다.

그러나 오늘날은 우아함이 빛을 발하기에 좋은 시대가 아니다. 생각을 표현하는 방식이나 형식이 우아함을 드러내는 데 도움이 되지 않기 때문이다. 우아함은 해롭지 않고 눈에 띄지 않으며, 가능하면 겉보기에 거창하지 않아야 한다. 우아함은, 그 모습을 드러낼 때 결코 전면에 나서지 않으며 절제되어 있다. 예를 들어, 신호등 앞에 멈춰 선 1964년형 애스턴마틴 DB5(제임스 본드의 자동차)를 보면 우아함이 느껴진다. 또, 호텔 로비에 놓인 체스터필드 퀸 앤 안락의자를 보거나, 노먼 포스터와 미셸 비를로죄가 설계한 프랑스의 미요 고가교 위를 지날 때도 마찬가지다. 이 세 경우 모두 형식은 우아함을 보조할 뿐, 그 본질을 결정하지는 않는다. 그러나 우아함은 언제나 구체적 형태를 통해 드러난다. 그 때문에 우리는 우아함을 점차 상실하고 있는 것인지도 모른다. 특히 디지털 형식이 대부분의 시선을 사로잡고 있는 오늘날에는 그 경향이 더욱 뚜렷하다. 디지털 형식은 평면적이며, 콘텐츠가 스크린 속에서 효과적으로 전달되려면 반드시 그 언어에 맞게 재조정되어야 한다. 그 과정에서 콘텐츠가 지닌 섬세함은 디지털 형식에 의해 퇴색된다. 옴니스크린은 품격보다 내러티브를 우위에 둔다. 이로 인해 우아함이 오염되며 그 본질을 상실한다. 결국 과도한 디지털 콘텐츠 소비는 주체가 우아한 사고를 할 가능성을 좁힌다.

동시대성-동시성

우아함이 힘을 잃는 또 하나의 이유는 하이퍼모던 시대의 복잡성 때문이다. 특히 동시대성을 느끼면서 동시에 우아함을 유지하기는 어렵다. 너무 많은 일이 광범위하게 벌어지는 지금 이 시대에, 현실에 충실하기란 매우 힘든 일이다. 이탈리아 철학자 조르조 아감벤은 19세기 파리의 어느 숙녀의 우아함에 대해서 묘사하면서 "그녀는 모든 이의 동시대인이다"[1]라고 했다. 이 관점에서 볼 때, 우아함을 인정한다는 것은 공통된 기준에 대한 집단적 합의를 전제한다. 즉, 우아함을 동시대성의 관점에서 인식한다는 것은 모두가 우아함을 알아볼 뿐만 아니라, 모두가 그것을 열망하는 공통된 마음이 있다는 뜻이다.

동시대성이란 같은 시간 선상에 존재하는 것을 의미하지만, 하이퍼모더니티에서는 그 시간 선 자체가 붕괴해 모든 일이 동시에 벌어진다. 해시태그, 유행, 뉴스 등이 끊임없이 쏟아지고 원자화되면서, 동시대성을 인식할 여유조차 없다. 정신적으로 빈곤한 사람에게 동시대성은 단지 동시성을 뜻하고, 이들은 동시에 일어나는 일들 사이에 아무런 연관이 없다고 느낀다.

동시성이란 한 가지 일이 다른 일과 동시에 일어나는 상태를 의미하지만, 그것들은 서로 겹치거나 융합하지 않고 각자의 영역 속에서 따로 펼쳐진다. 하이퍼모던 주체는 동시대적인 것 속에서 자신을 인식하지 않는다. 이는 곧 자신을 타인의 이야기에 맞춰야 한다는 의미이기 때문이다. 이 주체는 자신만의 독특함과 초개인주의hyperindividualism라는 환상 속에서, 동시적으로 자신을 드러내는 방식을 선호한다. 여러 일이 한 번에 함께 일어나는 동시성은 인식이 아닌 행위로 정의된다. 남들이 게시물을 올릴 때 똑같이 올리고, 같은 시기에 같은 곳으로 여행을 가고, 유행을 좇는 식의 과도한 동시적 '행위'에 대한 욕구는 '존재함'의 평온함을 방해하고, 결국 주체가 우아함을 발현할 가능성조차 빼앗아버린다.

고귀함

우아한 사람은 '품위, 고귀함, 단순함'을 갖춘 사람이다. 이것은 세네카가 루킬리우스에게 "투명함과 단순함은 선함과 잘 어울린다"라고 전한 가르침에서도 잘 드러난다.[2] 이는 우아함이 기품처럼 내적으로 타고난 본질적 특성(오르테가 이 가세트에 따르면 선천적 특성)과 교육을 통해 형성된 도덕적 고귀함 및 단순함과 조화를 이루는 상태임을 뜻한다. 이 중 후자는 특히 윤리적 차원에서 중요한데, 우아함이 존경할 만한 도덕성과 연결되는 지점이기 때문이다. 우아한 사람은 정점에 이르면 '세련됨dandy'의 경지에 도달하는데, 이는 '지극히 우아하고 예의 바른 태도가 빛나는 사람'을 의미한다. 그러나 이제는 좀처럼 그런 사람을 찾아보기가 어렵다.

우아함 속의 고귀함이란 자기를 내세우기보다는 과장이나 허식을 배제한 단순함을 우선시하는 태도이다. 우리는 자기 과시적이지 않은 사람에게서 우아함을 느낀다. 상대를 불편하게 하거나 거슬리는 몸짓이나 기색 없이 자연스럽게 존재하는 사람, 바로 그런 사람이 우아한 사람이다. 우아함이란 주체가 드러내는 진정한 자연스러움에 대한 찬사로, 그런 사람은 가식 없이 자연스럽고, 꾸밈없는 진솔한 모습으로 매력을 풍기며, 조용히 평온함을 퍼뜨리는 능력이 있다. 스페인 작가 비센테 베르두는 헬스장과 스파를 비교하면서, 우아함을 휴식을 위한 공간인 스파에 비유했다. "헬스장에서는 신체를 단련함으로써 정신의 아름다움을 추구한다면, 스파에서는 순환계를 관리해 몸짓의 우아함을 다듬는다. 헬스장이 촉각적 감각을 강조하는 공간이라면, 스파는 오히려 그런 감각에서 벗어나게 해준다. 근육을 단련하는 헬스장에서는 끊임없이 자아를 강조하지만, 스파는 오히려 그 자아를 내려놓게 하고 해체하려 한다."[3]

이런 관점에서 보자면, 우아함에는 긴장이나 갈등이 없으며, 그 표현에는 겸손이 배어 있다. 자신을 과도하게 드러내지 않고 오히려 내려놓을 때, 섬세한 우아함이 드러난다. 우아함은 단순하고 겸손하며, 어떤 것을 억지로 드러내려 하지 않는다. 또한 우아함은 무거움을 피하고, 날씬함을 넘어서 가벼움으로 나타난다. 하지만 그 가벼움은 절대 질리지 않고, 부족하지도 과하지도 않은 균형 잡힌 가벼움이다. 우아함은 과시하지 않으며, 지나치거나 반복되지 않아, 보는 이에게 피로감을 주지 않는다. 그래서 우아함은 아무리 보아도 질리지 않는다.

우아함의 미학

우아함에 윤리적 특징뿐 아니라 미적 특징도 있다는 것은 부정할 수 없는 사실이다. 우아함 안에는 조화로움이 있고, 이는 고요하고 침착한 분위기를 통해 드러난다. 우아함은 우아한 파티, 정제된 요리, 정교한 음악처럼 평온함을 전달하기 때문이다. 우아함은 혼란을 일으키거나 감정을 동요하거나, 겉으로 과시하지 않는다. 이런 점에서 볼 때, 우아한 사람은 감정을 노골적으로 드러내지 않으며, 감정적으로 다른 사람을 자극하거나 기분을 격앙시키지 않는다.

이 우아함은 여러 영역에서 나타날 수 있다. 예를 들어, 올림픽 체조 부문에서 세계 최초로 만점을 받은 나디아 코마네치의 우아함 속에는 고통이 드러나지 않았다. 축구 선수 지네딘 지단은 우아한 표정으로 섬세하면서도 진정성 있는 경기를 펼쳤다. 테니스 선수 로저 페더러는 어떤 상황에서도 우아한 태도를 잃지 않는다. 그 밖에 제러미 아이언스, 오드리 헵번, 재클린 케네디, 앤서니 홉킨스 같은 인물들도 모두 우아함을 드러낸다. 그들은 감정을 대놓고 표출하는 것을 경계하며, 과장된 표현이나 요란한 몸짓을 피한다. 정서적 측면에서 보면, 우아함이란 자신이 느끼는 감정을 지나치게 드러내지 않는 것이다. 즉, 화가 날 때 호들갑을 떨거나 오만상을 찌푸리지 않으며, 고함치거나 무례하게 분노를 터트리지도 않는다. 물론 기쁠 때도 마찬가지다. 크게 박장대소하거나 소리를 질러 기쁨을 과시하지 않는다.

평온함

미적인 우아함은 내러티브를 구성하는 과정에서 통제와 절제의 훈련을 요구한다. 그러나 감정을 억제하라는 요구는 하이퍼모던 주체에게 우아함을 추구하기 어렵게 만드는 요인이다. 하이퍼모던 주체의 미적 감각은 감정적 정체성에 좌우된다. 그리고 발견한 모든 감정은 가능한 한 가장 직설적으로 표현되어야 한다. 하이퍼모던 주체는 자기표현에 의존하고, 감정의 미학을 통해 자신을 드러낸다. 기쁠 때는 즐거운 음악에 맞춰 춤을 추거나 자축하는 '스토리'를 올리고, 화가 날 때는 여기저기 소리 지르고 분노를 그대로 표출한다. 그리고 사랑하는 가족을 잃은 슬픔을 표하는 게시물만 봐도 알 수 있듯이, 걱정스럽거나 슬플 때도 이를 공개적으로 드러낸다. 한마디로, 평온함을 거부한다.

이 주체는 평온함을 불안과 연결해 생각하거나 이해한다. 스페인의 시인 마누엘 마차도에 따르면, 이미 스페인 극작가 로페 데 베가 시대부터 평온함은 "불안한 일시 정지 상태"로 여겨졌다. "로페 혹은 칼데론의 시대(17세기 스페인 연극의 황금기를 열었던 로페 데 베가와 그의 뒤를 이은 페드로 칼데론 데 라 바르카의 시대를 일컬음—옮긴이)에 '평온함'이란 단어의 뜻은 오늘날과 정반대였다. 정확히 말하자면, '불안한 일시 정지 상태', '초조한 고통'을 뜻했다. 당시 스페인 사람들에게 '평온한 상태에 있다'는 것은 차분함과 고요함, 평화로움보다는 오히려 '불안 속에 부유하는 상태'를 의미했고, 평온할 때 보통 괴로움, 불안, 초조함을 느낀다고 말하곤 했다."[4]

우아함은 평온하다. 평온함은 곧 차분함이며, 이는 불안이나 혼란이 없는 상태, 즉 어떤 방해도 없는 상태를 뜻한다. 비유를 들자면, 맑게 갠 하늘이 평온하듯이, 영혼의 평온함은 마음속에 흐린 구름이 없는 상태, 사고가 명료한 상태를 뜻한다고 할 수 있다. 평온함을 뜻하는 스페인어인 '세레노sereno'는 밤마다 거리를 순찰하며 안전을 지키는 야경원을 의미하기도 한다. 다시 말해, 평온함은 곧 안전함이다. 우아함은 이처럼 혼란이 없는 안전함 속에서 드러난다.

평온한 사람과 대비되는 것이 술에 취한 사람이다. 술을 뜻하는 단어인 알코올alcohol은 어원적으로 아랍어 '알-쿠훌al-kuhúl'에서 유래한 것으로 보이고, 이것은 화학물질인 안티몬 황화물을 곱게 빻아 만든 검은색 가루를 가리키는 말로 사용되기도 했다. 보통 이 물질은 녹여서 화장품으로 사용했는데, 눈을 강조하고 속눈썹을 길게 하는 데 쓰였다. 결국, 술은 현실을 흐리게 하는 화장품과 같고, 동시에 주체의 감각을 변화시킨다. 정신적 빈곤 또한 이와 비슷하게 작용한다. 하이퍼모던 주체는 지식의 상당 부분을 시각에 의존하며, 스크린을 현실의 도피처로 삼는다. 이로 인해 불안과 초조가 발생하는데, 스크린은 끊임없이 움직이며 쉴 줄 모르고, 움직임 속에서 구성되어 평온함이 없기 때문이다. 동시에 현실을 꾸미고 감춘다. 한마디로 우아함이 없는 공간이다. 스크린의 목적이 호감을 얻거나 재미를 제공하는 것이라면, 우아함의 목적은 사람의 마음을 매료시키는 것이다. 우아한 것은 고상하고 품격이 있어서 주체의 생각 속에서 지속되고, 미적 감각과 취향 속에 깊이 자리 잡는다. 오늘날의 주체는 자신이 소비하는 내러티브 코드를 똑같이 사용하면서도 뭔가 남들과 다른 것을 보여주려고 애쓴다. 반면, 우아한 주체는 단순히 '다름'에 머물지 않고, '품격'으로 자신을 끌어올린다. 우아한 화법은 타인에 대한 존중과 예의를 바탕으로 화자를 한층 더 돋보이게 한다. 다름은 단순히 평범한 상태의 변형일 수 있지만, 품격은 그 평범함을 뛰어넘어 한층 더 고결한 상태를 뜻한다.

우아함은 스스로 떨어져 나온다. 그래서 다른 것들과 분리되고, 자신의 구별됨을 드러낸다. 그렇게 우아함은 떨어져 나옴으로써 무게를 덜고, 가뿐해진다. 그리고 그 가벼움을 방해하는 요소들은 털어낸다. 하지만 반대로 하이퍼모던 주체는 그 가벼움을 방해하는 요소들을 떼어내기보다는 오히려 최대한 붙잡으려고 애쓴다. 이 주체의 목표는 나타나는 모든 것을 붙잡고, 동시대의 모든 것을 움켜쥐는 것이기 때문이다. 즉, '트렌딩 토픽'부터 최신 교육 방법론, 새로운 구석기 다이어트(구석기시대 식습관을 바탕으로 한 식이요법으로 자연식품을 주로 섭취하고 가공식품을 배제함—옮긴이), 유행하는 여행지에 이르기까지 모든 것을 붙잡으려atrapar고 한다. 여기에서 스페인어 동사 '아트라파르atrapar'는 '빠르게 지나가는 것을 붙잡다'라는 뜻이지만, '덫trappe에 걸리다'라는 의미도 내포한다. 하이퍼모더니티에서 어떤 대상을 붙잡으려 하는 주체는 그것을 소유하는 존재가 아니라, 오히려 그 대상의 덫에 스스로 걸리는 존재가 된다. 그 결과 주체는 자유를 박탈당한다. 하이퍼모더니티에서는 모든 것이 빠르게 지나간다. 그리고 그 속에서 주체는 동시대성에 맞추려는 욕구 때문에 무언가를 계속 붙잡으려는 강박에 시달리게 된다.

우아함elegance이라는 말은 어원적으로 '선택(라틴어 *elegĕre*)'과 관련이 있다. 따라서 우아한 주체는 선택할 줄 아는 사람이라고 할 수 있다. 선택이란 전체에서 어떤 것을 떼어내거나 선별하는 것, 무엇보다도 잘 고르는 것을 의미한다. 그래서 우아함에는 시간이 필요하다. 물론 선택을 할 때는 다양한 선택지를 분석해야 하지만, 모든 선택지를 다 고려해야 하는 건 아니다. 우아한 사람은 자신만의 미적 취향을 키우면서, 스스로 보기에 아름답지 않다고 판단되는 많은 선택지(제안)를 과감히 배제한다. 그렇게 배제하고 나면, 남은 선택지를 제대로 분석할 시간이 확보된다. 우아한 사람은 주어지는 모든 제안을 다 고려하지 않는다. 자신의 경험을 바탕으로 가치 없는 것들은 버리고, 각 상황에 맞게 적절히 조합할 수 있는 핵심 요소들로만 채워진 자기 옷장을 구성한다. 반면, 정신적으로 빈곤한 사람은 늘 선택할 시간이 부족하다. 그 결과, 뭔가를 붙잡고 정리하고 얻는 모든 것이 오히려 스스로를 가두는 감옥이 된다. 그렇게 모든 것을 움켜쥐고 싶은 욕망에 사로잡혀 산다. 다시 말해, 아무런 구별 없이 모든 것을 받아들이며 살아간다.

코스메틱과 경쟁

우아함의 관점에서 보면, 구별됨이 없는 삶은 비非미적인 삶이다. 그리고 비미적인 삶의 맞은편에는 '코스메틱(단순한 화장을 넘어서 표면적 장식을 뜻하는 개념—옮긴이)'이 자리한다. 일상적인 의미에서 코스메틱은 위생이나 신체의 아름다움을 위해 사용되는 것을 뜻한다. 그 어원인 '코스메티코스*kosmētikós*'는 단장과 관련이 있다. 단장과 정돈은 본질적으로 같은 의미인데, 단장하면 정돈되기 때문이다. 즉, 모든 것이 제자리에 놓인다. 여기에 종종 간과되는, 매력이라는 특징이 더해진다. 우아함은 바로 그 아름다움으로 사람을 끌어당긴다. 『일리아스』에서 헤라는 남

편인 제우스를 유혹하기로 마음먹고 치밀한 계획을 세운다. 특
히 그녀가 아름다워 보이려고 단장하는 과정이 자세히 나온다.
그녀는 먼저 불순물을 씻어내기 위해 암브로시아 목욕을 하고,
이어 향유를 몸에 바른다. 그리고 머리를 곱게 빗어 곱슬머리를
땋은 후, 지혜의 여신 아테나가 직접 짠 옷을 입는다. 또 귀걸이
와 세 개의 펜던트를 착용하고, 하얀 베일을 두른다. 거기에 아
름다운 샌들을 신고 단장을 마친 후, 아프로디테를 찾아가서 인
간과 신을 매혹할 수 있는 약간의 사랑과 욕망을 구한다. 그러자
아프로디테는 자신이 유혹할 때 사용했던 가슴 끈을 풀어 헤라
에게 건네준다.[5] 이로써 헤라의 단장은 마무리된다. 헤라는 단
장되고, 정돈된다(정돈을 의미하는 단어로 '코스모스*kosmos*'가 사용
된다). 이는 아테나와 아프로디테가 개입한 정돈이다. 즉, 코스
메틱에는 지혜(아테나)와 아름다움(아프로디테)이 결합해 있다.
그리고 마침내 헤라는 자신의 목적을 이룬다. 제우스는 헤라를
본 순간 거부할 수 없는 강렬한 매력을 느끼고, 두 신은 사랑을
나누게 된다.

현실적으로 생각해보면, 헤라가 자신의 본질을 유지하면서
할 수 있는 유일한 일은 자신을 단장하고 정돈하는 것이다. 이
렇게 본질에 충실한 태도는 곧 현실에 대한 존중을 의미하며, 이
를 '코스모스-윤리'라고 부를 수 있다. 그러나 하이퍼모던 주체
는 본질에 관심이 없고, 일의 '에토스*ethos*(윤리)'를 무시한다. 현
실을 정돈하는 대신, 조작한다. 보톡스나 성형수술, 인스타그램

이나 틱톡 필터를 사용하는 이 모든 행위의 목적은 코스메틱이 아닌, 경쟁적 모방emulation이다. 경쟁적 모방은 타인의 행동을 따라 함으로써 그들과 같아지거나, 가능하면 그들을 능가하려는 시도다. 정신적으로 빈곤한 삶은 경쟁적 모방으로 귀결된다. 동사 '에뮬레이트emulate'의 어원인 라틴어 형용사 '애물루스*aemulus*'는 '경쟁하는'을 뜻하는 동시에 '질투하는'이라는 의미도 있다. 오늘날 모방은 일반화되었지만, 극심한 불안 단계에 이르면 노골적인 질투가 나타나고, 그 목표는 '단순한 모방imitation'을 넘어 '경쟁적 모방emulation'으로 변한다. 즉, 단순히 남들을 따라서 소비하는 데 그치지 않고, 그것을 뛰어넘으려고 한다. 컴퓨터 분야에서 '에뮬레이터emulator'는 특정 프로그램이나 게임을 원래 설계된 플랫폼이 아닌 다른 환경에서도 실행할 수 있도록 해주는 소프트웨어를 뜻한다. 이는 단순한 모방을 넘어서는 개념이다. 하이퍼모던 주체는 대부분 시간을 단순한 모방, 즉 타인의 행동을 따라 하는 데 쓰지만 궁극적으로는 에뮬레이터가 되길 바란다. 다시 말해, 목표는 단순히 행동을 재연하거나 모방하는imitate 게 아니라, 삶의 방식을 통째로 모방하는emulate 것이다. 소셜네트워크서비스 활동은 모방 과정이지만, 때로는 그 단계를 넘어 경쟁적 모방을 추구한다. 즉, 단순히 '인플루언서'를 따라 하는 데 그치지 않고, 그들보다 더 많이 퍼지고 유명해지기 위한 전략을 찾는다. 이런 경쟁적 모방자 모드에 진입하면, 더는 그저 간헐적 단식을 하거나, 산악자전거를 타거나, 마라톤을 하거나, 틱톡 영상을 올리는 것에 만족하지 않는다. 대신 각 분야에서 자신의 우월함과 기술을 과시하고, '전문가'처럼 보이려고 애쓴다. 주체의 열망이 '모방을 능가하기'로 축소되는 순간, 선택하는 능력인 우아함은 그 힘을 잃는다.

시간과 단순함

우아함은 단순함을 요구하기도 한다. 이는 미학적 단순함을 의미하는데, 앞서 언급한 예들은 모두 이러한 단순미를 잘 보여준다. 페더러의 백핸드 스트로크는 단순해 보이고, 지단의 볼 컨트롤, 앤서니 홉킨스의 연기도 마찬가지다. 이런 관점에서 단순함이란 쉬워 보이는 것이라 말할 수 있다. '쉬운*fácil*'이라는 말은 라틴어 '파킬렘*facilem*'에서 유래했으며, 이는 '할 수 있는 일' 혹은 '하기 쉬운 일'을 뜻한다. 감탄을 자아내는 우아함에 쉬워 보인다는 특징이 더해지면, 보는 이는 그 우아함을 쉽게 이해하고 받아들이게 된다. 우아함의 핵심은 자연스러운 모습에 있으며, 여기서 매력이 우러나온다. 자연스러움, 쉬움, 단순함은 우아함에 매혹적인 분위기를 더하고, 모두를 매료시킬 수 있다.

우아함은 일시적인 감정을 초월한다. 그래서 시간의 범주에 구애받지 않는 풍족함을 누릴 수 있다. 우아함은 어떤 시대나 특정 시기에 갇히지 않고, 오직 그것을 바라보는 바로 그 순간에 집중된다. 영원을 열망하지도, 미래를 투영하기를 바라지도, 덧없는 것에 집착하지도 않는다. 그저 자연스럽게 드러날 뿐, 그것을 지속하기 위해 인위적으로 조작하려 하지 않는다. 반면, 하이퍼모던 주체의 시간은 '좋아요'를 받고, '게시물'을 올리는 찰나에 폭발적으로 경험된다. 동시에 이 주체는 집중해야 하는 곳이 많아서 자기 삶에서 시간에 대한 통제력을 잃는다. 세네카는 우리의 시간이 일부는 빼앗기고, 일부는 도둑맞으며, 일부는 저절로 사라진다고 했다.[6] 그러나 하이퍼모던 주체의 시간은 이 세 가지 중 어떤 경우에도 해당하지 않는다. 애초에 하이퍼모던 주체의 시간 구조를 흐트러뜨리는 외부 요인은 없다. 오히려 정반대의 경향이 존재한다. 즉, 주체는 고전적인 시간 구조에서 벗어나, 자기 시간을 책임져야 하는 상황에 놓인다. 재택근무와 유연근무제, 일과 가정의 양립은 그들에게 자기 시간을 스스로 통제하라는 막중한 과제를 안겨준다.

그 결과는 너무 압도적이어서, 시간의 흐름 자체가 흩어져 버린다. 질서도, 방향도 없이 시간이 새어 나가고, 이로 인해 어떠한 형태의 우아함도 가질 수가 없다. 정신적으로 빈곤한 사람은 스스로 절제하지 못한 채 흩어지고 무질서한 상태에 놓인다. 스페인어로 '흩어지다*derramar*'라는 말의 어원은 라틴어로 '가지*ramus*에서 떨어져 나오는 것'을 뜻한다. 즉, 본질을 이루는 것에서 멀어지고, 그것을 키워주는 뿌리를 잃는다는 의미다. 나무 몸통과 같은 기준점이 없으면, 자기 선택도, 고유한 기준도, 우아함도 없이 방향을 잃은 채 이리저리 떠돌 수밖에 없다.

하이퍼컬처 대 인프라컬처

이처럼 목적 없이 떠도는 것은 과잉 활동의 소용돌이를 일으키고, 그러한 일상은 삶의 계획을 잠식한다. 과잉 활동으로 채워진 일상은 그만의 질서와 규제 아래에 놓인다. 그 안에는 등급이나 차별이 존재하지 않는다. 하이퍼모던 주체의 세계에는 위계가 없으며, 모든 것이 같은 강도로 조절된다. 또한 연속성을 추구하지 않고 한 활동에서 다른 활동으로, 한 행위에서 다른 행위로 끊임없이 건너뛴다. 따라서 이 주체는 선택할 줄 아는 능력, 즉 우아한 습관이 없으므로 계속 소모될 뿐이다. 예를 들어 영양소, 탄수화물, 열량, 포화지방을 따져가며 완벽한 쇼핑 목록을 만드는 일에, 자녀를 위한 가장 생산적인 방과 후 활동을 선택하는 일에, 최신 유행 틱톡 영상을 준비하는 일에 똑같은 열정을 쏟는다. 그 결과, 오르테가 이 가세트가 "미래를 열망할 수 없는 문화"라고 정의한, 쇠퇴하는 문화가 형성된다. 그리고 이 문화가 사회에 투영된 결과는 다름 아닌 소멸이다. "쇠퇴하는 문화는 경멸받아 마땅한 문화라는 뜻이 아니라, 부수적인 문화, 내재적인 미래를 담지 못해 죽음을 맞게 될 문화를 의미한다. 그 안에는 건전하게 상승하는 문화를 열망할 수 없는 특정 가치들이

들어 있다."[7]

하이퍼모던 주체는 문화가 지속되기를 바라지 않는다. 단지 영향력을 발휘하기를 원한다. 이 문화를 이해하는 방식은 과거와 다르다. 더는 본질적인 것을 지향하지 않고, 자기실현도 바라지 않으며, 존재 자체를 인정받기를 원하지도 않는다. 그들의 욕망은 동사화된다. 즉 행동으로 변환된다. 노래와 책, 영화, TV 시리즈, 유튜브 영상, 틱톡이나 인스타그램 스토리 등은 폭발적으로 주체를 현혹하고, '행동하라, 게시하라, 경험하라, 공유하라, 소비하라, 실행하라'라는 순간적이고 구체적인 소비 경험을 부추겨 주체를 삼키려고 한다. 이 문화는 행동하고 보여주며 소비하는 것 속에서 형성되며, 그 목표는 짧은 시간 내에 모든 것을 아우르는 데 있다. 그리고 어느 정도 시간이 지나면 그 문화적 산물은 버려지고, 같은 목표를 지닌 새로운 것으로 대체된다.

이런 문화의 철학은 너무도 노골적이어서 우아함을 품을 수 없다. 그 문화적 표현과 같이 나타나는 게시(소셜미디어 게시물)는 하이퍼컬처hyperculture를 입증하기 위한 필수 요소가 되었다. 반면, 게시하지 않는 것은 인프라컬처infraculture 영역으로 간주한다. 하이퍼컬처는 순간적인 대량 소비를 지향하며, 이를 위해서는 모든 것이 미디어를 통해 공개되어야 한다. 45분간 이어지는 먹방 영상부터, 나비를 잡는 고양이 모습, 암 진단을 받은 환자의 경험담이나 어머니의 죽음에 관한 이야기 혹은 레스토랑에서의 청혼 장면까지 어떤 것이든 급속도로 퍼질 수 있다. 하지만

이 주체는 그것이 과연 게시할 만한 가치가 있는지를 평가하지는 않는다. 다시 말해, 콘텐츠의 적절성을 판단하기보다는, 그것이 얼마나 급속도로 퍼지고 인기를 끌 수 있을지만을 생각한다.

사생활과 경솔함

우아함의 결여는 경솔함으로 나타난다. 우아함은 신중함을 내포하기 때문이다. 신중함이란 판단을 내릴 때 분별력이 있고, 말하거나 행동할 때 지혜가 있다는 뜻이다. 우아한 사람은 지혜롭게 말하고 행동하며, 무엇보다도 자기주장을 펼칠 때 신중하다.

하이퍼모던 주체는 사적인 것에는 별 관심을 보이지 않는데, 사적인 것은 세계적인 것을 지향하지 않기 때문이다. 그러나 사생활은 게시할 가치 있는 콘텐츠로 변하는 순간, 재평가된다. 게시란 자신이 가진 것을 외부로 드러내고, 드러낸 뒤에는 그것으로부터 자신을 분리한다는 뜻이다. 소유는 중요하지 않다. 이 주체는 단순히 대중문화를 소비하는 게 아니라, 순간적으로 생성되고 사라지는 덧없는 문화적 표현을 대중화하는 데 목적을 둔다. 자신이 만든 것으로부터 타인이 지식을 쌓길 바라기보다는, 단지 그것이 조회 수로 확인되면 그만이다. 트렌드로 강한 영향력을 확인하고자 하는 바람은 최대한 부풀려서 표현해야 한다는 요구로 이어진다. 하이퍼컬처는 인기 가수의 최신곡, 최신 문학상, 최신 넷플릭스 시리즈 등처럼 폭발적으로 인기를 얻고 빠르게 사라지는 것을 생산하고 소비하려고 한다.

그리고 문화적 행위의 주체가 되어도 그 의도는 변하지 않는다. 자기 생산물(사진, 스토리, 노래, 비디오)이 계속 대중들에게 퍼지고, 짧은 시간 안에 소비되어 트렌드가 되기를 열망한다. 끊임없이 관심을 끌려는 시도에는 우아한 섬세함이 빠져 있다. 우아함은 시간의 범주를 초월하기 때문에, 폭발적이지도, 순간적이지도 않다. 그것은 타자에게 지속해서 인식되며, 사라지지 않는다.

불안

우아함은 타인의 인정을 받을 필요가 없지만, 반대로 하이퍼컬처에서는 자신이 하는 모든 것을 증명해야 한다. 오늘날 주체는 자율적으로 확고한 평가를 내리지 못한다. 따라서 그 가치는 타율적으로, 항상 외부에서 부여된다. 주체는 겁이 많아서 스스로 평가하지 못한다. 평가를 할 때는, 특히 부정적 판단을 내릴 때일수록, 용기가 필요하기 때문이다. 결과적으로 '싫어요' 버튼이 사라지고, '마음에 들지 않아요' 버튼이 생략됐다. 대신 익명성을 허용함으로써 비겁한 '악플러'가 책임을 회피할 수 있는 통로를 열어두었다.

　이 주체의 활동은 알림을 기반으로 한다. 여기에서 알린다는 것은 소셜미디어의 최신 게시물처럼 특정 소식이나 새로운 소식을 전하는 행위이다. 이 행위는 자신이 알리는 것을 봐줄 목격자의 존재를 전제로 한다. 게시자에게 최악의 벌은 목격자의 침묵, 즉 무반응이다. 무관심은 주체를 익명의 대중으로 전락시킨다. 하이퍼모던 대중은 자신을 드러내긴 해도, 남들과 차별성을 만들어내지 못하는 수많은 게시자로 구성되어 있다. 그리고 차별성이 없으면 무시당할 수밖에 없다. 대중이란 본래 무시당하는 존재다. 오르테가 이 가세트에 따르면, "대중은 좋든 나쁘든 어떤 이유로든 자신을 평가하지 않으며, 그저 '모두와 같다'라고 느끼면서도 불안해하지 않는 사람들이다."[8] 이 불안감이야말로 자신이 대중인지 아닌지를 가르는 기준이었다. 다른 한편으로 남들과 같아질지도 모른다는 두려움과 그 불안이 오히려 주체가 독특한 개성을 만들어내는 동기가 되기도 했다.

　그러나 하이퍼모더니티에서 이 불안은 초조함의 형태로 나타나며, 이는 하이퍼모던 주체의 대표적 증상이다. 불안이나 근심은 더는 동기로 작용하지 않는다. '초조함angustia'의 뿌리에는 '협소함lo angosto'이 있다. 오늘날 주체는 하이퍼모던 문화를 경직된 내러티브 코드의 협소하고 단단한 틀 안에서 인식한다. 그들의 게시물은 캔슬 문화cancel culture(자신과 생각이 다른 사람을 공개적으로 모욕하고 배척하는 현상—옮긴이)를 피하기 위한 기준을 따라야 한다. 이러한 기준 외에 다른 선택지는 거의 없다. 그 결과 우아함이 발현될 여지도 제한된다.

반대로 오르테가 이 가세트가 앞서 말한 "자신을 평가하지 않는 사람"이라는 대중의 정의는 여전히 유효하다. 대중은 소심한 탓에 자신의 가치를 제대로 드러내지 못한다. 모든 게시물과 자기 과시는 봐주는 사람의 인정을 요구하는 행위다. 겉으로 드러나는 자기 과시의 표현은 사실상 타인의 인정을 받지 못할까 봐 느끼는 불안에서 비롯된다. 오늘날 불안은 바로 인정을 받지 못하는 데서 생겨난다.

여기에 더해 공식적이고 객관적인 관점에서 인정받는다는 개념이 사라졌다. 주체는 자기 현실에 대한 목격 증인이 될 가능성을 상실했다. 목격 증인이란 자신이 목격한 사건에 대해 공식적인 증언을 하는 사람이다. 그러나 게시물에는 실제 사건은 없고, 복제된 허상만 존재할 뿐이다.

중요한 것은 사건 그 자체가 아니라, 게시물이 만들어내는 데이터다. 그 중요성 판단은 데이터(라틴어 *data*)를 신뢰하는(라틴어 *fides*) 목격 증인에게 달려 있다. 인터넷은 하이퍼모던 문화의 새로운 목격 증인이 되었다. 그것은 사건 자체가 아닌, 게시물에 의존한다. 게시물*nuntia*(라틴어로 소식)의 메시지는 인터넷의 영양 공급원다. 빅데이터가 애플, 페이스북, 아마존, 넷플릭스 등의 플랫폼을 먹여 살리는 것과 같다.

데이터는 우아하지 않다. 특히 그것이 숫자로 전환될 때는 더욱 그렇다. 흥미롭게도, '숫자'를 뜻하는 스페인어 단어인 '시프라*cifra*'는 본래 안달루시아 아랍어인 '시프르*sifr*'에서 유래한 것으로, '빈 곳, 공허함'을 뜻한다. 메타데이터는 주체가 스크린과 맺는 상호작용을 해석할 뿐, 현실과의 관계는 해석하지 않는다. 그것들은 고유하고 단절된 상호작용으로, 결국 통계로 변환되고 현실과 동떨어진 공허한 숫자로 제시된다. 이는 실제 삶의 방식과는 무관한 분리된 영역에서 작동한다. 결국 데이터가 이 주체의 삶의 대부분을 이끌 것이다. 그리고 이 주체는 데이터의 임무가 다름 아닌 '방향 제시'에 있다고 생각한다.

그럴듯한 진실

이렇게 방향을 잡아주는 역할은 주로 '옴니스크린'을 통해 이루어지는데, 이것은 디지털 기술을 활용해 주체를 연결하는 도구이다. 스페인어에서 '디지털*digital*'과 '아라비아 숫자*dígitos*', '손가락*dedos*'이란 단어들이 같은 어원을 가진 것은 결코 우연이 아니다. 발자크 같은 작가들에게, 열 개의 손가락을 사용하는 행위는 삶이 노동을 중심축으로 돌아간다는 의미였고, 그것은 바쁘고 우아함이 없는 삶이었다. 이런 바쁜 삶은 타자의 시선 속에서 깊은 연민을 불러일으켰다. "바쁜 삶이라는 주제에는 변주가 없다. 인간은 열 개의 손가락을 모두 사용할 때, 모든 운명을 포기하고, 수단이 되어버린다. 그리고 우리의 모든 박애에도 불구하고 결과물에만 감탄할 뿐이다. 사람들은 여기저기 쌓아 올려진 돌무더기를 보며 넋을 잃지만, 그것을 쌓아 올린 사람들을 떠올릴 때는 그저 불쌍히 여길 뿐이다."[9]

　스크린을 손으로 터치하는 행위는 디지털 세계뿐만 아니라 숫자에도 그럴듯한 진실을 부여한다. 정신적 빈곤 속에서 기준이 되는 것은 진짜 사실이 아닌 그럴듯한 사실이다. 그리고 데이터야말로 그럴듯한 사실을 매우 그럴듯하게 진실처럼 보이게 한다. 데이터는 방향성을 제시하고, 해석의 여지를 차단하며, 명확하고 간결한 세계를 구성한다. 데이터는 하나의 상품이 되고, 상품은 다시 데이터로 환원된다. 결국 모든 행동은 데이터로 환원될 수 있고, 따라서 상품화될 수 있다는 메시지가 강화된다. 이런 데이터 철학은 빅데이터를 기반으로 알고리즘을 거쳐 획기적인 비인간화 과정으로 이어진다. 그리고 알고리즘의 작동 방식은 하이퍼모던 주체의 행동을 결정하는 힘이 된다. 즉, 한 주체가 디지털 공간에서 상호작용하면, 그것을 통해 정보가 수집되고, 이 정보는 알고리즘을 통해 현실 세계로 침투해서 현실을 좌우한다. 결국 오늘날 디지털 데이터의 생산과 처리 과정이 현실의 중요도를 결정하는 핵심 요소로 작용하는 것은 그리 놀라운 일이 아니다. 빅데이터는 단순히 거대한 경제적 이익을 창출하는 자유시장의 지표에 그치지 않고, 점차 사회구조를 형성하는 창조자 역할을 하고 있다.

이러한 관점에서 경제적 영역을 넘어 규범적 영역으로까지 확장되어버린 자유주의는 빅데이터 환경에서 살아가는 사람들의 삶에 깊숙이 스며든다. 미국 정치이론가 웬디 브라운이 지적하는 것처럼,[10] 신자유주의에서 모든 행위는 경제적 행위이다. 왜냐하면 우리는 단 하나, 경제적인 차원만을 가지고 있기 때문이다. 이로 인해 건강과 교육, 정치 등 인간에게 영향을 미치는 모든 측면이 경제 논리에 물든다. 즉, 이렇게 인간의 모든 영역은 상품화된다. 여기서 우리가 간과하는 사실이 있는데, 생존하기 위해 타인의 존재가 필수인 인간에게 정치 영역은 원래 자연스럽지만, 경제 영역은 별도의 개입이 필요하다는 점이다.

브라운 교수에 따르면, 신자유주의의 경제적 인간은 태어나는 것이 아니라 만들어진다. 이렇게 인간의 삶을 경제적 논리로만 바라보면, 우리의 발전이 이런 불안정한 환경, 즉 경제 위기나 예상치 못한 거품 붕괴, 그리고 잠재하는 경제적 위험 등에 좌우된다는 사실을 인정할 수밖에 없다.

이 지속적인 불안정성으로 우리는 우아함을 얻지 못한다. 시장의 변동성이 우리 삶에 반영되기 때문에 우리는 끝없는 긴장 속에 살아가며, 언젠가는 자신이 이룬 것이 약해지고 무너질까 봐 두려워할 수밖에 없다. 그렇게 늘 경계 상태로 살아가야 한다. 경계한다는 것은 똑바로 서서 항상 준비된 태도를 유지한다는 뜻으로, 이런 상황에서는 어떤 휴식도 취할 수 없고, 즐거움도 느낄 수가 없다. 즐거움은 생산성의 영역에 속하지 않고, 수동성에서 형성되며, 주관적인 경험과 느낌에 따라 결정된다. 따라서 그것은 타인과 공유하거나 외부로 이전할 수 없다. 그러나 하이퍼모던 주체는 생산적인 여가에 몰두한다. 즉, 쉬는 시간마저도 성과를 내기 위해 애쓰는데, 이런 태도는 결국 자기 정체성에 부정적인 영향을 끼친다.

우아함의 친절함

우아한 생각과 마찬가지로 우아한 사람은 친절하고 친밀감을 자아내며, 타인과의 차이를 인정하고 존중한다. 이런 친절함 덕분에 우아함은 가깝고 친숙하게 여겨진다. 또한 우아한 사람은 남을 판단하지 않고, 모든 곳에 영향력을 미치려는 욕망을 내려놓음으로써 자유를 껴안는다. 반면, 하이퍼모던 주체는 자신이 우아함을 얻거나 만들어낼 수 없음을 알기 때문에, 자기 표현의 방식으로서 바이럴을 하는 데 몰두한다. 입소문으로 빠르게 퍼지는 것의 가치를 확신하고, 그것을 삶의 우선순위 중 하나로 둔다. 그리고 우아함이라는 질적 가치에는 결코 도달할 수 없기에, 대신 더 많은 조회 수와 '좋아요', 팔로워 등과 같은 양적 지표로 보상을 받으려 한다. 디지털 마을에 자신의 바이러스를 퍼뜨려 우아함의 결핍을 인기로 만회하려는 것이다. 이러한 현상은 오르테가 이 가세트가 다음과 같이 지적한 현상과 비슷하다.

"귀족 사회에서도 같은 일이 벌어진다. 정신적으로 매우 탁월하거나 우아한 여성들이 사회적 취향과 태도를 주도하는 게 아니라, 오히려 더 속물적이고 거칠며 우아하지 못한 여성들이 자신들의 어리석음으로 그러한 특별한 존재들을 제압한다."[11]

우아함이 지닌 친절함은 타인의 성과에 대한 가치를 인정하는 순간부터 더 깊은 차원의 문화를 접할 가능성을 열어준다. 우아한 사람은 기꺼이 타인의 장점을 인정하고 칭찬한다. 그 평가는 정직해서 존경의 단계까지 이를 수 있고, 이는 타인의 성취를 이해하려는 지적 노력을 북돋우는 자극이 된다. 우아하면, 즉 잘 선택할 줄 알면 타인의 지적 탁월함을 높이 평가할 수 있고, 이런 인정은 타인에게 더 깊은 탐구를 할 용기를 불어넣는다. 오르테가 이 가세트에 따르면, "평범한 독자는 작가를 신뢰하고, 그 작가가 자신보다 훨씬 뛰어나다는 사실을 인정할 때만 작가의 글을 이해하는 데 필요한 노력을 기울인다."[12]

우아한 사람은 경청하며, 대화를 할 때 기꺼이 자신을 상대방의 수준에 맞추려고 노력한다. 이러한 우아함의 미덕 중 하나가 바로 처신할 줄 아는 능력인데, 이는 평범한 이야기에도 귀를 기울이고, 수준 높은 논평에는 주의를 집중해 이해하려고 노력하는 것을 의미한다. 이처럼 품위 있는 처신 덕분에, 우아한 사람은 누구와 대화하든 상대를 불편하게 하지 않는다.

반면, 하이퍼모던 주체는 지적인 노력이 아닌 관심을 요구하며, 노력을 회피하고 산만한 모습을 보이기가 쉽다. 그렇게 자신의 에너지를 낭비함으로써 잘못된 선택을 한다. 발자크는 "절약의 흔적이 드러나는 모든 것은 우아하지 않다"라고 했는데, 이를 지적인 영역으로도 확장해 적용해볼 수 있다. 주의력은 누구에게나 주어진 직접적이고 즉각적인 기능인데, 하이퍼모던 주체는 주의력을 충분히 확보하기가 어렵다. 당장 주의를 끌기 위한 경쟁에 직면하기 때문이다. 모두가 게시하고 댓글을 달며 평가하는 공간 속에서 주의력을 요구하는 일들이 많아지다 보니, 오랜 시간 집중하거나 그 집중을 유지하는 일이 어려워지고, 분석이 필요한 작업이나 모든 지적 활동 자체가 힘들어진다.

그리고 스스로 조잡하고 수준이 낮다는 걸 자각하면, 깊이 있는 연구와 비판적인 사고를 회피하며, 모든 것을 가벼운 자아 성찰로 대체한다. 그리고 슬로건과 트윗 및 스토리 등이 '행동 양식'의 기준이 된다. 그럼에도 불구하고 니체의 말처럼, 이 주체는 우아함에 원한을 품지는 않는다. 우아함을 무시하거나 평가 절하하지도 않는다. 하지만 그렇다고 해서 우아함을 칭찬하지도 않는데, 그것이 곧 자신을 깎아내리는 일이라 생각하기 때문이다. 우아함은 매우 수준 높은 자질이어서 파괴적인 질투를 불러일으키지 않는다. 한마디로, 우아함은 감탄을 자아내고, 바이럴은 소비된다.

좋은 취향

바이럴을 추구하고 삶의 방식을 모방하려는 경향은 부분적으로는 우아함의 기준이나 본보기가 널리 확산하지 않기 때문이다. 우아함의 중심을 잡아주는 가장 중요한 속성은 빠른 확산에 대한 저항력이다. 그 내면의 원칙들은 시대를 추월하는 동시에, 언제나 동시대적인 느낌을 주기 때문에 인기가 한결같다. 우아함은 미디어의 관심에 따라 그 위상이 달라지지도, 유행하지도, 트렌드로 자리 잡지도 않는다. 이는 곧 우아함이 현대인의 관심사에서 거의 벗어나 있음을 의미한다. 쇼펜하우어는 "교육받지 못한 계층의 젊은이들에게 신문은 단지 인쇄되어 있다는 이유만으로 권위를 지닌다"라고 말했다.[13] 또한 그는 신문 독자의 90퍼센트 이상이 오직 신문만 읽기 때문에, 이들이 신문에 실린 맞춤법과 문법, 문체를 그대로 습득할 가능성이 크다고 주장했다. 그 결과, 신문은 하나의 권위 있는 교육자로 기능하게 되었다. 이 독일 사상가는 신문의 중요성을 강조하며, 신문에는 적어도 언어적 오류가 없어야 한다고 정부에 요구하기까지 했다. 즉, 신문이 우아한 표현 방식에 신경을 쓴다면, 좋은 취향을 길러주는 교육적 역할을 할 수도 있다는 것이다. 그러나 하이퍼모던 주체는 좋은 취향과 우아함에 대한 분명한 기준을 상실했다. 과거의 신문 독자는 이제 화면을 빠르게 훑는 단문 독자로 대체되었으며, 이 화면 속 콘텐츠의 주제와 스타일은 모두 바이럴 가능성에 종속된다. 반면, 우아함은 그 어떤 것에도 예속되지 않고 그 자체로 존재하며 스스로 드러난다. 옴니스크린에서 가장 중요한 것은 바이럴이며, 다른 모든 규칙과 기준도 그것에 종속된다. 따라서 하이퍼모던 주체에게는 일상 속에서 따를 만한 우아함의 기준이나 본보기가 없다.

비밀과 에로티카

우아함은 생활 방식을 드러내는 일종의 암시라 볼 수 있다. 암시란 겉으로 드러나는 것 아래 어떤 본질이 존재하며, 그것이 몸짓 속에서 은근히 뿜어 나오는 것을 의미한다. 자연스러운 우아함 뒤에는 오랜 시간에 걸친 잉태의 과정이 있었음을 짐작할 수 있다. 키케로는 우아함을 균형 잡힌 외모와 연관 지으며, 그것을 이루는 데 필요한 두 가지 요소로 신체 운동과 절제를 꼽았다. "균형 잡힌 외모는 건강한 모습이 뒷받침되어야 하고, 그 건강한 모습은 신체 운동을 통해 유지된다. 또한 너무 거슬리거나 과하지 않은 일정 수준의 우아함이 필요한데, 거칠고 무례한 흐트러짐만 피하면 충분하다. 옷차림에도 같은 기준이 적용되어야 한다. 이 경우에도 최상의 선택은 중용이다."[14]

우아함에는 눈에 잘 띄지 않는 깊은 노력이 숨어 있다. 그리고 우아함은 비밀을 품고 있다. 이는 모방하기 어렵다는 점에서 분명히 드러난다. 우아함을 흉내 낸다고 바로 우아해지는 게 아니다. 우아한 표현이 뚜렷하게 드러나고 그 태도가 명확해 보여도, 우아함에는 숨겨진 비밀이 자리하고 있다. 비밀이란 다른 것들과 분리되는 것이고, 분간할 수 없는 것이며, 분석을 허용하지 않는 것이다. 우아한 삶을 위해서는 이 비밀을 밝히려는 노력이 필요하지만, 노력한다고 완전히 드러나는 것이 아니다. 무언가를 따로 떼어둔다는 것은 그것을 가치 있게 여기고, 다른 사람의 시선으로부터 감추며 소중하게 간직한다는 의미다. 그러나 바이럴을 추구하는 오늘날의 주체는 자신만의 감춰진 사적인 공간을 따로 만들지 않는다. 바이럴의 관점에서 가치 있다고 생각하는 것이 생기면, 가장 먼저 그것을 게시하거나 알리려고 한다. 따라서 간직하는 비밀이란 것이 따로 존재하지 않고, 바이럴에 방해될 수 있는 것만을 감춘다. 그래서 따로 분리되는 것, 분석되지 않는 것은 가치 있는 것이 아니라, 오히려 그 반대로 여겨진다. 그리고 버리는 것은 무용한 것, 즉 게시하거나 알릴 수 없는 것을 뜻한다.

우아함의 비밀은 그것을 신비롭게 만들고, 때때로 관능적인 매력을 띠게 한다. 우아함과 에로티카(성적인 욕망과 인간관계에 대한 복잡한 측면을 예술적으로 표현한 것으로, 상업적·경제적 의도에서 제작된 포르노그래피와는 구별됨—옮긴이)의 공통점은 모두 비밀을 품고 있다는 것이다. 둘 다 모든 것을 다 노출하지는 않지만, 그 자체의 본질적인 힘만으로도 충분히 빛을 발한다. 그러나 이들이 가진 미묘한 비밀 영역은 오늘날 사람들의 취향에는 맞지 않는다. 오히려 사람들은 일상 속에서 노력이 필요 없는 것, 즉 쉽게 따라 할 수 있고 숨김없이 노골적으로 드러나는 포르노적인 것에 끌린다. 포르노적인 것이란 '성적 흥분을 유도하기 위해 성을 노골적이고 적나라하게 보여주는 것'이다. 고대 그리스의 매춘부는 '포르나이*pornai*'라 불렸는데, 그들은 거리에서 활동하거나 사창가에서 만날 수 있었고, 숨지 않고 가능한 한 가장 빠르고 직접적인 방법으로 손님을 끌어들였다. 또한 그들의 반대편에 '헤타이라*hetaira*'가 있었는데, 이들은 고위층의 사교계 여성으로, 제대로 교육을 받고 문화를 누렸으며, 주요 권력 집단에서 존중을 받았다. 두 부류는 흥분을 추구하는 각기 다른 방법을 보여준다. 즉, 매춘부의 포르노적 방법과 고급 사교계 여성의 에로티카적 방법인데, 후자의 성공은 매춘의 흔적을 얼마나 완전히 지우느냐에 달려 있었다. 포르나이는 손님의 관심을 끌기 위해 즉각적으로 매력을 발산해야 했고, 본능적인 것에 의존했다. 반면, 헤타이라는 즉각적 흥분을 넘어, 몰입을 유발하는 자극에 주력해 해석의 코드를 활용했다. 하이퍼모던 주체의 정체성 코드는 은근한 자극보다는 강한 흥분의 메커니즘을 추구한다. 그들은 자신의 것이 널리 퍼지길 바라기 때문에, 즉각적으로 반응을 불러일으킬 수 있는 본능적인 자극이 필요하다.

우아한 표현

우아함은 자신을 드러내는 방식이 있다. 발자크는 우아한 삶을 살기 위해서는 일정 수준의 수사학적 지식이 필요하다고 주장했다.[15] 스페인어로 '표현expresión'은 어떤 것을 밖으로 끌어낸다는 뜻으로, '짜내다exprimir'와 그 어원이 같다. 이는 곧 내면에서 자연스럽게 흘러나와 외부로 드러나는 것이며, 여기서 우리는 우아함이란 겉으로 드러나는 특성임을 알게 된다. 우아함은 단순히 꾸며내는 장식이 아니라, 이미 존재하는 것의 연장선으로 드러나는 것으로서 먼저 내면화되어야 하는 것이다.

언어에 대해 말하자면, 말의 우아함은 대중 앞에서 공개 발언을 해야 했던 아테네 시민에게 매우 중요한 자질 중 하나였다. 이는 고전고대(기원전 8세기부터 기원후 5세기까지의 그리스와 로마 중심의 시기─옮긴이) 사람들이 타인과의 소통 방식에 주의를 기울였음을 보여준다. 특히 타인과의 소통은 정치적 야망을 품은 사람들에게 더욱 중요한 자질이었다. 초기 소피스트들의 이야기에서 이 중요성을 확인할 수 있다. '소포스sophós'라 불리던 현자들은 여러 도시국가를 돌아다니며 수사학과 웅변술 가르쳤다. 그 덕분에 젊은이들은 광장(아고라)이나 법정에서 모두 훌륭하게 행동할 수 있었고, 우아하게 자신을 표현할 수 있는 능력을 갖추게 되었다. 이처럼 올바른 추론과 적절한 표현법을 배우는 것은 노력으로 가능한 훈련이었다. 수사학 교육은 플라톤이

'설득의 기술' 혹은 '설득의 인위적 기교'라고 불렀던 것의 핵심을 탐구하는 일이었다.[16] 아울루스 겔리우스가 저서 『아티카의 밤』[17]에서 전해주는 프로타고라스와 에우아틀로스의 일화는 이를 보여주는 좋은 예다. 이 로마 작가가 전하는 바에 따르면, 젊고 부유한 에우아틀로스는 웅변술을 익혀 법정 소송에서 이기고 싶었다. 그래서 그는 소피스트들의 스승인 프로타고라스를 찾아가서 자신이 첫 소송에서 승소하면 거액의 수업료를 지급하겠다고 약속했다. 수업을 시작하기 전에 먼저 약속한 금액의 절반을 내고, 나머지 절반은 합의된 목표, 즉 첫 승소 이후에 내기로 합의했다. 하지만 에우아틀로스는 수업을 받고 발전을 했음에도 불구하고 재판에서 변론할 생각을 하지 않았다. 여기서 문제가 생겼다. 에우아틀로스는 약속한 승소 조건을 충족하지 않았기에 프로타고라스에게 나머지 금액을 지급할 의무가 없다고 주장했다. 이에 프로타고라스는 그를 법정에 세워, 자신이 승소하면 법원 판결에 따라 돈을 받아야 하고, 패소하더라도 에우아틀로스가 둘 사이에 맺었던 약속에 따라 자신에게 돈을 지불해야 한다고 주장했다. 이 말을 들은 에우아틀로스는 법정에서 자신이 승소하면 법원 판결에 따라 프로타고라스에게 돈을 지급할 필요가 없고, 패소해도 첫 소송에서 승소하지 못했으므로 프로타고라스에게 돈을 지급하지 않을 거라고 맞섰다. 결국 재판관들은 이 재판을 무효로 선언하고 판결을 내리지 않았고, 문제의 해결을 한참 후로 미뤘다. 이 일화는 수사학과 웅변술 훈련이 얼마나 중요한지를 잘 보여준다. 이렇듯 소피스트들에게 바르게 말하고 추론하는 일은 교육학의 영역이었다.

만일 우리가 우아한 사람들이 그들 스스로를 표현하는 방식을 분석해본다면 그들이 웅변의 대가라는 사실을 알게 될 것이다. 그들은 현학적인 표현을 사용하지 않고도 자연스럽게 상황에 적응하면서 담론의 구조를 꿰뚫고, 명료하게 표현할 줄 안다.

아리스토텔레스의 말을 빌리자면,[18] 우아한 사람은 언어의 대가라 할 수 있다. 그에 따르면, 언어의 탁월함은 하나의 미덕이며, 다음과 같은 요소들로 구성된다. 첫째는 명확성으로, 이는 전달하고자 하는 내용을 분명하게 전달하기 위해 가장 적절한 표현을 선택하는 것이다. 둘째는 불필요한 말을 피하는 것으로, 말을 위한 말을 삼가는 것이다. 셋째는 언어적 정확성으로, 언어를 적절하게 사용하는 것이다. 넷째는 말하는 내용과 방식의 조화로, 이는 형식과 억양, 몸짓에 주의를 기울이는 것을 의미한다. 그리고 마지막이 바로 우아함이다. 이는 세련된 말과 통속적인 말을 구분할 줄 아는 능력으로, 여기에는 단지 내용(무엇을 말하는가)뿐 아니라, 형식(어떻게 말하는가)도 포함된다. 즉, 어휘와 단어를 고상하게 선택하는 동시에 말하는 내용에도 재치와 예리함을 담아내는 것을 의미한다. 아리스토텔레스는 우아한 표현이란 이 모든 요소가 결합해서 빠르고 명료한 가르침을 주는 표현이라고 결론지었다.

수 세기가 지난 후, 새로운 영역의 우아함이 등장했다. 로마 제정 초기의 웅변가이자 수사학자였던 퀸틸리아누스[19]는 '스타일의 미덕'과 관련된 우아함이 존재한다고 보았다. 이것은 배울 수 있는 우아함의 모델로, 갈고 닦을 수 있으며, 따라서 가르칠 수 있는 것이다. 반면, 재치에서 비롯된 우아함은 일반화하거나 하나의 틀에 넣기에는 더 복잡하며, 그것의 목적은 청중을 심리적으로 무장 해제시키는 데 있다고 보았다.

하지만 하이퍼모던 웅변술은 청중의 심리를 이해하려 하기보다는 그들의 주의를 억지로 붙잡아두는 데 집중한다. 구두와 서면으로 이루어지는 표현은 급속도로 퇴화되었고, 어휘는 빈곤해졌으며, 형용사는 빈약해졌고, 맞춤법조차 인공지능 교정기에 의존하며 점점 느슨해지고 있다. 심지어 공직자나 정치인조차도 꾸밈없음과 친밀함을 앞세워 저속한 담론을 정당화한다. 의회에서도 품격이 떨어지는 표현이 자주 들리고, 저속한 언어가 담론을 오염시킨다. 정치인들은 어떤 대가를 치러서라도 대중의 관심을 끌기 위해 미디어 전쟁에 뛰어들며, 모범적 연설과 우아한 수사학에 대한 존중을 저버렸다.

일부에서는 우리가 공적 언어의 위기를 겪고 있다는 주장이 나온다. 영국 언론인 마크 톰프슨은 이렇게 지적한다. "일부 사람들은 냉소주의, 점진적인 본질 상실, 그리고 표현의 저속화를 문화적 좌절의 징후이자 심각한 무지와 진지함의 결여를 보여주는 증거로 여긴다. 그러나 진정한 위기는 문화 영역이 아니라,

정치 영역, 더 정확히는 민주주의에 있다."[20]

스페인어 사용자 수가 늘어나고 있음에도, 우리는 언어의 우아함을 확장하는 능력이 점점 퇴화되는 현실을 지켜보고 있다. 스페인왕립학술원과 세르반테스 연구소 소장을 역임한 빅토르 가르시아 데 라 콘차는 2016년 『세계 속의 스페인어』 연감에서 이 문제에 대해 다음과 같이 분명히 밝혔다. "분명 스페인어는 건강한 언어이지만, 우리의 언어 사용은 점점 빈곤해지고 있다. 이것은 단지 문법에 맞지 않는 표현을 쓴다는 의미가 아니라, 언어가 모든 면에서 빈약해지고 있다는 뜻이다."[21]

표현 방식에 있어서도 우아함은 전혀 찾아볼 수가 없다. 특히 발자크가 말한 우아한 사람을 기준으로 한다면 더욱 그렇다. 그는 우아한 사람을 다음과 같이 설명했다. "우아한 사람은 조화로운 목소리로 대화에 매력을 더하고, 세련된 태도를 지녔다. 말할 줄도 알고 침묵할 줄도 알며, 상대방을 배려하는 섬세함을 지니고 있다. 적절한 대화 주제를 선택하고 신중히 단어를 고르는데, 사용하는 언어는 단정하다. 또, 부드럽고 재치 있게 풍자하되, 그 비판은 결코 상대에게 상처를 주지 않는다. 어리석은 자들이 무지한 자기 확신으로 상대를 반박하는 것과 달리, 상대와 함께 적절한 판단과 진실을 모색한다. 그리고 장황하게 토론하거나 논쟁을 벌이기보다는 적절한 순간에 결론을 내리며, 토론을 이끄는 데서 즐거움을 느낀다."[22] 발자크는 우아함을 구성하는 원리가 통일성이라고 보았다. 그리고 위에서 말한 내용을 보면, 우아한 표현에서는 각 요소가 합쳐져 완전한 통일성을 이루고 있음이 드러난다. 목소리의 톤은 대화의 매력을 높이고, 적절한 시점에서 말하고 침묵함으로써 대화의 시간을 조절하며, 주제 선정과 단어 선택도 신중하다. 또한 가르치거나 논쟁하기보다는 대화를 지향한다. 그러나 오늘날 하이퍼모던 주체는 이런 우아함과는 매우 거리가 멀다. 어떤 방법을 써서라도 상대에게 강렬한 인상을 남기려고 애쓰고, 어떤 트렌드에 대해서도 거리낌이나 망설임 없이 의견을 표출한다. 또한 비판과 논쟁을 즐기고, 때로는 자기 의견을 맹렬히 옹호하며, 반대 의견은 배척하거나 자기와 조금만 다른 입장을 내도 공개적으로 무시하거나 모욕을 준다. 그리고 겸손함이 부족하고, 자기주장에 지나치게 집착하며, 일말의 의심도 허용하지 않는다.

예의와 단정함

우아한 사람은 예의 바르고 정중하며, 타인을 함부로 대하거나 소홀히 여기지 않는다. 예의란 타인에게 보이는 관심과 존중, 애정의 표현으로, 이는 대화의 분위기를 편안하고 즐겁게 만든다. 예의 바른 사람은 아첨이나 아부 없이도 상냥할 수 있다. 상냥한 사람은 누구나 두려움 없이 말을 걸 수 있는 편안함과 신뢰를 주는 사람이다. 이는 하이퍼모던 주체와 뚜렷이 대비되는 특징 중 하나다. 하이퍼모던 주체 앞에서는 말과 행동 모두 각별히 조심해야 한다는 느낌을 받는데, 늘 상대의 반응을 의심스러운 눈으로 바라보기 때문이다. 그리고 하이퍼모던 주체는 다소 무례하며 자신에게 이익이 걸려 있을 때만 상냥하다. 또, 상대방이 존경이나 찬사 또는 칭찬의 편지를 들고 나타날 때만 친절하게 대한다.

발자크가 말한 우아한 삶에는 우월 의식이 없으며, 그 바탕에 예의가 깔려 있다. 반면, 하이퍼모던 주체의 삶에서는 철저한 이원론적 세계관이 끊임없이 드러난다. 즉, 상대가 내 편인지 아닌지, 나와 의견이 같은지 아닌지가 지나치게 중요하다. 스스로는 무례하지 않다고 생각하지만, 막상 의견이 다른 사람을 만나면 곧장 비판하거나 거부하며, 그 순간 모든 대화의 가능성은 사라진다. 우아함은 대화 분위기를 조화롭게 만들기 위해 상황을 적절하게 읽고 해석하는 능력이다. 우아한 사람은 필요한 순간에 어떤 문제를 단정 짓기보다는, 자신이나 타인의 수정 가능성을 열어둔다.

이와 더불어, 우아한 주체는 단정하다. 단정함이란 호기심과 청결함을 바탕으로 자신을 단장하고 정리하는 것이다. 모든 우아함에는 호기심이 필요하다. 라틴어로 '호기심*curiōsitās*'이라는 단어의 어원을 이루는 요소 중 하나가 '쿠라*cura*'인데, 이는 '주의, 돌봄'을 뜻한다. 우아한 주체는 세심한 사람으로, 호기심이 많고 세부 사항에 주의를 기울이기를 좋아한다. 호기심은 알고

자 하는 욕구로, 우아한 사람의 호기심은 단정하고 잘 다듬어져 있다. 이들은 정신적으로 빈곤한 사람들처럼 최신 정보를 쫓아 헤드라인과 해시태그, 트렌드에 굶주리듯 매달리지 않는다.

오늘날 주체는 무언가를 진정으로 알려 하지 않고, 그저 자신의 최신 정보를 업데이트하고 싶어 한다. 그러나 우아한 사람의 지적 욕구는 단순히 유행이나 시류에 따르지 않고, 더 본질적인 현실에 기반한다. 또한 우아한 사람은 자신의 호기심을 정돈할 줄 알고, 시간이 얼마나 걸리든 관계없이 대화의 초점을 피상적인 일화에서 본질적인 범주로 옮기는 능력이 있다. 본질적인 범주는 현실에 뿌리를 두지만, 피상적인 일화는 그저 현재의 순간에 머물러 있다.

'깨끗하게 하다, 몸단장하다*asear*'라는 단어는 라틴어로 '차분함*sedare*'을 뜻한다. 우아함을 단정하게 유지하기 위해서는 차분함이 필요하다. 더 정확히 말하자면, 모든 구석과 공간, 물건, 옷차림, 생각, 태도, 의견 등을 세세히 살펴볼 수 있는 충분한 시간이 필요하다. 하지만 모두가 필요한 시간을 갖고, 차분함과 평온함을 받아들일 준비가 되어 있는 것은 아니다. 하이퍼모던 주체는 끝없는 불안과 혼란 속에 살고 있고, 이를 해소하기 위해 과도한 활동과 끊임없는 자극에 몰입한다. 그리고 이런 불안 때문에 세심한 단장을 할 수 없어서 대부분 임시방편으로 화장을 선택한다.

우아한 사람의 단정한 외모는 모든 것이 정돈되어 각각의 요소가 전체 안에서 제자리를 차지하고 있다는 인상을 준다. 오점이 없고, 무엇보다 어떤 오점도 남기지 않기 위해서 철저히 신경 쓴다. 왜냐하면 작은 오점 하나가 우아함의 전체 조화를 깨뜨릴 수 있기 때문이다. 우아한 사람은 작은 오점이 얼마나 큰 파괴력을 지니는지 잘 알기에, 아무리 사소한 것이라도 자신의 품격을 흐리는 것은 절대로 허용하지 않는다. 가능한 한 모든 면에서 단정하기 위해 끊임없이 노력한다.

불확정성

우아함의 위대함은 그 정체를 즉각 알아볼 수 있다는 점에서 드러난다. 아마도 그런 이유로, 오르테가 이 가세트와 같은 사상가들은 우아함을 정의하려는 시도 자체가 오히려 우아함을 훼손한다고 보며, 이렇게 말했다. "정의를 내린다는 것은 언제나 현학적인 태도임을 인정한다. 하지만 인류가 다른 모든 형태의 거만함을 다 써버린 지금, 이제는 정의 내리기라는 새로운 형태의 거만함을 시도해볼 필요가 있다고 본다. 그러나 그렇게 하면 결국 본래의 우아함을 상실하게 될 것이다."[23] 결국, 그는 우아함을 정의하는 것이 불가능함을 인정하며 다음과 같이 고백했다. "정의로움이나 아름다움, 유용성, 기술 등과는 달리, 우아함은 그것이 무엇인지를 명확하게 정의할 수 없다. 이는 마치 빨간

색이나 특정 소리를 정확하게 정의할 수 없는 것과 마찬가지다. 우아함에 대한 우리의 인식은 오로지 직접적이고 즉각적인 지각을 통해서만 가능하다."[24]

그러나 발자크는 이와 다르게 접근한다. 그는 자신의 책『우아한 삶에 대하여』에서 이 일의 어려움을 보여주기 위해서 우아함에 대한 다양한 정의를 제시한다. 이는 다음과 같다.

우아한 삶이란 외적이고 물질적인 삶의 완성이다.

혹은,

자신의 물질을 지혜롭게 사용하는 기술이다.

또는,

남들과 다르게 행동하도록 가르치면서도, 겉으로는 그들과 다르지 않아 보이게 만드는 기술이다.

그러나 아마 가장 적절한 정의는 다음일 것이다.

우리 자신과 우리를 둘러싼 모든 것에 있어서 품위와 세련된 취향을 기르는 것이다.[25]

범주에 관한 생각

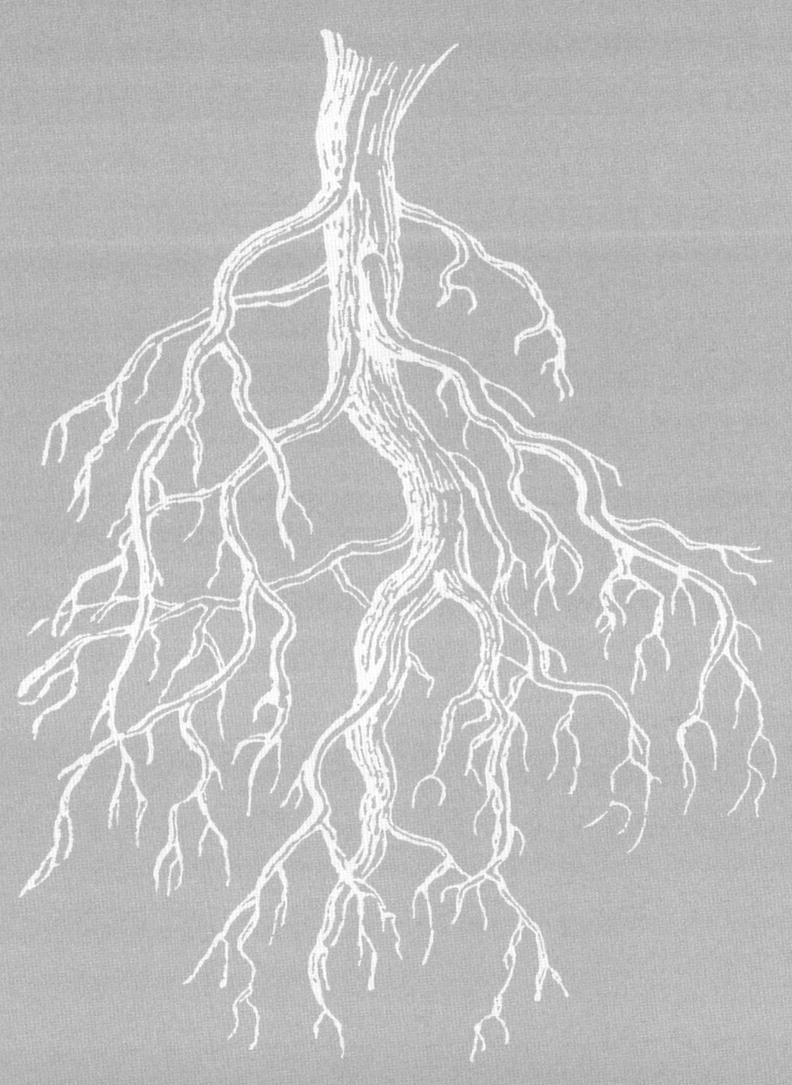

3장

범주의 후성유전학

여는 글

생물학적 은유를 빌리자면, 후성유전은 인류의 시작부터 가장 중요한 범주와 개념들 속에서 끊임없이 진행되어온 과정이라고 할 수 있다. 우리는 보통 범주를 이야기할 때, 우리 역사의 일부를 이루고, 우리의 현실을 형성해온 특정 조건을 추적하게 해주는 개념이라고 말한다. 시간, 공간, 위치 등의 개념은 그것들이 형성된 맥락에 따라 그 표현 방식이 변하면서 발전해왔다.

'범주category'라는 단어는 고대 그리스어 '카테고리아*katēgoría*'에서 유래했으며, 이는 공개적으로 타인을 판단하는 행위와 관련이 있다. 즉, 범주는 어떤 사람에게 겁쟁이, 거짓말쟁이, 고귀한 사람 등 속성을 부여해 그 사람의 정체성을 요약하는 역할을 했다. 이후, 범주는 우리를 분류하는 데 사용하는 칸막이로 이해되었다. 궁극적으로 우리는 사물이든, 개념이든, 사람이든 뭐든 그것을 범주화함으로써 안정감을 느끼고 세계관을 형성해간다. 예를 들어, '사치'라는 범주를 살펴보자. 사치는 인류의 시작과 함께 존재했고, 그 개념은 지금까지 오랫동안 비교적 안정적으로 유지되어왔다. 그러나 세계화가 본격화되면서 사치의 개념은 점점 좁아졌다. 과거에는 공동체마다 다양한 방식으로 사치를 정의했지만, 오늘날에는 하이퍼모던 사치라는 좁은 틀 안에서 인식된다. 다시 말해, 각 사회의 고유한 특성이 제거된 채 획일화되고 보편적인 사치 개념을 향한 열망이 나타나고 있다. 예전에는 지역적 맥락 속에서 다양한 해석을 포용할 만큼 폭넓은 범주였던 사치 개념이, 이제는 전 세계적으로 통용되는 단일한 정의를 중심으로 다양성이 제거된, 균질하며 협소한 범주로 바뀌고 있다.

역사 속에는 지역의 특성에 따라 규정된 다양한 사치 개념을 엿볼 수 있는 사례가 풍부하다. 플루타르코스가 펠로피다스의 전기에서 전하는 이야기도 그 중 하나다. 그에 따르면, 시바리스인과 스파르타인의 사치 개념에는 큰 차이가 있었다. 호화로운 생활과 사치를 즐기던 시바리스인 눈에는, 이를 거부한 스파르타인이 전장에서 죽음을 각오하는 것이 당연해 보였다. '고통스러운' 삶에서 벗어나기 위해 죽음을 찾는다고 여겼기 때문이다. 이들이 사용한 '고통스러운'이라는 표현은 자신들이 누리던 사치스럽고 세련되며 '예민한' 삶과 밀접하게 연결되어 있었다.[1] 시바리스의 시민들은 자신들의 평온한 휴식을 조금이라도 방해할까봐 소음을 유발하는 대장장이 같은 직업군이나 닭과 같은 동물들을 도시 외곽으로 내보냈다. 그들이 기르던 말은 얼마나 세련되었는지, 음악을 들으면 춤을 출 정도였다고 전해진다. 질 리포베츠키[2] 같은 이론가들은 전통적인 사치와 유행을 좇는 과도한 사치를 명확히 구분한다. 전통적 사치는 각 사회의 맥락과 조건에 따라 다르기 때문에 다양하고 풍부하며 독특한 특징을 보인다. 반면, 과도한 사치는 세계화와 함께 확산하면서 보편적 욕망이 되었고, 이는 하이퍼모던 주체가 동경하는 목표로 자리 잡았다. 우리는 이제 개방적이고 이질적인 사치의 범주에서 폐쇄적이고 동질적인 범주로 옮겨가고 있다.

한편, 범주는 여러 유사한 항목을 분류하는 데 도움을 준다. 세계화로 강화된 후성유전적 영향으로 인해 그 이해 방식과 전달 방식이 변했지만, 범주 자체는 여전히 유효하다. 이제 우리는 이러한 범주들의 '표현' 방식이 어떻게 변했고, 전통적 범주 체계가 현재 환경의 새로운 영향력 때문에 어떻게 그 의미를 잃고 있는지를 살펴볼 것이다.

하이퍼모더니티는 급격한 세계화, 옴니스크린 환경, 그리고 수많은 뇌의 상호 연결성과 함께 등장했으며, 이 세 가지 현상은 범주에 지대한 영향을 미치고 있다. 그 결과, 세계화 이전 시대에 형성된 개념의 유전은 거의 그 영향력을 잃어가고 있다. 하이퍼모더니티 환경은 '개념의 유전'에 강한 압박을 가하고 있으며, 우리는 개념이 끊임없이 변화하고 재정의되는 과정을 목격하고 있다. 극단적인 경우를 보면, 범주는 더는 부모가 자식들에게 물려주는 개념적 유산이 아니며, 오히려 방향이 그 반대가 된다. 즉, 자식이 부모에게 성공과 행복, 좋은 삶과 같은 범주적 개념을 전달해야 하는 상황이 벌어지기도 한다.

재범주화

하이퍼모던 주체의 확장에 가장 큰 영향을 준 요소는 세계화 이전 시대에서 세계화 시대로 이행하는 과정에서 일부 범주와 개념들에 일어난 변화, 즉 재범주화 현상이다. 과거에는 개념이나 범주가 비교적 안정적인 틀과 분명한 경계 안에 자리 잡고 있었지만, 오늘날에는 그 경계가 심하게 뒤틀리고 범주 자체가 희미해지거나 무너졌다. 예를 들어, 과거에 성공과 같은 개념은 늘 주변의 것, 익숙한 상황들과 비교·분석되었다. 즉, 성공이라는 개념은 각 개인의 환경과 맥락 속에서 형성되었다. 그러나 지금 성공 개념은 가까운 환경의 경계를 넘어 지리적·경제적·사회적 제약을 받지 않는 세계화된 의미로 변했으며, 다양한 요인에 따라 쉽게 변모하고 있다.

과거에는 작은 변호사 사무실을 운영하고 벤츠를 몰고 다니는 동네 이웃을 성공한 사람으로 여겼다면, 오늘날에는 그런 사람을 세계적 로펌에 진입하지 못한 단순 서류 작업자로 여길 수도 있다. 주변 사람들과 비교를 통해 구축되었던 지역적인 성공 기준은 이제 희미해졌고 그 정당성도 상실했다. 다시 말해, 과거에 성공이라는 범주가 경험적 현실이라는 틀 안에서 경계가 뚜렷하게 구분되었다면, 이제는 그 경계가 흐려지고, 전 세계적으로 통용되는 이상적인 기준을 따르는 쪽으로 변하고 있는 것이다.

철학사에서 범주는 세계를 구조화하고 인간을 조직하는 방식으로서 중요한 역할을 해왔다. 참고로, 좀 더 구체적이고 철학적인 의미로 '범주'라는 용어를 처음 사용한 철학자는 아리스토텔레스다. 특정 명명법(특별한 대상에 이름을 부여하고 부르는 방식―옮긴이)의 관점에서 보자면, 범주는 속성 부여, 명명, 또는 더 일반적으로는 특정 상황이나 입장과 관련된 개념으로 이해할 수 있다. 단, 여기에서는 범주의 언어적·철학적 본질과 그에 대한 정의를 자세히 다루지는 않을 것이다. 이는 복잡한 주제이며, 철학자마다 자신들의 논리적 입장에 따라 범주에 다양한 지위를 부여해왔기 때문이다. 이 주제의 복잡성을 이해하기 위해서는 스페인 철학자 페라테르 모라[3]의 『철학 사전』 중 '범주' 항목을 참고하면 좋을 것이다. 이 책에서 그는 범주라는 개념에 대한 다양한 해석을 간결하면서도 명확하게 분석하고 있다.

아리스토텔레스[4]는 『오르가논』에서 범주를 실체와 분량, 성질, 관계, 장소, 시간, 위치, 소유, 능동(행동), 수동(느낌), 열 가

지로 구분해 체계화했다. 그러나 또 다른 저서인『자연학』에서
는 이 중 여덟 가지만 언급하는데, 이는 이런 범주들이 가변적
이고 무엇보다도 확립하기 어렵다는 점을 시사한다. 만약 우리
가 하이퍼모더니티의 관점에서 이런 범주들을 각각 검토해야 한
다면, 그중 많은 범주가 중요성을 상실하거나 상대화될 가능성
이 크다. 결과적으로 장소와 시간, 위치 같은 범주들은 하이퍼모
던 주체가 따르는 새로운 위계질서 속에서 그 중요성을 잃고, 능
동(행동)과 수동(느낌)은 훨씬 더 중요한 위치를 차지하게 될 것
이다. 이 주체의 이념에서 수동(느낌)은 자신의 존재를 구성하는
가장 중요한 지배 축이 된다. 아리스토텔레스의 첫 번째 범주인
실체에 관해 말하자면, 삶의 본질은 더는 유산이나 학습된 삶의
교훈을 바탕으로 하지 않고, 아직 이루어지지 않은 것, 곧 해야
할 과제를 중심으로 움직인다. 그 결과, 실체 없는 주체가 등장
하게 되며, 이 주체는 자신이 무엇인지 또는 무엇을 가졌는지가
아닌, 개발하고 싶은 잠재력을 기준으로 자신을 정의한다. 또한
늘 앞으로 가장 본질적인 것, 좋은 것, 중요한 것이 다가올 거라
고 확신한다. 여기에서 핵심은, 진짜 중요한 것은 늘 계획 속에
있으며, 그 계획이란 앞으로 해야 할 미결 과제라는 믿음 속에서
살아가게 된다는 점이다. 마찬가지로, 위치라는 범주도 재설정
된다. 세상에서 자기 자리 찾기라는 위치에 대한 근대적 의미는
사라지고, 어느 곳에도 머물거나 멈추지 않고 이동하는 것을 목
표로 하는 계층화된 하이퍼모던 공간이라는 의미로 바뀐다.

이 주제에 가장 많은 관심을 가진 또 한 사람은 칸트인데, 그는 『순수 이성 비판』[5]에서 세계를 구조화할 뿐만 아니라, 개념들을 통해 언어를 뒷받침하는 데 도움이 되는 일련의 범주들을 제시했다. 그중에는 단위, 다수, 전체 등을 포함하는 분량의 범주나 관계의 범주 같은 것들이 있다.

칸트는 우리가 이해할 수 있는 범위의 한계에 답하려고 노력하면서, 여러 인식 단계를 설정했다. 첫 번째 단계는 감성으로, 이는 우리가 받는 인상impression(감각이나 경험으로 마음속에 남는 흔적 또는 느낌―옮긴이)을 정리하는 인식 기관이다. 참고로, 칸트는 자신이 흄[6]의 영향을 받아 독단적인 사고에서 깨어났다고 말한 바 있다.[7] 두 번째 단계는 지성으로, 이는 범주들을 통해 우리에게 다가오는 모든 인상을 정리하며, 이를 통해 우리가 세상을 인식하는 방식을 구성한다. 일상적인 표현을 빌리자면, 바로 우리가 세상을 '이해'하는 방식이다. 만일 우리가 인지하는 무한하고 다양한 경험을 정리할 수 없다면, 즉 그것들을 분류할 수 없다면, 우리의 지성은 매우 혼란스러울 것이다. 따라서 범주들을 사용하는 게 중요하다. 감성과 지성이라는 이 두 단계는 판단과 문장 구성, 명제 형성 등에 도움이 된다. 칸트에 따르면, "어떤 대상의 영향을 받을 때 표상representation(어떤 대상이나 개념을 마음속에 떠올리거나 지각하는 방식―옮긴이)을 수용하는 능력을 감성이라 한다. 대상은 감성을 통해 우리에게 도달하며, 감성만이 직관을 제공한다. 반면, 대상은 지성을 통해 사유되고,

개념은 이 지성에서 나온다. 그러나 궁극적으로 모든 사유는 직간접적으로 (특정한 특징들을 통해) 직관을 참조해야 하고, 결과적으로 (인간 사이에서는) 감성을 참조하게 된다. 왜냐하면 어떤 대상도 감성을 거치지 않고는 우리에게 주어지지 않기 때문이다."[8]

이 과정(감성, 지성, 이성)에서 하이퍼모던 주체는 자신의 능력을 첫 번째와 세 번째 단계인 느끼기와 사고하기로 축소하고, 지성은 방정식에서 아예 제외했다. 이 주체의 세계는 감성을 강화하는 경험으로 형성되기 때문에, 존재한다는 것은 곧 느끼는 것을 의미한다. 그리고 느끼는 것을 이해하려 하지 않고, 오히려 스스로를 감성에 내맡긴다. 이런 감성 중심적 태도는 경험의 영역으로까지 확장되고, 감성을 예민하게 만들어 결국은 극도로 취약한 정체성을 지닌 과민한 주체를 낳는다. 이러한 감각적 경험을 통과하다 보면 지식을 얻거나 지혜를 이해하려는 관심은 사라지고, 감각적 경험 자체가 우선시된다. 그 결과 자주 읊는 만트라 중 하나가 '마음챙김'이 되고, 이를 통해 거의 강박에 가깝게 '현재 순간에 집중'하려고 노력한다. 감성은 멈출 줄 모르기 때문에(우리는 감각을 멈출 수 없다), 주체는 끊임없이 한 경험에서 다른 경험으로 뛰어넘는다. 이런 과잉 활동의 결과, 자신의 경험을 반추하고 삶에 통합할 특정 지식을 추출할 시간이 부족해진다. 다시 말해, 결국 경험의 피상성을 넘어서는 지혜의 습득이 차단된다.

마지막 단계는 이성에 근거한다. 이성은 감성과 감각 중심의 판단을 활용해 그것들을 틀에 맞추고 더 종합적인 방식으로 서로 연결하면서 보편적인 원칙을 찾으려 한다.

이성은 개념, 일반적인 것, 추상적인 것, 그리고 특정 개념으로 수렴될 수 있는 것들을 이해하기 위한 지적 기관이다. 하이퍼모던 주체는 이성을 자기 감성을 강화하는 수단으로 삼는다. 행복과 성공, 진정성, 정체성 같은 개념들을 소비하고 자기 것으로 만드는데, 그 개념들이 자신에게 동기를 부여하거나 활력을 줄 때만 그렇게 한다. 이 주체는 이런 개념들을 외부 요인에 의해 정의된 고정된 개념으로 수용해 내면화한다. 또한 그 개념들을 둘러싼 추론들도 그대로 받아들이고, 그것들을 실현하기 위한 방법론적 처방도 그대로 따른다. 이 개념들은 삶의 규칙, 행복한 삶을 위한 습관, 행운을 얻는 방법 등과 같은 형태로 확정된 주장이라는 무기를 제공하기 때문에 어떤 이해의 과정도 필요치 않다. 목표는 감동을 주고 정서를 자극해 주체를 행동하게 하고(때로는 과잉 활성화), 무엇보다도 쉽게 소화할 수 있는 명확한 논리로 주체를 설득한다. 이 시스템의 성공은 자명하다. 이는 하이퍼모던 주체에게 감정적 충동에 부합하는 일련의 추론 사슬을 제공하고, 그 결과, 주체는 더는 지성을 활용한 어떤 노력도 기울이지 않게 된다.

추상성의 종말

만약 우리에게 경험만 있고 그것을 조직해줄 범주가 없다면, 무슨 일이 벌어지는지 이해하지 못할 것이다. 반대로 범주만 있고 범주에 정보를 제공할 경험(감성)이 없다면, 무엇을 안다고 말할 수 없을 것이다. 그 범주는 텅 비어 있기 때문이다. 칸트에 따르면, "내용 없는 생각은 공허하고, 개념 없는 직관은 맹목적이다".[9]

그러나 감정적 세계화와 하이퍼모던 시대가 도래한 지금, 만약 주체가 직관을 조직하고 구조화하여 지식을 형성하는 대신, 오로지 경험의 감성적인 부분만 추구한다면 어떻게 될까? 만약 이 주체가 열의와 정열, 기분처럼 감정적으로 덧칠된 개념에만 관심을 둔다면, 보편성을 지향하는 지식을 어느 정도까지 형성할 수 있을까? 이 주체는 아는 것보다 경험을 선호하고, 경험에서 지식을 구축하는 것보다는 자기 경험의 주관성을 선택한다. 따라서 주체의 목표는 이해가 아니라, 경험 그 자체가 된다. 유행하는 장소를 찾아가는 이유도 단지 방문 기록을 남겨 자신의 경험을 인증하기 위해서다. 예술 작품을 볼 때도 그것을 이해하기 위한 지적인 준비 없이, 오로지 감정적 반응에만 집중한다. 또, 유명한 여행지를 찾아가지만, 현지 문화에 깊이 스며들려는 노력은 전혀 하지 않는다.

스페인 철학자 페라테르 모라는 칸트를 논평하며, 지식이 성립하려면 개념을 '직관'이 제공하는 '재료'에 적용할 수 있어야 한다고 보았다. 다시 말해, 개념은 외부로부터 수동적으로 주어지는 게 아니라, 주체가 능동적으로 '적용하는' 것이다.[10] 그러나 감정의 담론이 이 주체에게 극단적으로 내면화되어, 모든 노력이 감정을 경험하는 데 집중된다. 이로 인해 감성과 이성의 경계가 흐려지고, 세계에 대한 인식이 '개인적' 세계로 축소된다. 또한 정신적 빈곤 상태에서 개념은 자기감정과 결합한 상태로 존재한다. 예를 들어, 주체의 관점에서 '아름다움'이라는 개념은 오직 자신이 경험한 아름다움만을 뜻하고, 그 경험을 넘어서는 다양한 형태의 아름다움을 포용하지는 못한다. 자신이 생각하는 선, 악, 정의 등의 개념들도 마찬가지다. 자신의 감정적 확증 편향과 일치하지 않는 모든 것은 자기 정체성을 구성하는 과정에서 배제된다. 이런 경향은 악플러를 퍼뜨리고 급진주의를 더욱 부추기기에 이상적인 토양이다.

이는 추상성이 약해지고 있음을 간접적으로 드러낸다. 개념주의, 즉 개념의 창조와 사용은 세계화 시대에 강화되는 직설성으로 인해 제약을 받는다. 직설성은 '나는 느끼는 것을 말하고, 내가 말하는 것은 곧 내가 느끼는 것이다'라는 태도, 즉 자기감정의 현실에 근거한다. 주체의 미시적 세계에서는 개념의 의미가 자신에게 의미하는 것으로 축소되며, 그 결과 보편성의 가능성은 사라진다.

그 행동의 역설은 이렇다. 주체가 자신의 경험에 만족하지

못하거나, 그 경험이 자신이 품었던 '생각', 즉 내면화된 개념과
일치하지 않을 때, 주체는 그 내면화된 개념을 구성하는 기본 조
건들이 타당한지 여부를 검토하지 않는다. 대신 경험과 조화되
지 못한 것을 자기 무능력 탓으로 돌린다. 사회학자 윌리엄 데
이비스는 이와 유사한 사례를 지적하며, 다음과 같이 경고한다.
"과학은 결국 개인의 불행을 개인의 탓으로 돌리거나(동시에 약
을 처방하면서), 개인이 처한 상황을 무시할 위험이 있다."[11]

이와 함께 자기계발서, 영적 인도자, 동기부여 강연 등 동시
대의 모든 예언자를 통해 또 다른 개인적 재구성이 시작된다. 이
과정에서 주체는 자신의 상황이나 맥락과 상관없이, 그들이 제
공하는 논리에 최대한 자신을 맞추고 적응하려고 노력한다. 감
각적 경험이 기대되는 기분과 어긋나면, 그것을 이해하려는 시
도 대신 외부에서 제시된 이유를 그대로 받아들인다. 다시 말해,
칸트의 삼부작인 감성-지성-이성 가운데 두 번째 요소인 지성
을 지루한 노력으로 치부하고 생략하며, 대신 외부 요인이 안내
하는 지름길을 따라 삶을 조직한다.

축소

인터넷과 같은 세계화된 상호 연결망을 통해 지식 접근성과
인간의 상호작용 가능성이 커질수록, 개념 또한 인식론적 개방

　　범주에 관한 생각

성을 띠게 될 것이라고, 즉 그 한계가 확장되는 혜택을 누릴 것이라고 기대하는 것은 자연스러운 추론이다. 예를 들어, 세계화 이전에는 '아름다움'이라는 개념이 내 주변 환경에 국한되었지만, 오늘날의 세계화와 다문화 교류, 그리고 세계를 누비는 주체의 활력을 고려하면, 그 개념이 확장되는 건 논리적이고 자연스러운 귀결이다. 그러나 현실은 정반대다. 우리는 개념의 위험한 환원주의를 목격하고 있는데, 개념은 감정적 내용으로 가득 채워져 의미 영역이 축소되는 형태로 드러난다. 하이퍼모던 주체가 개념을 자신의 경험과 동일시하고, 다양성과 타자성을 인정하지 않는 데서 비롯된 결말이다. 이런 태도는 대화를 어렵게 하고, 극단주의를 더욱 강화한다. 예를 들어, '아름다움'이라는 개념이 오직 내 개인적 경험에만 근거한다면, 같은 경험을 하지 않은 사람은 틀렸거나 이해 불가능한 존재, 혹은 무능한 존재로 간주되어 결국 배척된다. 그 결과 소통의 가능성이 크게 제한된다. 주체는 자신과 동일한 개념을 공유하는 사람들과만 대화하려 한다. 이는 주체의 인생관을 더 급진적이고 경직되게 만든다. 소위 '반향실 효과'(비슷한 생각을 하는 사람끼리만 소통하면서 서로의 목소리만 듣게 되는 현상—옮긴이)가 빚어내는 전형적인 결과다.

　우리는 역사상 가장 다양하고 풍부한 미디어 환경 속에서, 그 어느 때보다 손쉽게 의사소통할 수 있는 시대를 살고 있다. 그러나 아이러니하게도 의사소통 모델은 오히려 더 불안정해졌다. 우리는 사고를 깊이 탐구하고 이해하는 데는 관심이 없고,

단어와 개념의 감각적 특수성을 경험하는 데 몰두한다. 그래서 직설적인 것을 원한다. 즉, 쉽게 이해하고 받아들일 수 있도록 단순하고 직접적이며 투명한 표현을 요구한다. 나아가 모든 것이 질서 정연하고 개괄적으로 제시되며, 손쉽게 접근할 수 있고 무엇보다 즉시 실행 가능하길 바란다. 의도적으로 만들어진 이런 종류의 반투명한 하이퍼리얼리티hyperreality(현실과 가상이 구분되지 않을 정도로 현실이 과장되거나 재구성된 상태—옮긴이)의 소비에 익숙해진 사람이, 단순화된 세계관에 머물고 포퓰리즘에 가까워지는 것은 놀라운 일이 아니다.

이러한 내용을 분명하게 뒷받침해주는 사례는 다양하다. 그중 이모티콘과 이모지의 사용은 대표적 예다. 의사소통 과정에서 사실을 최대한 경제적으로 전달하기 위해 간결한 표현 방식을 사용한다. 어휘는 절약된다. 긴급스페인어재단FundéuRAE(모든 미디어에서 올바른 스페인어 사용을 권장하려는 목표로 설립된 비영리 단체—옮긴이)이 2019년 올해의 단어로 '이모지emoji'를 선정한 건 우연이 아니다. 이모지는 너무 변화무쌍하고 가벼워 보이지만, 이미 디지털 서면 의사소통 영역을 장악했으며, 동시에 의사소통 모델로서의 입지를 넓혀가고 있다. 이모티콘emoticon은 감정emotion과 아이콘icon의 합성어로, 원칙적으로 단어를 포함하거나 필요로 하지 않는다. 이것의 본래 목적은 기호와 이미지, 아이콘을 사용해 기분과 생각, 감정을 표현하고자 하는 것이다. 이미지는 심오한 해석이 필요하지 않고 즉시 명확하게 보여주는 경우가 많아서, 정확하고 빠른 의사소통을 원할 때 매우 유용하다. 과거에는 적절한 단어를 찾기 위해 자신의 언어 지식뿐만 아니라, 상대방의 언어 지식까지 탐구하는 심층적인 지적 활동을 해야 했다. 그러나 오늘날에는 이러한 지적 노력이 생략된다. 이모지가 등장하기 전에는 감정을 표현할 때 다채로운 어휘력을 활용하는 동시에 상대방의 이해 수준을 맞추기 위해 노력했다. 서로 다양한 어휘를 주고받으며 다채로운 표현을 습득할 수 있었다. 그러나 이모지 사용이 늘면서, 발신자와 수신자 모두의 표현 방식이 획일화되어 어휘력을 발휘할 필요성이 줄어들었다. 이런 지적 노력이 불필요해지면서, 언어는 점차 의미와 인식론적 힘을 상실했고, 그 자리는 화자의 의도나 청자의 해석을 더 잘 보여주는 이미지가 대신하게 되었다.

범주의 후성유전

범주는 세상을 살아가는 주체가 다양한 영역에서 자리를 잡을 때 참고하는 나침반과 같다. 그런데 이런 범주가 세계화로 인해 후성유전의 영향을 받는다면 어떤 일이 벌어질까? 만일 범주가 모든 내용을 정리할 때 사용하는 일종의 정신적 '서랍'이라는 직관적 실체라면, 그런데 이 '서랍'의 크기와 위치, 구성 등이 그 안에 담기는 내용에 따라 달라진다면, 과연 우리는 세상을 어떻게 정리하게 될까? 당연히 현실에 대한 우리의 인식도 변할 수밖에 없다. 이것이 바로 하이퍼모던 주체에게 일어나고 있는 현상이며, 그 변화 속도는 매우 빠르다. 가령 범주가 살아 움직이는 유기체라고 할 때, 세계화 이전 시대에는 그 진화가 매우 느려 주체가 자기 삶을 정신적, 감정적으로 안정적이고 차분하게 구조화하기가 훨씬 쉬웠다. 이전 세대로부터 이어받은, 정체성을 구성하는 사고들은 이미 검증되어 견고했고, 성공과 좋은 삶, 여가 같은 개념도 거의 변하지 않았다. 그러나 세계화 이후 상황은 급격히 달라졌다. 주체는 방향 감각을 잃었고, 감정이 순간을 지배하면서 범주화할 여유조차 사라졌다. 정체성 형성에서 감정이 우선될 때, 범주화는 불필요해진다. 결국, 이 서랍들(범주들)에 담기는 내용은 서랍 자체만큼이나 중요해진다. 오늘날의 주체는 근본적으로 자기 경험이 하나의 범주로 인정받기를 열망하기 때문이다.

정신적 빈곤 증후군은 우리가 현실을 정리하는 데 사용하던 '직관적 서랍들'이 그 안에 담긴 감정적 내용에 의해 직접적인 영향을 받았다는 사실을 보여준다. 예를 들어, '사랑'이라는 개념이 개인의 연애 경험으로 축소되고 절대화되면, 우리의 관계 범주는 좁아진다. 사랑을 단순히 주관적 감정과 동일시하며, 사람의 가능성을 자신의 연애 경험 수준으로 격하시키는 것이다. 이런 사고방식을 가진 사람은 연인과 오랜 관계를 유지하기 어려울 수밖에 없다. 특히, 자신이 내면화한 연애 개념을 상대방도 그대로 받아들일 것이라 기대한다면, 어려움은 더욱 커진다. 이런 문제는 특정 개념을 개인적 경험과 동일시하기 때문에 발생한다. 즉, 범주와 경험을 동일시함으로써 개념을 왜곡하는 것이다. 우리의 직관적 사고 구조는 우리가 주입하는 요소들에 의해 왜곡되고 오염된다. 예컨대, 하이퍼모던 주체는 우정이나 연애 또는 직장 생활로 이루어지는 인간관계의 범주를 자기 행동 방식과 정확히 일치하는 방식으로 정의한다. 이것은 곧 타인과의 모든 종류의 만남이, 비록 온라인을 통한 만남이라도 만족을 느꼈다면, 관계의 범주에 포함될 수 있음을 뜻한다. 이는 한 번도 직접 만나본 적이 없는 두 사람이 오랫동안 온라인으로 메시지를 주고받았다는 이유만으로, 실제로 함께 지내는 사람들과 같은 수준의 관계나 더 깊은 관계의 범주 안에 들어갈 수 있다는 뜻이다. 그러나 아이러니하게도 이렇게 범주를 자기중심적으로 재구성하면서 상대방도 자신이 이해하는 관계 방식에 맞춰야 한다고 생각하는 순간, 모든 관계는 어려워진다. 그리고 결국 자신의 세계관을 따르지 않는 사람은 자기 원 밖으로 추방할 것이다.

시간

또 다른 예를 들어보자. 시간이라는 범주는 항상 다양한 방식으로 표현된다. 보통은 시간 부사를 사용하거나 다양한 동사

변형을 통해서 표현되는데, 단순 과거, 과거 완료, 복합 과거, 조건부, 미래 등의 시제가 괜히 있는 게 아니다. 이것들은 현실을 여러 차원으로 드러낼 수 있게 해주는 동시에, 시간의 범주 안에 공존하는 무수한 주관적인 시간을 허용한다. 시간에 대한 직관적인 개념은 아인슈타인 이전까지는 선형적으로 즉, 단순히 연대순(그리스 신인 크로노스에게 경의를 표하며)으로 받아들여졌다. 그리스인들은 서로 다른 시간 강도, 즉 아이온*aión*(시작과 끝이 없는 영원하고 무한하며 지속되는 시간—옮긴이)과 카이로스*kairós*(결정적 순간, 알맞은 기회—옮긴이)를 구분했지만 말이다. 시간의 상대성을 인정한 후에도, 사람들은 여전히 다른 주체들과 매우 유사한 시간의 '범주 상자'를 공유했다. 즉, 과거, 현재, 미래가 각각 일정한 공간과 비중을 차지하는 넓은 구획들로 이루어져 있었다. 이 범주적 시간은 먼 과거에서부터 가상의 미래까지 무수한 직관들을 포함했다. 이러한 선형적 시간의 의미는 개념적 유산을 통해 형성되었고, 세대 간에 세계관을 공유하게 해서 주체가 유대감을 느낄 수 있도록 도왔다. 오르테가 이 가세트가 지적한 것처럼, 같은 역사적 시간 속에는 여러 세대가 공존한다. 물론 동시대인이라고 해서 반드시 같은 시대적 경험을 공유하는 것은 아니다.

그러나 세계화 시대로 접어들면서 시간에 대한 인식과 그것의 소비 방식이 변하기 시작했으며, 이는 시간의 범주 자체를 뒤흔들 만큼 큰 변화였다. 정보 통신 기술ICT을 이용하는 시간이 급격히 늘어난 것이다. 우리는 디지털 환경의 영향을 받아 재구성되는 시간을 목격하고 있다. 게다가 이제는 사용자의 취향에 따라 조작 가능한 다양한 시간적 내러티브가 등장하고 있다.

디지털 공간에서 보내는 시간이 현실의 시간에까지 영향을 미치면서, 사람들은 현실의 시간도 디지털 공간처럼 빠르게 흐르길 기대한다. 그러나 물질적 현실은 디지털 이미지의 속도나 다양성과 감히 경쟁할 수 없다. 디지털 소비 시간은 현실 세계에서 주체와 세계 사이에 매개 없이 즉각적으로 체감되는 시간보다 훨씬 더 빠르고 가볍게 느껴진다. 따라서 중장기적으로 디지털 이미지를 과도하게 소비할 경우, 현실이 느리다고 체감하게 되며, 이는 시간에 대한 불안으로 이어진다. 불안은 하이퍼모던 주체를 끊임없이 움직이게 하는데, 이는 디지털 이미지 소비를 통해 익숙해진 속도를 충족하려는 움직임이다. 이 현상의 직접적인 결과 중 하나로, 빠르고 다양한 정보 흐름에 익숙해진 탓에 집중력 지속 시간이 짧아지며, 결국 현실은 점점 더 지루하게 다가온다.[12]

'순간'의 윤리적 야망

에마뉘엘 레비나스 같은 사상가들은 시간에는 단순한 지속 이상의 중요한 의미가 있다고 여겼다. 그가 말하는 시간은 곧 자기 자신과 함께하는 시간의 특수성을 전제로 한다. 리투아니아 출신의 이 사상가에게 시간성temporality은 타자와 관계가 시작되는 순간, 즉 타자성과 결합할 때 비로소 의미와 범주를 갖는다. 그런데 시간성의 범주에 영향을 미치는 변형, 혹은 '오염'은, 부분적으로는 '순간instant'에 대한 숭배에서 비롯된다. 그는 이미 만들어지고 있던 새로운 시간성에서 '순간'이 중요한 역할을 하게 될 것임을 예견했다. 이 '순간'은 특정 시간 흐름에서 벗어났다는 점에서 본질적인 의미를 가지며, 과거나 미래에 얽매이지 않는다. 또한 새로움, 시작, 새로운 출발을 추구하는 '무한한' 소비라는 새로운 사고방식과도 부합한다. 그는 '순간'을 모든 존재의 완결된 사실로 간주하며 다음과 같이 주장한다. "순간 그 자체는 하나의 관계이자 성취이지만, 그 관계는 미래나 과거의 존재 혹은 그 과거나 미래에 속하는 어떤 사건을 지칭하지는 않는다. 시작과 탄생이라는 관점에서, 순간은 고유한 관계, 즉 존재와의 관계, 존재로의 첫걸음이다."[13]

그는 이 고유한 '순간'에 일관성을 부여하기 위해 '통시성diachrony'이라는 개념어를 사용한다. 하지만 무엇보다도 이 '순간'은 다른 어떤 순간과도 아무런 관계가 없다는 것이 특징이다. 이 '순간'은 그것이 다시 반복되지 않을 유일한 것으로 여겨질수록 우리를 더 강하게 끌어당긴다. '순간'의 가치가 새롭게 인식되는 순간, 그것은 특별하고 매력적인 것으로 다가온다. 그것의 고유한 무게와 감정적 영향력이 더욱 커지는데, 주체가 그 '순간'이

다시는 반복되지 않으리라는 것을 자각하기 때문이다.

　이런 관점 아래, '순간'에 대한 하나의 개념이 드러난다. 히브리적 시간관에 영향을 받아, 시간을 이익과 생산력, 갱신을 수반하는 사건, 그리고 풍요로움으로 이해하는 것이다.[14] 이는 우리가 인식하는 시간 범주 자체가 변했음을 의미한다. 고대 그리스에서 시간은 창조되는 것으로 여겨지지 않았고, 시간에 대한 모든 개념은 일종의 상실이나 퇴보를 의미했다. 하지만 하이퍼모던 주체는 '순간'의 경험 속에서 자기 삶에 독특한 의미를 부여하는 일련의 사건들을 발견하고, 연속성이나 지속성이 없는 독특한 이벤트, 콘서트, 여행, 새로운 미식 경험 등을 찾아 나선다.

　시간의 본질을 구성하는 이 '순간'은 그것에 가치를 부여해줄 주체성(주체)을 필요로 한다. 세라 서튼이 매우 적절한 비유로 설명했듯, 레비나스에게 있어 심장이 없는 시간은 진정한 시간이 아니라, 단지 '지속'에 불과할 것이다.[15] 레비나스는 이러한 새로운 시간 범주화의 핵심이 통시적 시간이 '순간'에 스며드는 방식에 있고, 이는 타자성, 곧 타자와의 만남에서 비롯된다고 보았다. 주체가 "나는 존재한다"라고 인식할 때, 그 '순간' 속에서 '여기'가 생겨난다.[16] 다시 말해, "내가 여기 있다"라고 말하는 순간, '순간'의 익명성이 깨진다. 하이퍼모던 주체에게 이 '순간'은 자신이 그 중심에 있을 때―내가 참석했던 콘서트, 내가 즐겼던 천국 같은 해변, 내가 식사한 레스토랑, 내가 떠났던 이국적인 여행지 등―비로소 중요해진다. 그리고 내가 중심에서 벗어난 다른 모든 '순간'은 평가절하된다.

레비나스에게 있어 이 통시적 시간 개념은 타자의 인식, 즉 타자에게 열려 있으면서도 "나는 존재한다"라는 감각을 유지하는 것을 의미한다. 이로써 시간성이 열린다. 레비나스에게 시간은 타자를 중심으로 구성될 때만 실체를 가지며, 이때부터 시간은 윤리적 지향을 띤다. 그러나 세계화 과정에서 타자는 부적절한 일시적 관계 속에서 더는 존재하지 않게 되었다. 이제 타자는 주체의 정체성을 강화하는 시간 속에 자리 잡고, 간헐적으로 나타나는 존재로 변모했다. 현대인은 앞서 살펴본 것처럼, 자신의 정체성 서사를 확인할 때에만 타자의 존재를 필요로 한다. 하이퍼모던 주체의 '순간'은 타자에게 그 사실을 이야기하고, 알리거나 드러낼 수 있을 때 비로소 절대적 의미를 갖는다. '순간'이라는 시간은 오직 자신을 기준으로 굳어질 때 윤리적 지향을 거의 상실한다. 그것은 순수하게 미적인 시간에 불과하다.

행위의 주체

시간 범주는 '순간'이 힘을 갖고, 동시에 '현재'가 절대화되기 시작하면서, 그 의미를 담아내는 공간(서랍의 크기)이 줄어들었다. 지금 우리는 현재의 순간이 기존의 시간 범주를 변형시켰을 뿐 아니라, 타자성(타자)이나 움직임 같은 부수적 요소들을

섞어 그 범주를 오염시키고 있다는 사실을 깨닫고 있다. '순간'
은 그 존재감이 커졌는데("순간을 즐겨라", "순간을 누려라", "인생
은 한순간이다" 등), 이는 '순간'이 마치 식세포가 세포를 섭취하
듯 행위의 역동성을 흡수했기 때문이다. 순간적인 경험에 봉사
하는 움직임과 행위는 오늘날 가장 중요한 특징이 되었다. 모든
것이 그 유일한 순간, 잊을 수 없는 경험을 위해 조직되고 정당
화된다.

시간과 움직임의 관계는 새로운 사유가 아니다. 아리스토텔
레스는 이미 『자연학』 제4권에서 시간과 움직임의 연관성을 언
급했다. 리케이온 학파의 설립자인 아리스토텔레스는 시간을 움
직임에 내재하는 요소로 보았다. 즉, 시간은 움직임을 구성하는
요소이자 움직임의 일부여야 했다. 그는 시간이 곧 움직임이거
나, 그 일부라고 결론지었다.[17] 그의 견해에 따르면, 시간과 움
직임은 분리될 수 없다. 그러나 움직임은 멈출 수 있고 시간은
멈출 수 없다는 점에서, 시간은 움직임보다 더 상위 범주에 속한
다고 할 수 있다.

하이퍼모던 주체는 시간적 인식 기준을 수정하면서 시간과
행위(움직임)의 결합을 더욱 강화했다. 아리스토텔레스가 시간
을 우위에 두었다면, 현대인은 움직임을 시간과 동등한 위치에
둔다. '순간'은 하나의 행위나 잠재력과 연결되어 인식된다. 행
위와 존재가 순간과 융합되어 '주체-순간-행위'라는 하나의 하
이퍼모던 삼부작을 이룬다. 수동적이고 관조적인 태도는 곧 비

존재, 정지, 비활성의 전형으로 여겨진다. 이 주체는 행위의 역학에 종속되어 있고, 이를 본질적으로 자기 정체성과 동일시한다. 자신을 오로지 행위로 인식하고, 그 행위는 '순간'을 소비하는 방식으로 구조화된다. 그래서 이 주체는 다음 '순간'을 향한 계획이 없을 경우 불안과 초조에 휩싸인다.

이 주체는 하이데거[18]가 언급한 '통속적 시간vulgar time' 개념, 즉 현재 상황을 중심으로 해석되는 시간 개념을 따른다. 고전적인 시간 개념에서는 현재를 중심으로 과거와 미래를 함께 이해할 수 있었다. 하지만 하이퍼모더니티에서 주체는 지속적이고 역동적인 현재에 고정되어 있다. 끊임없이 '나는 ~이 될 수 있다'라는 잠재력의 실현 가능성에 몰두하느라, 그 외의 시간적 관점들은 그 그림자에 가려진다. 과거에는 별다른 관심을 두지 않으며, 미래는 오직 자신에게 있다고 믿는 잠재력을 실현할 무대로만 간주한다. 즉각적이면서도 지속적인 시간은 주체의 잠재력을 끊임없이 자극하고, 포스트 행복 개념에 다른 시간이 개입할 여지를 차단한다. 따라서 포스트 행복 속에서는 과거, 현재, 미래의 모든 시간성과 그 흔적을 아우르는 통합적 시간 개념이 설 자리를 잃는다. 이는 곧 자신과 직접 연결되지 않은 시간 범주는 이해하지 못하게 된다는 뜻이기도 하다. 결국 하이퍼모던 포스트 행복에서 지배적인 시간 범주는 지속되는 현재다.

다른 사상가들은 이런 흐름과는 다른 시간성을 강화하려고 노력했다. 그중 하이데거는 탈자적(자기에게서 벗어난) 시간성의 존재를 가정했지만, 이 시간은 점차 개인의 감정적 측면이 부각되면서 그 힘을 잃었다.

　과거가 주체의 지속적인 현재를 강화하는 수단으로 전락하는 것만이, 과거가 살아남을 유일한 기회이다. 새로운 기술은 과거를 담는 저장소를 개발했고, 덕분에 주체는 기억을 관리하는 부담을 덜었다. 하이퍼모던 주체는 아무런 저장 기준 없이 과거를 디지털화한다. 이때 과거가 지니는 유일한 의미는 소셜미디어 타임라인에 올린 게시물에서부터 하드디스크에 무분별하게 저장된 사진과 영상에 이르기까지, 모두 현재를 위해 봉사한다는 데 있다. 반복적으로 이루어지는 과거의 업데이트는 지속적인 현재를 꾸미는 장식에 불과하다. 과거는 오직 지속적인 현재를 공고히 할 때만 흥미롭고 매력적으로 여겨진다. 예컨대 '비포 앤 애프터'를 비교하는 합성사진의 유행 역시 현재의 순간을 더 효과적으로 감상하도록 자극하기 위한 것이다.

시간 포식자와 스펙터클

　이후 6장 '회복기'에서 분석하겠지만, 하이퍼모던 주체가 추구하는 포스트 행복이 사회적으로 큰 영향력을 발휘하고 있다는 사실은 다양한 연구와 강연, 출판물에서 확인할 수 있다. 이러한 활동은 단지 포스트 행복을 정의하는 데 그치지 않고, 그것의 달성을 위한 구체적인 지침까지 제공한다. 따라서 행복 부서나 행복 자문가, 기업 내 행복 책임자와 같은 직책이 등장했다는 소식도 그리 놀랍지는 않다. 물론 이런 제도가 실제로 얼마나 효과적인지는 아직 불분명하다. 참고로, 아랍에미리트는 가장 먼저 행복부를 폐지한 나라다. 그럼에도 불구하고 이런 시도들은 마치 즉각적이고 확실한 해결책을 제시하는 일종의 처방전처럼 등장한다.

하이퍼모던 시대의 포스트 행복에 대한 관심이 폭발적으로 증가한 데에는 여러 요인이 있겠지만, 그중에서도 특히 우리가 경험하는 시간 개념의 변화를 핵심 요인으로 꼽을 수 있다. 오늘날 사회 변화 속에서 시간의 기준이 속도 중심으로 바뀌었다는 인식은 보편화되었다. 속도의 패러다임과 함께, 이 시대를 더욱 분명하게 정의해주는 또 하나의 요소가 바로 '가속'이다. 나는 다른 글들에서도 이 개념을 설명할 때 종종 루시아노 콘체이로의 견해를 인용했는데, 그는 이 지점을 매우 정확하게 짚어낸다. 그의 설명에 따르면, "오늘날 지배적인 시간 개념은 오히려 페이스북, 인스타그램, 트위터가 작동하는 방식과 같다. 끝없이 스크롤 되는 웹페이지처럼, 우리는 시간을 끊임없이 이어지는 사건들과 서로를 빠르게 대체하는 흐름으로 인지한다. 그 시간에는 방향도, 도달해야 할 목적지도 없다. 끝없이 반복되는 순환 속에서 유일하게 변하지 않는 요소는 '가속'이다."[19]

모든 것이 매우 빨리 진행될 뿐 아니라, 매우 빠르게 발생하는데, 이 두 가지는 서로 다른 개념이다. 전자는 우리 삶의 속도를 지배하는 빠른 속도, 후자는 그 빠른 속도에 도달하는 데 걸리는 시간, 즉 가속의 문제다. 더불어, 시간 개념을 변화시키는 또 다른 요소가 존재하는데, 바로 시간의 '원자화'다. 이는 철학자 한병철이 말한 '반反시간성dyschronie'[20]이라는 개념과 연결된다. 그의 주장에 따르면 시간은 더는 질서 있는 배열의 패러다임이 아니라 도약의 형태로 나타나며, 이러한 반시간성은 시간이 "방향 없이 불규칙하게 비틀거리는 현상"을 초래한다. 이로 인한 직접적인 결과가 바로 시간이 가속화된다는 감각, 즉 모든 것이 점점 더 빨라지는 느낌을 경험하는 것이다. 이처럼 시간의 방향성 상실은 필연적으로 인간의 행복 개념에도 영향을 미친다.

행복이 변하게 된 원인 중 하나는 한때 삶의 모델을 형성하는 데 중요한 역할을 했던 시간의 기준이 사라졌기 때문이다. 질리포베츠키는 새로운 시간 범주를 '현재 지향적인 시간'으로 규정하며, 민주주의 사회의 개인들이 이를 필수적인 기준으로 받아들이고 있다고 설명한다. 초개인주의는 전통과의 단절을 선택했고, 그 결과 미래를 내다보는 넓은 시야를 상실하게 되었다.[21]

이렇게 시간의 기준이 사라지면서, 현재가 주도권을 쥐게 되었고 존재론적 무게 역시 대부분 현재에 집중되었다. 그 결과, 현재는 치열한 갈등의 중심에 놓이게 되었다. 우리는 현재를 최대한 누리려고 하지만, 정작 그럴 시간이 없다. 오늘날 사회에서 현재의 시간은 더 많이 요구되고, 그만큼 더 절실해진다. 시간은 직장 내에서 새로운 업무 질서를 만들기도 한다. 유연 근무제, 시간제 근무, 실질 근무 시간 등이 논의되는 한편, 대기업에서는 시간 관리 방식을 둘러싸고 치열한 논쟁이 벌어진다. 일부 직장에서는 아예 시간적 요소를 배제하고, 프로젝트 단위로 업무를 수행하기도 한다. 가족과 학교의 일정이 철저히 계획되며, 여가조차도 최대한 효율적으로 소비할 수 있게 체계적으로 조직된다. 이제 시간은 단순히 흐르는 것이 아니다. 현대인은 시간을 소비하고, 삼키고, 빨아들인다. 시간에 대한 인식이 흐려지면서 시간의 가치도 떨어지고, 이렇게 약해진 시간은 결국 소멸한다. 그 결과 우리는 살아 있으면서도 죽은 것과 같은 상태를 경험한다. 시간에 대한 이런 불안은 주체를 시간을 탐식하는 존재, 즉 '시간 포식자chronophage'로 만든다.

우리는 과거를 되찾을 시간을 거의 남겨두지 않으며, 과거는 점점 더 빠르게 그 시간의 폭을 좁혀 현재에 가까워지고 있다. 그래서 스페인에서는 역사상 처음으로 과거의 회복 문제를 다루는 법이 제정되었다. 바로 '역사 기억법Memoria Histórica de España(어두운 과거사의 진실을 밝힘으로써 비슷한 역사적 오류의 재발을 방지하고 더 나아가 진정한 스페인의 통합을 이루어내기 위한 법안—옮긴이)'과 최근 통과된 '민주주의 기억법Ley de Memoria Demócrata(역사 기억법의 보충·대체 법안으로 1939년에서 1975년까지 약 36년간 스페인을 통치했던 프랑코 독재 정부의 과거 청산에 관한 내용을 담고 있는 법안—옮긴이)'이다. 과거에 대한 망각은 이미 장-프랑수아 리오타르와 같은 포스트모더니스트들이 지적한 바 있다. 리오타르는 이야기 형식에서 서술의 힘을 강조했고, 굳이 내러티브를 과거에 고정할 필요가 없다고 지적했다. 포스트모더니티에서는 과거의 시간 축을 따르는 연속적 서사가 해체된다. 리오타르에 따르면, "내러티브를 경쟁의 핵심 수단으로 삼는 공동체는 예상과 달리 과거에 의존할 필요가 없다. 이들은 이야기의 의미뿐 아니라, 이야기를 전하는 행위 자체에서 공동체적 유대감을 발견한다. 이야기의 시점이나 배경이 과거처럼 보일 수는 있으나, 실제로 그것은 이야기를 전하는 현재의 행위와 늘 동시에 존재한다. 현재의 행위는 '나는 들었다'와 '너희는 듣게 될 것이다' 사이에서 덧없는 시간성을 매번 드러낸다".[22]

이처럼 내러티브 형식이 중심이 될 때, 그 외의 모든 요소는 부수적인 것이 된다. 이제 이야기는 과거의 검증된 절차나 권위에 기대지 않아도 정당성을 확보할 수 있다. 과거의 현재화, 즉 과거를 현재로 소환하는 행위는 단순히 기억을 불러일으키거나 교육하거나 칭송할 목적이 아니라, 현재의 이야기에 활력을 불어넣기 위한 수단으로 작용한다.

이처럼 현재화된 서사의 힘이 강해지는 것과 동시에, 서사를 더욱 강화하는 또 다른 요소가 등장한다. 그것은 바로 그 어느 때보다 중요해진 미학, 즉 '스펙터클spectacle(단순히 시각적인 볼거리를 넘어, 현대 자본주의 사회에서 직접적인 삶의 경험이 상품화된 이미지와 표상으로 대체되어, 이 이미지들이 사회적 관계를 매개하고 지배하며, 궁극적으로 인간을 소외시키는 총체적인 현상을 말함—옮긴이)'과의 연관성이다. 프랑스의 이론가 기 드보르는, 탈산업화 시대의 시간은 스펙터클의 형태로 재현되는 사회를 진짜로 믿게 하는 거짓 인식으로 변질되었으며, 그 결과 더는 역사를 필요하지 않게 되었다고 지적한다. 그에 따르면, 탈산업화 사회는 스펙터클로 정해지는 시간 개념을 가지고 있는데, 이는 역사와 기억을 마비시킨다.[23]

스페인어 사전에 나오는 '스펙터클'이라는 단어의 세 번째 정의는 "눈으로 보거나 지적으로 관찰할 수 있는 것으로, 주의를 끌고 기쁨과 놀라움, 고통 등 생생하고 고귀한 감정을 유발할 능력이 있는 것"이다. 이 정의에 따르면, 감각적인 것이든 지적인 것이든 모든 스펙터클이 반드시 충족해야 하는 첫 번째 조건은 우리의 주의를 끌고, 기분이나 마음을 변화시키는 것이다.

기 드보르는 이미 1967년에 우리가 스펙터클의 사회에 살고 있다고 주장했다. 그는 스펙터클이 단순한 이미지의 집합을 넘어, 이미지를 매개로 사람들 사이의 사회적 관계를 형성하는 통합적 범주가 되었다고 보았다. 그러나 그는 스펙터클이 궁극적으로 하이퍼모던 주체를 '감정'이라는 하나의 코드로 묶기에 이르리라는 점까지는 예상하지 못했다. 스펙터클이라는 범주가 과거의 시간성과의 단절을 내포한다면, 감정적으로 스펙터클을 숭배하는 것은 역사적 사실(역사)과의 근본적인 단절을 의미한다. 그리고 감정 중심의 서사가 새롭게 구축된다.

하이퍼모던 주체는 삶에서 모든 것을 최대한 스펙터클로 만들려는 욕망을 품고 있다. 따라서 가능한 한 모든 기회를 통해 감동을 주고 감수성을 자극하려고 한다. 그렇게 모든 것이 감정의 필터를 통해 해석되기 시작한다. 소셜미디어에 올리는 사진과 '스토리', 낚시성 콘텐츠, 학생과 교사를 감정적으로 자극하는 새로운 교육 방식, 팬덤을 겨냥해 지나치게 단순화한 정치 구호 등이 바로 그 예다.

기 드보르는 존재한다는 것은 곧 보이는 것이라고 말했지만, 하이퍼모더니티를 이야기할 때, 동시대적 주체에게는 단지 인식된다는 것만으로는 충분하지 않다. 하이퍼모더니티에서 존재한다는 것은 감정을 불러일으킨다는 뜻이고, 인식된다는 것은 타인의 감정을 움직인다는 뜻이다. 결국 세상에 아무런 영향도 주지 못한 채 사라지는 무의미함은 망각보다 더 나쁜 것으로 여겨진다.

지금까지는 시간을 일련의 돌발적인 사건들의 연속으로 보고 분석했는데, 여기에 다른 관점을 더하려고 한다. 시간을 순식간에 쏟아져 나와 팔릴 수 있는 하나의 인공물로 보는 것이다. 상품화된 시간은 모든 측면에서 스펙터클의 범주에 속한다. "시간의 현실은 시간의 광고로 대체되었다"[24]라는 말처럼, 광고는 순간적인 시간을 과도하게 자극하며, 스크린 위 스크롤 효과 논리에 지배되는 덧없는 현재를 만들어냈고, 결국 이것은 습관이 되었다. 이 스크롤 효과는 현재의 이미지를 즉시 사라지게 하며,

시야에서 사라진 것을 빠르게 망각하는 메커니즘을 자리 잡게
한다. 이러한 현상은 다음과 같은 순서로 정의할 수 있다. 보기-
스크롤-빠른 망각-보기-스크롤-빠른 망각……. 이는 일종의
왜곡된 변증법으로, 본 것(과거의 시간)은 잊히고, 지금 보고 있
는 것(현재의 시간)은 순간적이며, 스크롤(미래의 시간)은 불안정
한 것으로 인식된다. 이러한 효과는 시간의 압박을 받으며 삶의
모든 영역으로 퍼진다. 과거는 현재의 연속적인 순간들로 채워
지고, 현재의 순간들은 스트레스를 유발하는 미래의 압박에 눌
린다. 그리고 미래는 장래성 있는 콘텐츠로 가득 차 있지만, 동
시에 덧없고 일시적인 것처럼 느껴진다. 그 결과, 현재는 그 어
느 때보다도 덜 현재다워진다. 이는 현재가 과거와 미래라는 두
흐름의 즉시성에 지배당하기 때문이다. 이 두 축이 극도로 밀착
되면서, 주체는 덧없는 현재를 경험하게 된다. 결국 주체는 현재
를 확장하거나 그 안에 오래 머물거나, 또는 그것을 그대로 내버
려두는 것이 불가능해졌다. 이로 인해 주체는 시간 없는 존재가
되어버렸다.

　시간에 대한 이러한 문제의식은 시간성과 관련된 문제들을
전면에 부각했다. 현재는 점점 좁아지고 압축되며, 그 안에는 서
로 다른 시간의 논리가 공존한다. 이는 시간의 이질성을 강하게
드러내는 동시에, 문제의 심각성을 확인시켜준다. 시간의 이질
성은 시간을 최대한 생산적으로 활용하려는 욕구와 쾌락을 추구
하는 시간 사이의 갈등에서 드러난다. 또한 '빠른' 시간성의 논

리는 '느린' 논리에 대한 욕구와 공존한다. 과잉 활동의 시간은 이제 자신만을 위한 쾌락적인 쉬는 시간과 하나로 융합되기를 바란다. 결국 가속화된 시간에 시달리는 사람들은 최대한 확장 가능한 자유 시간을 확보하는 것을 최종 목표로 삼는데, 이는 감정적 연결로 이어지는 일시적 단절을 추구하려는 시도이다.

하이퍼모더니티에서 쉬는 시간은 감정적이고 경험적인 시간과 동의어가 되었다. 여기에서 문제는 하이퍼모던 사회에서 시간의 생산성이 모든 것을 조직하는 기준이 되고 있다는 점이다. 하이퍼모던 사회의 시간은 암묵적으로 모든 것을 구성하는 이상적인 기반이 되는 것을 목표로 한다. 우리는 다양한 시간의 논리가 결국 쾌락주의적 시간의 논리로 향하는 현실을 목도하고 있다. 하지만 이 주체를 유혹하는 것은 바로 노동의 논리이다. 주체는 근무시간을 쉬는 시간으로 포장하려는 강박을 느끼며, 이는 시간의 진화에서 나타나는 후성유전적 변화를 보여준다.

여전히 쉬는 시간은 열망의 대상이지만, 이제 그 시간은 생산적인 감정의 논리 속에서 이해된다. 쉬는 시간은 경험 및 감정의 발달과 밀접한 관련이 있다. 그러나 쉬는 시간에 느꼈던 시간에 대한 기대감을 노동의 세계에서도 적용하려고 하면서, 시간의 후성유전적 변화가 일어난다. 오늘날의 주체는 쉬는 시간과 노동시간을 섞어서 이중의 목표를 추구한다. 쉬는 시간에는 경험을 생산하려고 하고, 노동시간에는 경험과 감정을 개발하려고 노력한다. 그리고 이러한 시도가 포스트 행복으로 가는 길을 열어줄 거라고 확신한다.

　이 후성유전적 변화에는 또 하나의 의미를 덧붙여야 한다. 하이퍼모던 사회의 시간은 유용성, 즉 하이퍼모던 주체의 잠재력 실현에 초점을 맞춘다. 여기에서 유용성이란 오직 주체의 잠재력 실현에 도움이 되는 것만을 의미하며, 그 밖에 지속적인 잠재력 개발과 직접적으로 연결되지 않은 모든 것은 평가절하되거나 배제된다. 하이퍼모던 주체는 자신을 무한한 잠재력을 지닌 존재로 인식한다. 그런 인식 속에서 '좋은 것'이란 자신이 갖고 있다고 믿는(실제로 갖고 있다는 뜻은 아니지만) 잠재력을 적절한 순간에 실현하는 데 도움이 되는 것을 뜻한다. 이 주체는 하이퍼모더니티의 서사를 기꺼이 받아들이며, 자기 정체성을 형성하는 과정에서 동기부여 담론에 쉽게 현혹된다. 그리고 스스로 무엇이든 될 수 있다는 무수한 가능성을 받아들인다. 그리하여 잠재력을 키우거나 그것을 확고히 하는 데 도움이 된다고 여겨지는 모든 말과 자극, 격려, 법칙, 조언을 비판적 숙고 없이 그대로 받아들인다.

　반면, '무용한 것'은 노골적으로 거부되거나 추한 것으로 낙인 찍히기보다, 무관심의 범주에 들어간다. 여기에서 말하는 '무용한 것'은 잠재력 개발에 도움이 되지는 않지만, 그렇다고 방해가 되지도 않는 모든 것을 가리킨다. 그리고 무용한 것과 유용한 것 사이에는 유독한 것이 존재한다. 이는 개인의 심리적 추진력(강렬하고 즉각적인 욕구나 동기―옮긴이)을 방해하거나 훼손하는 모든 요소를 뜻한다. 물론 유독한 것은 주체의 잠재력 개발에 전혀 도움이 되지 않는다. 잠재력을 개발하려는 주체의 생각에 어긋나는 모든 요소, 사람, 제도는 독성을 띤다. 그런 의미에서 유독한 것은 아름답지 않고 주체의 자연스러운 발전을 저해하는 것으로 간주된다. 이런 맥락에서 현실주의자와 이상주의자, 침착한 사람과 조급한 사람, 반복적인 일상을 옹호하는 이와 안락 지대를 벗어나도록 자극하는 동기부여 전문가 사이에 긴장이 형성된다. 이들은 서로 비교되거나 대립하는 위치에 놓인다. 이러한 구도는 하이퍼모던 주체의 시간 인식에 내재하는 논리적 구조이다. 결국 시간의 가치는 잠재력 실현에 걸리는 기간에 따라 판단된다.

따라서 행복이 공동체와 환경을 포함한 끝없는 탐구의 과정에서 완전히 반대로 방향을 틀어 철저히 개인 중심으로 변화한 것은 전혀 놀랍지 않다. 이로 인해 행복의 추구는 한도 없는 집착으로 변하고, 관심은 행동으로 대체되며, 결국 포스트 행복의 상태에 이른다.

공간: 근접성

만일 하이퍼모던 주체가 시간성 범주의 후성유전적 변화로 인해 시간을 이해하고 표현하는 방식에서 혼란을 겪었다면, 공간의 범주 역시 그 변화에서 예외일 수 없다. 시간 범주의 재구성 및 그것이 움직임과 변화와 맺는 공생 관계에 직접적인 영향을 받는 공간 범주 또한 그 '서랍'이 변했다. 세계화 이전에 가졌던 공간의 의미와 범위는 점점 더 좁아지고 축소되었다. 이 공간은 간접적으로 속도—운동의 하위 범주로 이해되는—의 영향을 받았고, 이 속도 역시 변화를 겪었다.

포스트모더니티를 대표하는 사상가 프레드릭 제임슨은 이미 이 문제를 지적한 바 있는데, 그는 공간 범주가 현대성에서 매우 중요한 인식론적 기준이 될 거라고 예견했다. 그리고 다음과 같이 말했다. "우리는 이제 통시성 대신 동시성synchronicity 속에서 살아간다는 말을 자주 듣는다. 경험으로 봐도 우리의 일상생활, 심리적 경험, 문화적 언어가 더는 시간의 범주가 아니라, 공간의 범주에 의해 지배받고 있음을 알 수 있다. 이것이 모더니즘이 유행했던 이전 시대와의 가장 큰 차이점이다."[25]

그에 따르면, 역사성의 위기 같은 문제들은 시간 범주를 약화시켰으며, 이로 인해 공간이 지배하는 새로운 문화가 점차 확산하고 있다.

이처럼 공간 범주의 우위를 주장하는 것은 그뿐만이 아니다. 역사학자인 로드리게스 곤살레스 또한 다음과 같이 말했다. "공간적인 것이 시간적인 것보다 우위를 차지하는 현상은 다른 문화권에서도 나타난다. […] 최근 몇 년 사이에 문학 연구 분야에서도 공간적 차원에 관한 관심이 증가하고 있다. 스페인 문학

교수 카보 아세기노라사는 세 가지 주목할 만한 지점을 지적한다. 첫째, 지리적 관점에서 역사적 대상을 정의하는 것, 둘째, 공간적 특징의 내용을 구성하고 조직화하는 기준에 따라 역사학적 작업의 내부를 구성하는 것, 셋째, 공간성이 시간성보다 우선시되는 방식으로 대상을 정의하는 이론적·인식론적 모델을 활용하는 것."[26]

거리두기와 가까워지기

하이퍼 속도의 역학이 나타나면서 움직임의 과정, 나아가 변화의 과정에까지 영향을 미치게 되었다. 움직임의 가속은, 거리의 관점에서 공간을 주관적으로 축소했다. 다시 말해, 주체는 세상을 더 가깝게 인식하게 되었다. 더 뛰어나고 효율적인 교통수단이 증가하고 이동 속도도 빨리지면서 원근의 감각 자체를 바꾸어놓았다. 그 결과, '근접성'이라는 개념이 공간 범주의 핵심 요소로 자리 잡으며 부각되었다. 근접성에 대한 감정적, 감각적, 인식적 재구성이 이루어지면서 공간 범주에 후성유전적 변화가 일어난 것이다.

세계화 시대의 주체는 물리적 거리든 시간적 거리든, 언제나 '근접성'이라는 하위 범주를 통해 거리를 인식한다. 이제 더는 물리적 거리에서 먼 곳이 존재하지 않는다. 교통수단의 속도가 빨라지면서 체감 거리가 줄어서, 수천 킬로미터 떨어진 곳도 가깝게 느껴진다. 이러한 인식은 관광 산업의 성장에서도 분명하게 드러난다. 하이퍼모던 관광객에게 먼 거리는 더는 무언가를 '경험하려는' 욕구를 방해하는 걸림돌이 될 수 없다.

공간 범주의 재구성 과정에서 근접성은 점점 더 중요해졌고, 이는 주체의 사고방식에서 중심적인 역할을 하게 되었다. 하이퍼모더니티의 흐름을 따르면, 주체는 가까운 것을 단지 가까이 있다고 인식할 뿐만 아니라, 실제로 그렇게 느낀다. 이제 거리는 객관적인 사안이 아니라, 주관과 인식의 문제가 되었다. 근접성에 대한 인식을 통해 주체는 모든 것에 닿을 수 있다. 멀리 있는 것은 존재하지 않고, 모든 것을 손에 넣을 수 있다. 사람들은 자신의 모든 잠재력을 실현할 수 있다고 느끼고, 어떤 꿈이든 이룰 수 있다고 생각한다.

1980년대 초, 미셸 푸코는 이미 후성유전적 변화를 겪기 시작한 새로운 공간적 틀 안에서 근접성의 중요성을 포착했고, 자신이 '배치emplacement'라고 명명한 개념에 주목했다. 이 프랑스 사상가에 따르면, 배치는 확장extension을 밀어내고 있었으며, 확장은 이미 위치location를 대체한 상태였다. 순서를 정리하자면, 첫 번째는 정확한 지점을 나타내는 '위치'가 있고, 그다음은 위치를 여러 지점으로 넓히는 '확장'이 있으며, 마지막으로는 다양한 요소 간의 상호 연결을 뜻하는 '배치'가 있다. 그는 포스트모던 공간을 해석하며 배치를 지점이나 요소 간의 근접성 관계로 이해했다.[27] 이런 관점에서 근접성은 모든 지점이나 요소들의 공통분모가 된다. 그의 책에 나오는 다음의 첫 문장만 읽어봐도 이 개념이 오늘날에도 여전히 중요한 의미가 있음을 짐작할 수 있다. "현시대는 무엇보다 공간의 시대라고 할 수 있다. 우리는 동시성의 시대, 병치의 시대, 가까운 것과 먼 것의 시대, 서로 나란히 존재하는 것들의 시대, 그리고 흩어져 있는 것들의 시대에 살고 있다."[28]

공간의 범주가 변하고 있다는 설명은 이미 1967년 그의 강연 "다른 공간들"[29]에서도 나타난다. 그는 인간이 세상을 시간을 통해 전개되는 하나의 거대한 삶으로 경험하는 게 아니라, 여러 점이 연결되고 엮이는 네트워크로 경험하며 살아가고 있다고 단언했다. 다만, 이 점들의 네트워크가 어떤 방식으로 엮이는지 즉, 수백만 명의 사람들이 디지털 연결을 통해 가까운 거리에서 가장 먼 거리까지 어떻게 연결되어 소우주를 이루는지는 분석하지 못했다.

물리적인 거리뿐 아니라 정신적 거리까지 아우르는 이러한 감정적 '근접성'은, 우리의 시간, 관심, 소셜미디어를 장악하기 위해 끊임없이 경쟁하는 공간인 인터넷의 등장과 함께 나타났다. 하이퍼모던 주체에게 인터넷은 '스파티움 *spatium* (달릴 수 있는 공간)'이라는 단어의 어원적 의미를 가장 잘 구현하는 대표적인 공간이다.[30] 가상공간에서 보내는 시간이 점점 늘어남에 따라 공간 범주는 재구성될 수밖에 없게 되었다. 인터넷 안에서는 모든 거리가 가까워진다. 네트워크는 접속자가 인터넷을 '집처럼 편안하게' 느끼도록, 근접성 개념을 흐트러뜨릴 수 있는 요소들을 조금씩 제거해왔다. 그 결과 인터넷 사용자는 가고 싶은 곳은 어디든 검색하고, 조금이라도 관심이 생기면 언제든지 즉시 그곳을 방문할 수 있게 되었다. 이처럼 인터넷은 무한하면서도 동시에 가까운 공간으로 인식된다. 또한 사이버 여행자의 정신적 안정을 위협할 수 있는 낯선 언어와 같은 요소들까지 동시 번역기의 등장으로 사라졌다. 이런 도구들은 주체에게 근접한 느낌을 제공한다. 이와 더불어, 연결 모델이 점점 더 개인화되고 저렴해지면서, 탐색에 방해되는 물리적, 공간적 장애물이 제거되고 있다. 이제 주체는 컴퓨터 책상에 앉거나 소파에 편안하게 누워서, 혹은 지하철에 서서도 인터넷에 쉽게 접속할 수 있다. 프레드릭 제임슨 같은 이론가들은 포스트모던 시대에 속한 우리의 신체도 공간적 좌표를 상실한 채 거리감을 조절하는 능력에 자신감을 잃으면서 이 새로운 공간 재구성에 익숙해지고 있다고 주장한다.[31]

가상공간에서는 물리적인 신체가 필요하지 않다. 거리를 인식하는 데 필수였던 신체는 이제 가까움과 먼 곳의 기준이 되지 않는다. 오히려 신체가 없으면 모든 것에 접근할 수 있고, 모든 것을 손에 넣을 수 있다. 신체성이 사라지면 모든 것이 가까워지고, 부피로 인해 생기는 불편함도 사라진다. 이런 근접성은 새로운 관계 및 의사소통 모델에서도 드러난다. 이 새로운 관계 및 소통 방식은 물리적 정체성을 크게 약화하고, 대신 클라우드를 통해 자유롭게 이동하는 아바타를 내세운다. 각 주체가 취향에 따라 가상의 정체성을 가지면서, 기존의 인간관계를 규정하던 정체성은 그 고유한 무게감을 잃는다. 하지만 동시에 아바타들 간의 상호 연결이 가능해지면서 근접성은 새로운 비물질적 메타버스의 상징이 된다.

공간을 가깝게 인식하고, 타인에 대한 인식도 자신이 원하는 강도와 방식 및 속도로 맞출 수 있게 되면서, 주체는 일종의 통제감을 얻는다. 이런 권한을 얻은 주체는 인터넷 속을 이리저리 돌아다니며 모든 것을 얻고, 모든 곳을 경험하고 싶어 한다.

프랑스의 철학자 폴 비릴리오와 같은 사상가들에 따르면, 이러한 현실은 모든 것을 볼 수 있고, 모든 것과 가까이 있다는 인식에 기반한 새로운 유형의 병리적 현상을 초래했다. 인간은 계속 움직이지 않으면 안 된다는 강박, 즉 움직임 병에 걸리게 되었다.[32] 과잉 활동은 정신적 빈곤의 결정적인 증상 중 하나로 여겨진다. 오늘날의 주체는 사유를 수많은 행동으로 대체했고, 결국 과잉 행동에 빠지게 되었다. 행동이 사유와의 싸움에서 승리했다는 사실을 받아들일 수밖에 없게 되었다. 과잉행동장애 진단[33]이 증가하고 있다는 사실도 따라서 그리 놀랄 일은 아니다. 2018년 8월 31일 발표된 미국 연구에 따르면, 미국 어린이와 청소년의 주의력결핍 과잉행동장애ADHD 비율은 1997년 6퍼센트에서 2016년 10퍼센트로 증가했다.[34]

여기서 주목할 점은 우리가 지금 회피와 기분전환을 위한 과도한 활동성에 관해 이야기하고 있다는 사실이다. 이는 고립감을 느끼지 않기 위해 소소하고 지속적인 도파민을 끊임없이 소비하는 방식으로 나타난다. 고립감은 주체가 자신만의 공간으로 숨는 방식으로 나타나며, 일부 이론가들은 이 공간을 하나의 섬으로 표현한다. 독일 철학자 페터 슬로터다이크는 포스트모던 주체의 공간을 '유랑하는 섬'으로 정의했다. 그의 설명에 따르면, 이 주체는 대도시 아파트에 갇혀 살면서도, 소파에 앉아 가상 '체험'을 통해 여러 장소에 동시에 있는 듯한 느낌을 받는다.[35]

하이퍼모더니티에서 공간이 중요한 범주로 부상하면서, 그 잠재력은 가상적 차원뿐만 아니라, 물리적인 차원에서도 드러나고 있다. 이 '유랑하는 섬'에서 소비를 하다 보면 거리감이 사라지는 경험을 한다. 오늘날에는 집 밖으로 나가지 않고도 침대에 누워서 컴퓨터(또는 태블릿, 모바일) 클릭 한 번만으로 온라인 쇼핑을 통해 원하는 모든 것을 문 앞까지 배송받을 수 있다. 이런 변화는 공간을 인식하고 표현하는 방식에 실질적인 영향을 끼친 수많은 후성유전적 변화 중 하나다.

하이퍼모던 주체가 집 밖으로 나와 공공장소를 이용한다고 해도 상황은 다르지 않다. 밖으로 나오는 순간부터 공공장소는 정체성의 범주를 상실하는데, 주체는 어디를 가든 이어폰이나 휴대전화와 함께하며, 그것들을 통해 외부와 자신의 감각 사이 경계를 차단하기 때문이다.

공간은 확장성, 유용성과 밀접한 관련이 있다. 독일의 철학자 하이데거는 저서인 『건축, 거주, 사유』[36]에서 공간 만들기 개념을 설명하기 위해 매우 명확한 예시를 통해 공간과 장소를 구분했다. 그는 하이델베르크시의 강둑 양쪽과 그사이에 놓인 다리를 예로 들었다. 그에 따르면, 다리가 설치되기 전과 후의 강둑은 다르다. 다리는 강둑의 상태를 변화시키고, 이전의 강둑을 재구성하며 새로운 공간을 만들어내기 때문이다. 즉, 다리는 공간을 생성하며, 땅을 나머지 풍경과 연결한다. 그리고 강둑은 다리가 세워지고, 강물을 지나는 순간 비로소 강둑으로서 존재하게 된다.

이와 비슷한 일은 세계화 과정에서, 특히 인터넷상에서도 벌어진다. 인터넷과 주체의 즉각적인 상호 연결은 공간과 그 범주를 재구성했다. 인터넷은 수많은 장소에 존재감을 부여했는데, 이는 세계화 이전 시대에는 상상도 못 한 수준이다. 인터넷은 새로운 다리를 세울 뿐만 아니라, 공간에 대한 인식과 공간을 차지하는 방식을 변화시켜 공간의 범주를 재구성한다.

세계화로 인해 거리 인식에 변화가 생긴 건 분명한 사실이다. 하지만 실질적으로 거리는 감정적 범주로 강화되었고, 물리적 거리의 중요성은 약해졌다. 이제 하이퍼모던 주체에게 거리는 목표에 도달하지 못하게 방해하는 장애물이 아니다. 오히려 이제는 모든 게 너무 가까워져서 아무런 장벽도 없는 무균 상태처럼 느껴지기까지 한다. 내밀성과 그것을 밖으로 드러내는 외밀성 사이에도 거리감이 느껴지지 않으면서, 사생활 공유의 사회적 영향력도 줄었다. 또, 다른 범주들과 마찬가지로 거리를 나타내는 장소 부사도 재정의되었다. 이제 가까움은 물리적 거리와 상관없는 감정적 인식이 되어서, 수천 킬로미터 떨어진 곳에서 벌어지는 일도 바로 눈앞에서 벌어지는 일처럼 느낄 수 있다. 또, 디지털 기술과 그것의 상상적 표현(이미지 형태)은 거리가 점점 더 감정적인 요소가 되고 있다는 느낌을 강화한다.

생명력 없는 삶

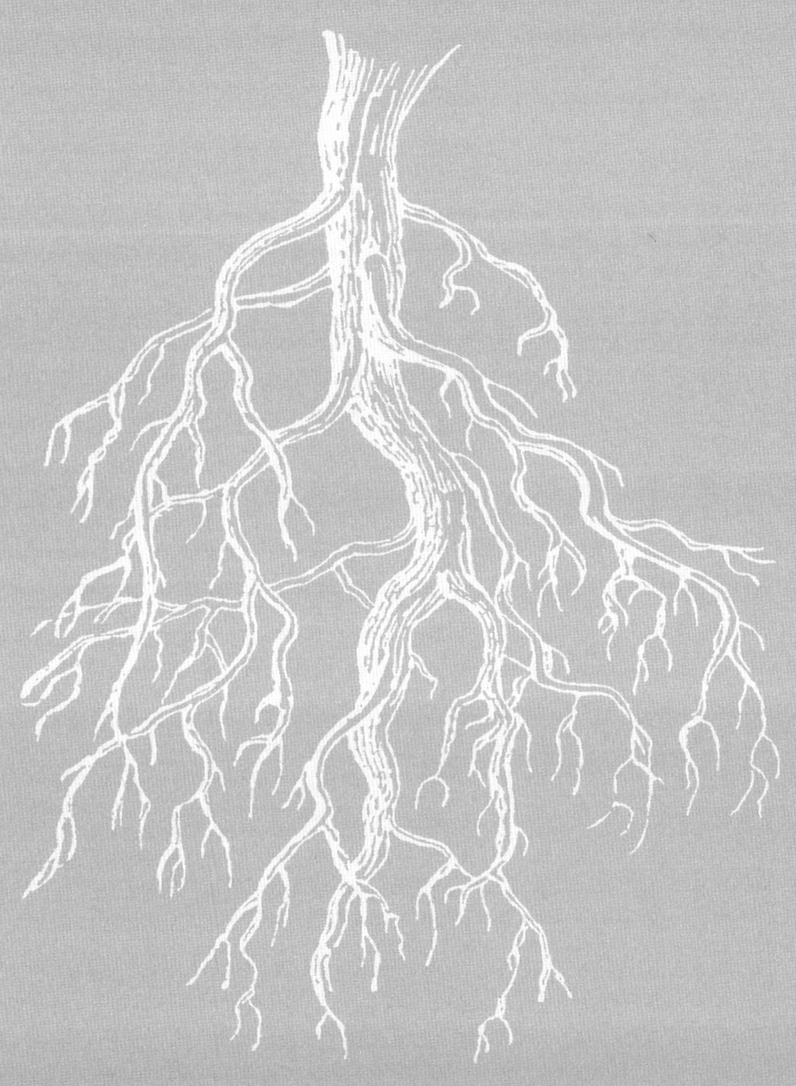

4장

뒤나미스 또는 죽음

역동성 또는 죽음

"마음이 가난한 사람은 복이 있다. 하늘나라가 그들의 것이다[마태복음(새번역) 5:3]."[1] 성경의 팔복에서 말하는 복은 마음이 가난한 사람들의 것이었지만, 이는 주로 삶이 끝난 후에 누리는 복이었다. 그렇다면 과연 누가 마음이 가난한 사람일까? 그리스어 원전에서는 이 부분이 '프토코스 토 프뉴마*ptochos to pneûma*(영혼이 가난한 사람들)'라고 되어 있다. 여기에서 '프뉴마*pneûma*'에 관해서는 다양한 해석이 가능하지만, 소크라테스 이전부터 철학자들은 그것을 공기의 움직임, 바람과 연관 지었고, 이후 그것은 숨, 호흡의 개념으로 발전했다. 종교적 관점에서 본다면, 이 프뉴마는 영靈과 같은 의미를 지닌 것으로(영적 생명을 가진 자는 복이 있다), 곧 영혼을 돌보는 사람들이라는 차원에서 이해할 수 있다. 라틴어와 성경(창세기)에서 영혼의 개념은 하나님이 아담에게 생명을 불어넣은 방식, 즉 하나님이 아담에게 자신의 숨을 불어넣어 옮겨준 방식으로 언급된다.

철학적인 관점에서 보면, 아리스토텔레스는 저서인 『동물발생론』에서 프뉴마의 핵심 중 하나를 언급하며, 이것이 정자에 운동 능력을 전달하는 역할을 한다고 주장했다. 그는 정액은 그 자체로 생식능력이 있고, 이것이 프뉴마를 통해 활성화된다고 보았다. '영혼'이라는 단어는 성별에 따라 의미가 미묘하게 달라진다. 여성형인 '아니마_anima_'는 감정과 열정이 발생하는 장소를 의미하고, 남성형인 '아니무스_animus_'는 용기와 지성을 담고 있는 장소를 뜻한다. 이 모든 의미(영혼, 공기, 바람, 숨, 호흡, 숨결, 열정, 감정, 용기 등)는 한 가지 공통된 본질을 갖는데, 바로 생명을 나타내는 역동성이다. 고대에는 이런 성서적 활력이 은유적 표현이었지만, 21세기에는 문자 그대로 많이 움직이는 사람을 뜻하게 되었다. 그리고 오늘날에는 '끊임없이 활동하는 사람들(과잉 활동하는 사람들)'이 복 있는 사람들로 여겨진다.

새로운 포스트 행복 모델은 역동적이고 분명하며, 직설적이다. 포스트 행복은 이제 아리스토텔레스가 주장한 잠재력의 개발이 아니라, 잠재력 자체에 대한 인식에 좌우된다. 즉, "나는 아직 발휘되지 않은 잠재력이다". 이 새로운 '정자'는 바로 다름 아닌 역동성의 잠재력을 뜻한다. 하이퍼모던 관점에서 마음이 가난한 사람은 수동적인 사람들, 즉 자신의 능력에 한계가 있다고 믿거나 능력이 부족하다고 생각하는 사람들, 다시 말해 영혼을 불어넣는 숨(프뉴마)이 부족한 사람들을 뜻한다.

하이퍼모던 주체에게 생명을 불어넣는다는 것은 숨을 쉬게 하고 기운을 북돋우는 것이다. 그것이 감정이든, 영감을 주는 연설이든, 혹은 성공이라는 이상을 추구하는 일이든 상관없다. 오늘날 '복 있는 사람'은 자신의 능력과 잠재력을 개발하도록 격려의 숨을 받는 사람들이다. 아리스토텔레스가 강조했듯, 잠재력을 개발하는 가운데 행복이 찾아오며, 이 생각은 오늘날 그 어느 때보다도 설득력 있게 다가온다. 문제는 미래의 보상이 부족하다는 점이다. 매일 새로운 활력과 함께 깨어나 자신의 잠재력을 완전히 끌어올리고, 그렇게 해야 하며, 그럴 수 있다고 생각하는 사람들이야말로 오늘날 '용기 있는 사람들(아니무스)'로 평가된다. 그리고 이러한 성취를 이루는 사람들은 드물지만, 롤모델의 경지에 오르기도 한다. 보상은 눈에 보이는 인정(좋아요, 팔로워, 관심)의 형태로 나타나며, 이런 사회적 인정에는 중간이 없다. 모든 것이 매우 빠른 시간의 역동성 속으로 빨려 들어가며, 이분법으로 축소된다. 즉, 성공하거나 실패하거나 둘 중 하나이다. 하지만 포스트 행복은 과거의 행복과 달리, 그 평가를 개인에게만 전적으로 맡기지는 않는다. 반드시 공동체의 인정이 필요하다. 이 주체에게 포스트 행복은 단순히 어떤 삶의 방식을 모방할지를 성찰하는 데 그치지 않는다. 결국 그것은 타인의 평가를 받게 되는 하나의 시험으로 귀결된다.

정적인 것은 미적이지 않다

현실태와 가능태에 대한 아리스토텔레스의 분석이 오늘날 주체에게 전통적인 행복의 개념을 해체하는 무기가 될 줄 누가 알았겠는가? 자유주의는 주체가 스스로를 평가할 때, 마치 자연스러운 과정인 양 자기 잠재력을 분석하는 데 초점을 맞추게 했다. 그 결과, 하이퍼모더니티에서 주체의 삶은 대부분 자신에게 있다고 믿는(그러나 실제로 꼭 있는 것은 아닌) 잠재력 개발을 중심으로 돌아간다. 이 주체는 더는 자신의 본모습으로 자신을 정의하지 않는다. 결국 '현실태', 즉 현재성이 그 중요성을 잃게 되었다. 그리고 정지 상태와 수동성이 부정적 의미를 띠면서부터 '현상 유지*statu quo*'는 불쾌하고 부끄러운 상태가 되었다. 대신 능동성과 주도성, 끊임없는 기업가 정신을 이상적인 모습으로 삼는다. 이런 이분법적 현실 인식 속에서, 역동성의 기준에 맞지 않는 주체는 모두 '실패자'로 낙인찍힌다. 이 주체는 기대감이라는 범주 아래 구성된 과잉 활동을 사회적 모범의 기준으로 삼는다. 여기에서 모범이 되는 사람이란 늘 기대에 부풀어 있고 지칠 줄 모르며, 열정이 가득하고, 자신에게 있다고 믿는 여러 잠재력을 개발하는 데 몰두하는 사람이다.

　이런 패러다임 속에서, 정적으로 보이거나 조금이라도 불쾌함을 줄 수 있는 모든 감정은 반드시 가능태의 환상을 만들어내는 다른 감정으로 대체되어야 한다. 그래서 우리는 그것을 미적인 감정으로 바꾸려고 한다. 여기에서 미적인 감정이란 내용보다는 형식에 더 신경 쓰는 것을 말한다. 즉, "내가 실제로 무엇을 느끼고 있는가?"보다는 "어떻게 느껴야 하는가?"라는 질문에 답하려고 애쓴다. 이런 관점에서 "어떻게 느껴야 하는가"가 미적인 감정의 기준이자, 행동 지침이 된다. 우리가 느껴야 한다고 여기는 감정은 대개 열정으로 포장된다. 하이퍼모던 주체에게 낙담, 게으름, 무기력 같은 부정적인 감정은 그 원인을 분석하고 극복해야 할 대상이 아니다. 오히려 이 주체는 이런 감정들을 억지로 덮어버리고, 대신 활기차고 기대감 가득한 역동적인 감정으로 대체하려고 한다. 다시 말해, 낙담의 근원을 들여다보기보다는 새로운 활력을 불어넣을 역동적 요소들로 그 근원을 덮어씌움으로써 자신을 다시 움직이려 한다. 그래서 그들은 자기 정체성을 진지하게 성찰하려고 하지 않는다. 아리스토텔레스의 개념을 빌리자면, 존재 자체에 일종의 결함이 있어서 관조적 삶으로 나아가기보다는 끊임없이 과잉 활동에 몰두하는 삶으로 도피하는 것이다.

　모든 정적인 것은 더는 미적이지 않다. 관조적 활동으로서의 아름다움은 포스트 행복에서 점차 멀어지고 있다. 오늘날 정적인 관점에서 바라보는 아름다움은 발전이 없는 것을 뜻하기 때문에 우리가 경험하는 포스트 행복의 기준에 맞지 않는다. 정적인 것의 본래 의미는 '균형을 이루며 멈춰 있는 것'인데, 여기에는 두 가지 전제가 내포돼 있다. 첫째, 균형이 취약성을 지닌다는 것이다. 현대 사회에서는 현실태에 머무는 존재 즉, 정적인 존재는 취약한 존재로 간주한다. 아이러니하게도 과도한 활동으로 기진맥진하면서도 열정적인 척 꾸미며 살아야 하는 주체는 정적인 사람을 허약하고 무능하며 스스로 활발하게 활동할 수 없는 실패한 존재로 인식한다. 이들은 정적임, 고요함, 정지 상태를 잠재력의 실현을 지연시키고 약화하는 부정적인 요소로 간주한다. 하이퍼모던 주체는 이런 방식으로 타인을 구분 짓고, 자신의 취약성은 외면한 채 오직 자기 평판을 높이기 위해 애쓴다.[2] 그러나 이 주체를 들여다보면 포스트 행복의 개념을 중심으로 사는 삶의 방식이 매우 취약한 기반 위에 있다는 점이 분명하게 드러난다. 오늘날 항불안제와 항우울제 처방이 늘어나는 것도 결코 우연은 아니다. 예컨대, 스페인은 벤조다이아제핀 소비에서 세계 1위를 기록하고 있으며,[3] 다양한 치료 요법은 물론, 자기계발서 판매도 계속 증가하고 있다.[4] 타인의 눈에 하이퍼모던 주체는 취약하기 그지없지만, 정작 자신은 그 취약성을 자각하지 못한다.

둘째로, '정적인 것'은 어원적으로 '놓여 있는 것'으로 해석될 수 있다. 그리고 무엇인가가 놓여 있다는 것은 그것이 스스로를 놓을 자율성이 부족하다는 뜻이기도 하다. 이런 점에서 정적인 것은 자율성의 결여를 의미하며, 이는 외부의 지침을 따르는 타율성으로 이어진다. 그리고 이러한 타율성은 곧 주체의 나약함과 연결되는데, 이는 하이퍼모던 주체에게 결코 용납될 수 없는 개념이다. 정해진 자리에 놓인 존재는 경멸의 대상으로 여겨진다. 반대로 하이퍼모던 주체는 열심히, 그리고 계속해서 움직이면 자신만의 공간을 획득할 수 있을 뿐 아니라, 새로운 공간을 창출할 수도 있다고 믿는다. 이러한 활동은 일반적으로 혁신으로 불리며, 오늘날 삶을 움직이는 핵심 동력으로 작용한다.

한편, 포스트 행복 속에서 '정적인 것'과 비슷하지만 다소 결이 다른 범주가 있는데, 바로 '안정적인 것'이다. 안정성은 휴식을 의미하긴 하지만, 그 휴식은 오로지 역동적인 순간을 잘 보내도록 돕는 버팀목이 될 때만 긍정적으로 인식된다. 안정성은 '변화 없이 한곳에서 유지될 가능성'을 의미한다. 정적인 상태와 달리 안정적인 상태에서는 균형을 잡을 필요성을 느끼지 못한다. 그래서 우아함의 대표적인 특징으로 안정성이 언급되는지도 모른다. 균형을 유지하기 위해 끊임없이 작용하던 힘들은 안정적인 상태에서는 굳이 발휘될 필요가 없다. 따라서 안정적인 것은 그 자체로는 역동적인 요소들을 포함하지 않더라도, 역동성이 발현될 수 있는 토대라는 점에서 미적인 가치를 띤다. 안정성의 우아함은 바로 그 지속성에서 비롯된다.

미적인 것과 밀접하게 연결된 안정성은 미학의 본질적 기원, 즉 '감각' 그 자체를 가리킨다. 그리스어 '아이스테티코스

aisthētikós'는 감각으로 인식할 수 있는 것을 뜻한다.[5] 안정적인 상태는 잠재력 개발을 위한 '안정감'을 제공하고, 주체가 역동성을 활성화할 수 있도록 자신감을 불어넣어준다는 점에서 미학적이다. 안정성은 이 주체가 가진 특정 잠재력을 발휘하는 토대가 될 것이다. 하지만 하이퍼모던 안정성은 원하는 기간(보통은 단기간) 내에 잠재력이 실현되지 않거나, 주체가 목표를 포기하는 순간 위기를 맞는다. 이는 단순한 자신감 부족 때문이라기보다, 즉각적인 결과를 요구하는 불안에서 비롯된다. 이러한 과정에서 실패는 하나의 기회로 받아들여지며, 이는 포스트 행복이 끊임없이 반복해온 서사이기도 하다. 모든 동기부여 연설가들은 이 만트라의 효력을 누구보다 잘 알고 있다.[6] 따라서 이 주체는 단기적으로 성과를 얻을 수 있는 다른 형태의 잠재력 개발로 방향을 전환한다. 그렇지 않으면 안정성은 곧 정적인 상태가 되고, 이는 새로운 계획의 추진에 걸림돌이 된다. 그렇게 되는 순간, 하이퍼모던 주체는 부부 관계나 가족과 같은 전통적인 안정성까지도 자신이 가지고 있다고 믿는 잠재력 실현을 가로막는 정지 상태로 여길 수 있다. 그 결과, 주체는 자기 발전에 방해가 될 수 있는 요소들을 무조건 피하거나 멀리하려는 경향을 보인다. 물론 이것만이 출산율 감소와 이혼율 증가의 원인은 아니겠지만, 그런 현상들이 나타나는 것은 충분히 예측 가능한 일이다.[7]

반대로 미적인 것은 역동적이며, 포스트 행복은 오로지 역동성의 관점에서만 이해될 수 있다. 그리스어로 '뒤나미스*dýnamis*'

는 '잠재력', '힘'을 뜻하지만, 어떤 경우에는 '능력'을 뜻하기도 한다. 이 세 가지 요소(잠재력, 힘, 능력)는 하이퍼모던 잠재력에 관한 담론의 기초를 형성한다. 아리스토텔레스는 움직임(운동)을 "가능태가 현실태로 이행하는 과정"이라고 정의했다. 이는 가능성이 실제로 실현되어가는 과정, 곧 잠재성이 현실로 드러나는 연속적인 행위이며, 항상 현재 진행형으로 나타난다. 따라서 하이퍼모던 주체는 좀처럼 쉴 틈도, 거리를 둘 여유도 없이 자신이 몰입하려는 잠재적 가능성의 경로들을 끊임없이 갱신한다. 이런 관점에서 포스트 행복은 연속적인 상태일 수밖에 없다. 모든 움직임은 다양한 힘의 상호작용이 수반하므로 이 흐름을 방해하는 힘은 해로운 것으로 간주한다. 이런 역동적인 포스트 행복은 주체가 자신의 잠재력과 일체가 되는 순간, 미학적으로 정점에 이른다. 그리고 이때 주체는 '뒤나마이*dynamai*' 곧 "나는 할 수 있다", "나는 능력이 있다"라는 표현을 문자 그대로 받아들이게 된다.

이 잠재력에 대한 신념은 독일 철학자 알렉산데르 고트리프 바움가르텐이 본래 미학에 부여한 의미에서부터 비롯되었다. 그는 미학을 '감각적 인식*aisthêsis*'으로 이해하고, 감각적 인식의 학문으로서 미학을 정립한 인물이다. 그리고 이를 통해 과학과 감성을 결합했다.[8] 하이퍼모던 주체에게 미적 감정은 단순히 감상의 차원을 넘어, "나는 할 수 있다"라는 감각을 내포한다. 이는 열의에 찬 순간에 "나는 할 수 있다는 걸 안다"라는 강력한 신념으로 발전하며, 가능성을 미래에 실현될 현실로 받아들이는 행위 자체가 곧 미적 감정으로 깊이 몰입하는 과정이 된다. 이러한 "나는 할 수 있다는 걸 안다"라는 신념은 역동성을 강화하는 힘으로 인식되고 느껴진다.

관성과 안전지대

이 끊임없는 행위의 진화 덕에, 주체는 자신의 잠재력을 개발하기 위한 지속적인 갱신 과정을 거쳐 포스트 행복을 형성해 나가지만, 그 과정에서 하나의 장애물과 마주한다. 바로 '관성'이다. 관성은 주체를 완전히 멈추게 하지는 않지만, 그렇다고 유연하면서도 추진력 있게 잠재력을 펼치는 데 도움이 되는 것도 아니다. 세계화 이전의 관성은 휴식과 안정을 위한 요소로서 행복의 우군이었고, 그때는 자신을 흐름에 맡기고 즐기는 것이 관조와 이완 과정의 일부였다. 관성이란 외부에서 힘을 가하지 않는 한, 물체가 현재 상태(정지 또는 운동)를 유지하려는 성질이다. 이전 삶이나 활동에서 관성에 따르는 것은 휴식과 순응을 의미했다. 그래서 세계화 이전의 주체는 외부의 힘이 이 안정적인 관성을 뒤흔들까 봐 걱정했다. "성모님, 성모님, 제발 그냥 지금 이대로 살게 해주세요"처럼, 사람들이 자주 쓰던 표현에서도 이러한 걱정을 찾아볼 수 있다.

그러나 하이퍼모던 주체는 관성을 목표와의 간극이자 발전을 가로막는 장애물로, 그리고 반드시 극복해야 할 억압적인 힘의 메커니즘으로 이해한다. 관성은 모든 움직임 속에서 자연스럽게 나타나는 요소이지, 과잉 활동을 강화하는 과정의 일부가 아니다. 하이퍼모던 주체에게 관성은 상태를 변화시키려고 할 때 그 흐름을 방해하는 성질이자, 변화의 잠재력을 억제하는 방해물이다. 따라서 관성은 불편하고 성가신 요소로 여겨질 수밖에 없다. 다시 말해, 관성은 지속적인 현재를 가속화하고 활력(움직임)의 구조에 윤활유를 더하는 우군이 아니다.

관성은 자칫 무용한 것과 마찬가지로 무관심의 범주에 속한다고 여겨질 수도 있지만, 실제로는 전혀 그렇지 않다. 오히려 관성은 부정적인 것으로 인식되는데, 그러한 이미지는 '안전지대'와 같은 표현에 기댄 감성적 메시지를 퍼뜨림으로써 각인된다. 오늘날 포스트 행복을 추구하는 주체에게 관성은 안락한 영역에서 벗어나지 못하게 막는 수동적 저항, 즉 안전지대를 무너뜨리지 못하게 하는 힘으로 이해된다. 여기서 안전지대는 정적인 상태, 곧 어떤 잠재력도 발휘되지 않고 생산성의 기미조차 없는 공간으로 여겨진다. 따라서 포스트 행복 시대에서 관성은 경멸의 대상이 된다.

모방의 미: 테크네

포스트 행복의 또 다른 정교한 특징은 아름다움과 관련 있다. 더 구체적으로는 플라톤이 처음 제시하고 이후 아리스토텔레스가 『시학』을 통해 중요한 역할을 부여한 '테크네*techné*'와 깊이 연결되어 있다. 철학으로서의 미학은 18세기에 이르러서야 등장했는데, 이에 앞서 고대 그리스의 아름다움에 대한 성찰은 좀 더 실용주의적인 관점에서 이루어졌다.

플라톤의 사유 안에는 형이상학적 아름다움과 실용적 아름다움이라는 두 가지 열린 구성개념이 존재한다. 형이상학적 아름다움은 우주의 질서와 관련되며, 플라톤은 이를 『티마이오스』[9]에서 분석하고 있다. 이 대화편에서는 우주론적 차원에서 질서와 아름다움이 서로 연결된다. 우주는 아름다운 질서로 충만하고, 이 질서는 존재에 의미를 부여한다. 이러한 질서의 세계에서는 엔트로피나 혼돈 또는 변화가 개입할 여지가 없다. 따라서 존재론적 관점에서 플라톤적 우주는 질서와 예측 가능성의 공간이며, 거기에는 아름다움이 있다.

하지만 아름다움에 대한 이 첫 번째 의미는, 변화의 패러다임 아래 상반된 논리를 강요받는 하이퍼모던 주체에 의해 거부된다. 이 주체에게 질서란 예측 가능성과 정지 상태를 의미하기 때문에, 그의 삶의 모델과 정반대에 있다. 하이퍼모던 주체는 플라톤적 질서에 내재한 미적 범주를 받아들이는 대신, 현재 진행 과정에서 발생하는 무질서를 이해하고 그 속에서 살아남으려고 노력한다. 즉, 자기 세계를 이해하고 조직하며 정신적으로 위계화하고, 나아가 나름의 질서를 부여하려고 시도한다. 이런 점에서, 하이퍼모던 포스트 행복의 목적은 잠재력을 개발하는 주체의 역동적 과정에 의미를 부여하는 것이다. 주체의 '뒤나미스'는 외부로부터 의미를 부여받아(타율성) 영양분을 얻고, 무엇을 어떻게 해야 할지를 지시받는다. 하지만 1980년대에 리포베츠키가 지적했듯,[10] 외부가 주입한 '좋은 삶'의 개념을 받아들일수록 오히려 공허함이 커진다는 것이 하이퍼모던 시대에 포스트 행복이 안고 있는 역설이다.

포스트 행복 덕택에 주체는 의미를 만들어내야 한다는 의무에서 벗어났다. 그리고 그렇게 의미를 찾고 만들어가는 활동이 사라지면서, 포스트 행복에는 가벼움이 깊이 스며든다. 행복이라는 개념은 구체적이고 개인적인 상황 속에서 만들어진다. 그것은 삶의 다양한 상황을 통해 만들어질 때 견고하게 뿌리내리고 안정적으로 자리 잡는다. 그러나 포스트모던 주체에게 이런 일은 벌어지지 않는다. 주체의 과잉 활동에는 개인적인 상황이 고려되지 않기 때문이다. 하이퍼모던한 삶의 다른 영역들에서는 주체가 자기 잠재력의 실현을 기준으로 현실을 스스로 이해하지만, 포스트 행복을 구축하는 문제에 있어서만큼은 외부에서 주어진 틀 속에서 이해한다. 주체는 타율적으로 포스트 행복을 받아들이면서, 삶에 의미를 부여해야 하는 부담에서 벗어났다는 듯 해방감을 느낀다.

포스트 행복은 주체의 외부에 존재하고, 객관화되고, 위치를 파악할 수 있는 사회적 구성물이다. 이는 행복이 무엇인가에 대한 정의를 직접 내려야 하는 어려움을 피하게 해주지만, 동시에 주체 안에 오로지 역동성, 즉 행동 능력에만 초점을 맞춘 자기 책임의 기준을 심어준다. 따라서 주체는 외부에 있는 포스트 행복이라는 개념을 받아들이는 동시에, 그 과정에서의 성공과 실패에 대한 모든 책임을 고스란히 떠안는다. 즉, "실패에 대한 책임은 나에게 있는데, 여기에서 실패란 시스템이 제시하는 행복의 개념에 도달하지 못하는 것이다"라고 말하는 것과 같다. 여기에서 '질서 있는' 아름다움이라는 개념을 경험할 수 있는 유일한 방법은 역동성과 포스트 행복의 달성이 공존할 때다.

아름다움에 관한 또 다른 생각은 플라톤의 『프로타고라스』에서 찾아볼 수 있다. 이 대화편에서는 '테크네'의 관점에서 예술과 창작의 영역을 해석하는데, 이는 더 실용적인 아름다움에 초점을 맞춘다. 플라톤에게 '테크네' 즉, 기예는 그의 이데아 이론과 직접적인 관련이 있다. 그가 『크라틸로스』 대화편에서 주장하듯, 창조자나 예술가는 구체적이고 감각적인 것에 의존해 창조하는 게 아니라, 이상적인 형태에 의지해 그것을 모방하려고 노력한다. 즉, 예술가는 이데아를 참고해 구체적인 작업에 착수한다. 그러나 하이퍼모던 주체가 겪는 근본적인 변화는 '테크네'의 사용을 구체적이고 감각적이며 명백한 것을 모방하는 수준으로 축소하는 것이다. 즉, 이 주체의 예술이나 창작은 특정한 목적을 위해 만들어진 작품을 단순히 모방하는 것이기 때문에, 최대한 원본에 가깝게 재현하기가 훨씬 더 용이하다. 미적인 아름다움의 대상을 눈앞에 두게 되면 모든 것이 훨씬 단순해져 모방이 더욱 쉬워지고, 그 결과 즉각적이고 손쉽게 만족을 얻을 수 있다. 이 주체는 자신의 이상이 현실과 동떨어져 있거나 분리되어 있다고 느끼지 않으며, 그것을 이해하려는 노력조차 필요하지 않다고 여긴다. 내면화한 이상들은 실현 가능하지만, 규모는 작다. 그것들은 대개 완전한 재현이라기보다는 부분적인 모방에 불과하며, 감각적 자극을 통해 인식된다. 할부 결제로 전 세계를 여행하고, 최신 휴대전화를 사고, 고급 레스토랑에서 식사하는 등의 모든 일은 이 포스트 행복을 자극하는 행위들이다. 아마 플라톤 자신도 모방이 생산적(또는 시적) 예술의 일부임을 어느 정도 인정했을 것이다. 예술, 창의성, 그리고 역동성이라는 세 가지 메커니즘이 결합할 때, 주체는 자신이 하이퍼모던한 아름다움을 경험하고 있다고 믿게 된다.

직설성

직설성은 우리 사회에서 지배적으로 나타나는 포스트 행복의 또 다른 표현이다. 우리는 "너는 잠재력을 더 키울 수 있어"

라는 잠재력 개발의 미적 환상에 빠져 있고, 잠재력을 발휘하려는 과정에서, 주체 안의 프뉴마, 즉 생기는 내적 경험과 외적 행동을 통해 드러난다. 그리고 이 생기는 주체가 삶의 모든 측면을 수익화하는 열정적인 방법론을 직설적으로 따르도록 부추긴다. 여기에는 모호함이 끼어들 자리가 없다.

포스트 행복은 쉽게 접근할 수 있는 심리적 위치를 점유한다. 그곳에 이르기 위한 지침은 직접적이고 단순해야 한다. 그래야 하이퍼모던 주체가 삶의 여정이나 프로젝트를 시작할 때, 미래를 구상하고 계획하는 과정에서 정신적 혼란을 피할 수 있기 때문이다. 동시에, 깊은 자기 성찰이나 차분하고 합리적이고 객관적인 분석을 요하는 모든 과정은 정면으로 거부된다.

지리적 위치와 달리, 심리적 위치는 역동적이고 변덕스럽다. 마음속의 여정은 소요 시간이 짧고, 도달하기 쉬워 보이며, 그 과정은 종종 생략된다. 왜냐하면 역동성이 여러 목적지로 분산되고, 그 목적지들은 사전 계획 없이 수시로 바뀔 수 있기 때문이다. 가다가 더 나은 목적지를 발견하면, 기존의 목적지는 별다른 고민 없이 버려지고 새로운 방향으로 향하게 된다. 준비 과정과 목적지는 여전히 중요하지만, 여정 자체의 중요성은 점점 약해진다. 여정이 덜 중요할수록, 그 여정을 멈추고 새로운 길을 시작하는 일이 더는 큰 결단으로 여겨지지 않는다. 여기에 결정적으로 작용하는 요소가 바로 '속도'이다. 속도는 이 모든 과정을 줄이고 단순화하는 데 기여한다. 결국 여정은 가능한 한 살균된—즉, 불필요한 요소나 변수를 최대한 배제한—형태로 인식된다. 우리는 이 여정을 시작하기 위해 정신을 무장하고 분명한 목표를 정한다. 예를 들어, 유튜브 채널을 열고 콘텐츠를 올려 수익을 거두고 유명해지겠다는 분명한 목표를 세운다. 그러나 두 달이 지나도 조회 수가 겨우 200회를 넘기는 수준이면, 주저 없이 이 계획을 접고 새로운 프로젝트로 눈을 돌린다. 이번에는 헬스장에서 몸을 단련한 뒤 개인 트레이너가 되겠다는, 누가 봐도 매력적인 목표를 세운다. 그렇게 된다면 정말 좋을 것 같고 충분히 이룰 수 있다고 믿으며, 자신을 감정적으로 설득한다. 이를 위해 가야 할 길도 명확히 알고 있기에, 마음과 생각을 점검한 뒤 다시 실행에 나선다. 하지만 안타깝게도 4주가 지나도 몸의 변화가 거의 보이지 않으면, 또다시 포기한다. 그렇다고 실망할 필요는 없다. 새로운 목표에 다시 마음이 설레기 때문이다. 이번에는 책을 써서 유명 작가가 되겠다는 목표를 세운다. 물론 이번에도 할 수 있을 거라고 굳게 믿는다. 먼저 아마존에서 성공한 작가들의 사례와 프로필을 찾아보며 자신감을 얻고, 또다시 새로운 도전에 나선다. 이러한 역동성이 내면화되고 정상화되어, 우리의 정신에 포스트 행복의 개념을 만드는 감정들이 아주 잘 자리 잡게(심리적으로 위치하게) 된다. 직설성이 스며드는 과정은 이렇다. 먼저 성공한 사람들, 롤모델, '동기부여 전문가들'이 자신들만의 방법론을 자세히 설명하는 이야기를 만들어낸다. 그들은 강연과 유튜브 영상, 그리고 경험의 전 과정을 자세히 기록한 책 등을 통해 이 방법들을 증명해 보인다. 오늘날의 주체는 이런 내러티브들을 문자 그대로 받아들인다. 즉, 단어가 현실을 그대로 반영한다고 여기며, 무엇보다도 삶의 사례들이 덧붙여졌기에 혼란을 일으킬 여지가 없다고 생각한다. 그것이 대중에게 친숙하고 성공한 사람들의 삶의 이야기일수록 모든 의심은 쉽게 잠재워진다.

그러나 한 가지 분명한 사실이 있는데, 우리가 모순으로 가득한 모호한 세상에 살고 있다는 점이다. 우리는 모순적인 존재이지만, 이를 인정하려 하지 않는다. 예컨대, 흡연이 건강에 해롭다는 걸 알면서도 담배를 피우고, 초가공 식품이 몸에 좋지 않다는 걸 알면서도 맛있다며 먹는다. 또한 어떤 문제는 단일한 방식으로 설명되지 않고 다양한 관점에서 해석될 수 있다는 점에서 모호하다. 주체로서 우리는 본질적으로 모호함을 안고 있다. 자아는 지금의 나로 존재할 수 있게 만든 관계들과 분리될 수 없기 때문이다. "하지만 그런 관계들의 반복과 단절 가능성 또한 자아의 역사 일부로 통합되어, 미래를 향한 새로운 가능성을 여는 계기가 된다."[11] 주디스 버틀러에 따르면, 우리는 우리를 구성하는 관계들로부터 완전히 분리될 수 없지만, 미래를 열기 위해서는 그러한 관계들을 끊어낼 필요가 있다.

모호함은 여러 방향으로 움직일 수 있다는 뜻이고, 하나의 질문이나 상황에 대해 다양한 해석이 가능하다는 의미이기도 하다. 독일의 철학자 토마스 바우어는 우리가 모호함의 상실을 겪고

　　생명력 없는 삶

있다고 지적했다. 모호함은 다양한 의미를 가질 수 있고, 다양한 해석이 허용됨을 의미한다. 물론 우리의 삶과 과학, 철학에서 모호함이 늘 환영받는 것은 아니다. 미셸 드 몽테뉴의『수상록』이 그 예를 보여준다. 이 책에서는 문체와 내용 모두가 모호하다. 그는 고전 사상가들의 성찰에 방귀, 발기 문제 같은 주제를 섞어 불확실성, 의심, 망설임을 보여주며 인간의 복잡성을 드러낸다. 또한 그는 명확한 생각을 피하고 자신의 전기적 현실을 충실히 담아, 삶의 문제 속에 있는 모순을 드러낸다. 프랑스 철학자 메를로-퐁티는 이에 대해서 다음과 같이 설명한다. "몽테뉴의 의식은 […] 자유로운 동시에 얽매여 있으며, 단일한 행위 속에서 모호하게 외부 대상에 자신을 열면서도 동시에 낯섦을 느낀다. […] 몽테뉴에게 있어서—이후 파스칼에게도—, 우리가 관심을 갖는 세계는 우리가 열쇠를 갖고 있지 않은 세계이며, 그 세계에서 우리는 우리 자신 안에도, 사물 안에도 머물 수 없다."[12]

메를로-퐁티의 철학에서 가장 눈에 띄는 특징이 바로 모호함이다. 그에게 몸의 경험은 본질적으로 모호하다. 우리의 '세계-내-존재In-der-Welt-sein(세계와 관계 맺고 자신의 가능성을 실현하며 살아가는 존재—옮긴이)'는 세계를 탐험하는 기준으로서의 몸, 즉 우리 존재를 중심으로 세상을 바라보게 하는 몸이 필요하다. 이 '세계-내-존재'는 우리에게 세상과 상호작용할 자유를 주면서, 동시에 몸의 속박에 얽매이게 한다. "우리 존재를 중심에 두게 하는 바로 그 무엇이, 동시에 우리 존재가 완전히 중심에 놓이지 못하게 방해하기도 한다. 우리 몸의 익명성은 자유이자 속박이다. 요컨대, '세계-내-존재'의 모호함은 몸의 모호함으로 이해된다."[13] 우리의 몸은 모호함 속에서 경험된다. 몸은 단순한 객체가 아니며, 우리가 몸에 대해 갖는 의식은 명확하게 사유될 수 없다. 몸의 통일성은 암묵적으로 존재하지만, 동시에 혼란스럽다. "몸은 항상 성性과 자유를 동시에 내포하고, 자연에 뿌리를 두는 동시에 문화에 의해 변형된다. 그리고 몸은 결코 자신 안에 갇혀 있지 않고, 또 결코 완전히 경계를 벗어나거나 초월하지 않는다."[14]

이 모호함은 몸을 넘어 사회적 영역으로 확장된다. 모호함이 사회 조건의 일부임을 인정하면 인간들 사이의 이해와 지적 공감을 위한 다양한 가능성이 열린다. 사회학자인 지그문트 바우만은 모호함을 매우 강하게 옹호한 학자 중 한 명이다. 그는 모호함이야말로, 명확하고 단일한 내러티브를 강요하는 질서에 집착하는 현대성이 지닌 파괴적이고 학살적인 잠재력을 완화하는 힘을 지닌다고 보았다.[15] 이는 교육의 근본 목적이 불확실성과 모호함을 받아들이며 평화롭게 살아가는 주체를 길러내는 것이어야 함을 의미한다.[16] 그러나 하이퍼모던 주체는 모호함을 거부하고, 현실을 단일한 기준에 맞추려 하며, 혼란스러운 상황 앞에서는 비타협적인 태도를 보인다. 명확하게 규정되지 않은 모호한 것은 모두 배척되고, 그 결과 근본주의 경향이 더욱 강화된다. 이런 사회 분위기 속에서는 모호함을 줄이려는 모든 제안이

    생명력 없는 삶

매력적으로 다가온다. 우리는 일, 개인 생활, 여가, 교육 등 다양한 영역을 아우르며 활동하는 통합적인 지도자들, 동기부여 전문가들의 등장을 목격하고 있다. 포스트 행복을 위한 선택지가 다양하게 제시되는데, 그것들은 명확히 구분되고 체계적으로 조직되어 있으며 정해진 절차를 따르기 때문에, 개인은 그 어떤 것이든 손쉽게 선택하고 따라갈 수 있다.

직설성의 또 다른 기능은 시간을 명확히 구획해서 시간을 절약하게 해주는 것이다. 시간의 경제성은 질적인 경험뿐 아니라, 양적인 경험의 흐름에 몰입하는 데도 필수적이다. 최대한 많은 경험을 쌓기 위해서는 각 경험 사이의 전환 시간을 줄여야 한다. 그런 점에서 직설성은 착오를 방지하고, 탐색과 불확실성 때문에 소요되는 시간을 줄여준다. 이로 인해 우리가 채택하는 많은 방법론은 시간과 형식 면에서 극도로 정형화되어 있다. 이동 경로나 활동 소요 시간이 미리 정해져 있고, '대략적인 예상 소요 시간'도 미리 명시된다. 칼로리 소모량 추적 앱, 운동 반복 횟수 계산 앱, 만보기 앱, 예산 관리 앱 등도 모두 이런 현상의 산물이다. 목표 달성에는 정해진 기한이 있으며, 주체는 지리적 심리 지도뿐만 아니라, 대개 당시의 흐름이나 경향에 좌우되는 시간적 심리 지도도 고려해 계획하고 수행해야 한다.

여정

포스트 행복을 향한 여정은 세 가지 중요한 단계로 구성된다. 첫 번째는 준비 단계로, 이때는 목표에 집중하기 위해 최대한의 편의를 갖추어야 할 필요성이 강조된다. 이것은 희망으로 가득 찬 예비 단계로, 생기(프뉴마)로부터 힘을 얻는다. 첫 번째 단계는 동기부여 강연과 자기계발서, 동영상 등을 통해 시작될 수 있으며, 이때 주체는 자기 확신을 얻기 위해 특정 이야기를 내면화한다. 보통은 자신의 의도를 뒷받침해줄 자료를 찾고, 그중에 이루고자 하는 목적에 도움이 되는 주장과 논리만을 받아들인다. 이는 마치 프로크루스테스의 침대(자신의 고정된 기준에 맞춰 다른 사람이나 사물을 억지로 끼워 맞추려 하는 독선을 상징하는 신화 속 이야기―옮긴이)처럼 작동한다. 이 단계에서 주로 찾는 것은 계획을 정당화할 증거들이다. 이 단계에서는 자신의 상황과 조건에 따라 생각의 타당성을 분석하는 게 아니라, 최대한 생기를 많이 불어넣는 일이 중요하다. 따라서 자기 계획에 대한 확신을 조금이라도 흔들 수 있는 이성적 논리는 받아들여지지 않는다. 그 누가 합리적인 논리를 들이밀어도 무시된다. 신뢰할 만한 사람이나 해당 분야의 전문가가 그 계획이 공상적이고 너무 어렵다거나, 개인 역량이 부족하다는 지적을 해도 절대 받아들여지지 않는다. 이때는 계획을 향한 확신으로 가득하기 때문이다. 이스라엘의 심리학자 지바 쿤다[17]는 이 과정에 '동기화된 추론motivated reasoning'이라는 이름을 붙였다. 보통 감정적 혹은 경제적 동기가 진실을 가리는 방해물이 될 때, 진실을 밝히려 하기보다는 자신의 편향된 믿음을 따라 움직이는 현상을 뜻한다. 결국, 이 단계에서는 여정의 실현 가능성을 평가하거나 예상되는 어려움을 고려하는 일보다는 목표로 하는 목적지가 얼마나 멋진지를 재확인하는 일이 우선시된다.

두 번째는 출발 단계이다. 이는 여정의 시작을 알리는 결단의 추진력이 나타나는 시점이다. 그 추진력은 여정이 분명히 표시되어 있다는 확신(행복해지는 21단계, 행운을 지배하는 법, 성공을 위한 십계명 등)과 이를 실천할 수 있는 자원이 충분하다는 믿음으로 뒷받침된다. 이때 실패의 가능성은 거의 고려되지 않는다. 그리고 설령 실패하더라도, 새로운 심리적 위치를 활성화함으로써 역동성을 유지하려 한다.

마지막은 마무리 단계인데, 이것은 이제 그저 통과 지점이 되었다. 하이퍼모던 주체는 계획을 끝내는 데는 능숙하지만, 완전히 마무리 짓지는 못한다. 감정적 기준을 합리적 분석보다 우선시하기 때문에, 대부분 계획은 성공 확률이 낮고, 이는 계획을 시작한 지 얼마 되지 않아 분명하게 드러난다. 본래 자신의 한계라는 현실적 어려움에 부딪히면, 진행 중인 일을 끝까지 마무리하고 새로운 일을 시작하는 것이 쉽지 않다. 그러나 이 주체는 미완성 과제조차도 그대로 끝내는 데 능숙한데, 각 계획의 종료를 다음 계획으로 넘어가기 위한 과도기적 단계로 여기기 때문이다. 결국 주체는 그 어디에도 정착하지 못한 채 끊임없이 이동하며 살아간다. 각각의 미완성 과제는 또 다른 새로운 목적지로 분기하며, 그 과정에서 잠시 멈춰 쉬어갈 시간도 주어지지 않는다.

이 세 단계는 각각 독립적으로 존재론적 의미를 지닌다. 이것들은 끊기지 않는 내러티브를 향해 매우 정교하게 설계되어 있다. 그러나 그 내러티브를 구조는, 이야기를 늘 열린 상태로 남겨 주체를 완전히 만족시키지 못한다. 도착하는 순간마다 새로운 생기를 띤 심리적 지도가 기다리고 있어, 결코 끝맺음과 완결감을 경험할 수 없기 때문이다. 살아온 삶이나 여정의 끝에서 느끼는 기쁨과 관조의 순간조차 결국 새로운 심리적 여행을 향한 몽상으로 대체된다. 결국, 영혼은 절대로 쉬지 못한다.

다른 차원에서, 시스템은 포스트 행복을 확장하기 위해 직설성을 사용하는데, 이것은 정확성과 관련이 있다. 직설성은 우리에게 다양한 경험을 제시하는 단어, 이미지, 감각 등의 정확함을 의미한다. 오늘날 주체는 웹사이트에 게시한 경로, 목적지, 사용자 평가 등을 의심하지 않는다. 불신은 부정적인 의미이고, 여정을 시작하게 만드는 생기 자체를 오염시킬 수 있기 때문이다. 계획에 대한 과도한 망상에 빠진 주체에게는 불신이란 개념이 존재할 수 없다. 이 감정 소비 모델은 내러티브의 흐름에 따라 정확하게 전달하고 조직하는 방식에 기반한다. 이 내러티브는 유혹에 호소한다. 유혹의 메커니즘을 활용하는 매체들, 그리고 직설성을 촉진하는 섬세한 메시지들은 이 시스템을 떠받들며, 하이퍼모던 주체를 아무런 힘을 들이지 않고도 사로잡는다. 예전의 행복은 온전히 외부 구조에 의해 뒷받침되었고, 이는 개인에게 행복이 물질적 소비에 있다고 믿게 했다. 이때는 쾌락을 절제하라는 기독교적 윤리와 금욕주의의 힘과 싸워야 했다. 과거의 유혹 과정은 수직적인 구조 속에서 설계되고 걸러지며 확산했지만, 포스트 행복 시대의 유혹 과정은 수평적인 삶의 모델을 통해 이루어진다. 주체는 환상에 불과한 수평적 구조 덕분에 죄책감 없이 유혹을 경험할 수 있고, 그 결과 타인과 심리적 유대감까지 생겼다. 이제 개인은 소셜네트워크상에서 설득력 있는 내러티브를 통해 자신의 포스트 행복 모델을 홍보하며, 그렇게 소비자인 동시에 생산자로 변모하고 있다. 결국, 주체는 포스트 행복의 협력자로 자리매김하게 되었다.

호기심

포스트 행복을 둘러싼 범주의 재구성 과정에서, 호기심 역시 예외는 아니었다. 한때 경이로움-호기심-질문[18]으로 이루어진 원초적 사고 삼부작은, 이제 생존을 위한 필사적인 변화 속에서, 하이퍼모던 시대가 요구하는 역동성과 환심을 사는 새로운 언어를 받아들이게 되었다. 이어서 하나씩 살펴보도록 하자. 플라톤은 『테아이테토스』에서, 아리스토텔레스는 『형이상학』에서 철학의 출발점으로 경이로움을 강조했다. 단, 아리스토텔레스의 경우, 이 경이로움이 철학이 시작되기 이전부터 존재했다고 보았다.[19] 이들이 말한 경이로움은 일상성과 밀접하게 연결되어 있었다. 그리스철학자들이 제시한 경이로움은 현실이라는 공급원에서 주체가 받는 필수 연료였으며, 그다음 단계인 호기심을 활성화하는 데 결정적인 역할을 했다. 경이로움을 느끼면 자연스럽게 호기심이 뒤따르기 때문이다. 탈레스가 한밤중에 하늘을 올려다보다가 우주의 장엄함에 사로잡혀 발밑의 땅을 보지 못하고 우물에 빠졌다는 이야기가 철학사에서 회자되는 것도 이와 같은 맥락에서 이해할 수 있다. 경이로움은, 그것을 경험할 준비가 되어 있는 주체를 놀라게 했다. 일부 비평가들은 경이로움을 불러일으킨 의문이 해결되면, 경이로움도 사라진다고 주장한다. 즉, 경이로움을 유발한 문제가 해결되면 동시에 경이로움도 끝난다는 것이다. 그러나 비평가들이 잊은 게 있는데, 스스로 탐구를 시작했던 기억과 탐구에 몰입하며 얻은 만족감이 주체로 하여금 세상을 바라보는 태도를 재검토하도록 자극한다는 점이다. 이는 '경이로움-호기심-질문'으로 이어지는 이 순환 과정 자체가 즐거운 경험이었음을 인식하는 데서 비롯된다. 원초적 사고 단계를 통해 경험한 경이로움은 세계를 스스로 해석하고 이해할 수 있게 해준다. 주체가 이처럼 원초적 사고의 단계를 자발적으로 거칠 때, 대개 그 안에는 강렬한 지적, 감정적 흔적이 남는다. 그리고 이것은 다시금 경이로움을 경험하고자 하는 갈망으로 이

어진다. 결국, 하나의 지식이 또 다른 지식을 자극하게 되는 셈
이다.

세계화 이전의 행복 개념에는 어떤 것들에 대한 경이로움이
존재했다. 하이데거는 그의 강의[20]에서 하이데거는 그의 강의에
서 통속적인 경이로움이 철학적 경이로움과 구별되어야 한다고
언급했다. 전자는 철학 이전의 상태이며, 후자는 태도, 즉 일종
의 '파토스*pathos*(정서적 분위기)'와 관련이 깊다. 하이데거는 '통
속적인' 관점에서 일상 속에서 나타나는 다양한 경이감을 구체
화하며 새로운 것과 마주했을 때의 '감탄', 탁월하거나 영예로운
대상과 직접적인 관계에서 느끼는 '매혹', 그리고 마지막으로 개
인적 차원(사람들)에 작용하는 '존경'에 대해 이야기했다.[21] 당
부하건대, 경이로움은 새로운 것에 대한 감탄, 탁월하고 뛰어난
대상에 대한 매혹, 개인적인 존경의 고백으로 나타난다는 것을
잊지 말아야 한다.

이 보편적인 경이로움*thaumazein*(타우마제인, 세계에 대한 감탄
과 의문이 공존하는 감정으로 철학의 시작점이 됨―옮긴이)은 무
엇이든 잘 받아들이는 수용성을 특징으로 갖는다. 우리는 어떤
것, 즉 외부의 것, 현상, 드러나는 일에 경이로움을 느낀다. 그리
고 이것은 낯섦이라는 형태로 원초적 사고를 자극하며, 무언가
를 평소와 다르고 특별하게 느끼게 만든다. 그래서 경이로움은
일종의 정서인데, 우리의 사고나 행동이 촉발되기 위해서는 '영
향을 받아야만' 하기 때문이다.

하지만 포스트 행복 시대의 경이로움은 생존을 위한 방식으로 변모했다. 이제 경이로움은 역동성의 미적 논리에 지배당하고, '영향을 받는 존재'라는 수동적 본질을 지녔던 본래의 정서적 태도를 버려야만 한다. 하이퍼모던 시대의 경이로움은 포스트 행복을 위한 또 다른 도구가 되었고, 목적 달성을 위한 능동적 담론으로 변모했다. 현실에 영향을 받아서 경이로움을 느끼기보다는, 스스로 경이로움을 만들어내고 경이로워지려고 한다. 그 자극의 메커니즘은 자율적이며, 내부의 '뒤나미스'에서 시작된다. 우리는 경이로운 존재가 되기를 원하고, 동시에 타인을 놀라게 해주고 싶어 하며, 단순한 매혹에서 터져 나오는 경이로움의 순간을 갈망한다. 이는 주로 틱톡이나 인스타그램의 역동성을 모방하며, 표면적인 매혹에 그칠 뿐 더 깊은 차원으로 나아가지는 못한다.

이 과정에서 생존을 위한 적응 메커니즘이 작동하는데, 경이로움은 초고속 시간성turbotemporality의 논리에 종속된다. 그 결과, 주체는 더는 '경이로움-호기심-질문'이라는 원초적 사고 단계를 거치려 하지 않는다. 이로 인해 호기심과 질문은 충분한 시간과 거리를 확보하지 못하고, 깊이 있는 사유로 이어지지 않는다. 하이퍼모더니티에서 추구하는 경이로움은 최초의 순간에 원자들이 산발적으로 터져 나오는 느낌이며, 이는 내가 '감정적 약물 중독'이라고 불러온 현상의 시작이다.

이전 행복의 시대에서 경이로움은 현실을 차분하게 이해하려는 시도로 이어졌고, 이는 지식에 관한 관심을 지속하기 위한 필수 단계였다. 그러나 포스트 행복 시대에 경이로움은 강렬한 감정의 논리에 묶여 있고, 당혹감과 충격을 동시에 추구한다. 현대인은 감정적 안정감을 지루하고 자극이 부족한 상태로 간주하며, 이런 정서적 균형에서 벗어나고자 한다. 더불어 하이퍼모던 주체는 일상성을 새로운 움직임이 부족한 상태로 인식한다. 즉, 예측 가능성이 커질수록 역동성이 부족하다는 느낌 때문에 불안해진다.

하이퍼모던 시대에 경이로움은 더는 플라톤이 의도했던 것처럼 지식으로 향하는 문이 아니다. 지식을 목표로 하는 여정의 출발점에 경이로움은 없다. 경이로움은 오히려 감정의 강화된 표현이자, 하나의 결론이 된다.

과잉 자극 세상에서 경험은 이미 포화 상태에 이르렀고, 그 결과 경이로움을 느끼기가 점점 더 힘들어졌다. 오늘날 지나친 복잡성과 과잉은 경이로움을 추구하는 데 또 하나의 장애물로 작용한다. 문제의 핵심은 주체 내부에서 경이로움을 일으키는 메커니즘을 다시 작동시키는 일이 점점 더 어려워졌다는 데 있다. 이제 우리를 놀라게 할 만한 것을 찾는 일이 점점 더 힘들어지고 있으며, 그 결과 오늘날 주체가 시청각 매체, 문학, 저널리즘 등 문화를 소비하는 행위는 극단적 포르노그래피, 익스트림 스포츠, 위험한 셀카 등 무엇이든 더 강렬하고 극단적인 방향으로 치닫고 있다.

출발하기, 밀어내기, 떼어내기

우리는 출발에서부터 전통적인 행복의 구조를 변화시켰으며, 이는 포스트 행복에 유리하게 작용하는 변화를 만들어냈다. 과거, 행복을 찾아 새출발을 한다는 것은 기존의 뿌리를 뽑고, 과거와 단절하며, 새로운 모험을 시작하는 것을 의미했다. 고향을 떠나거나, 익숙한 지역을 벗어나거나, 이민 가는 것 등은 희생이 따르는 일이었는데, 기존의 뿌리가 그만큼 깊고 단단히 박혀 있었기 때문이다. 그렇게 과거는 현재에 압박을 가하고 영향력을 행사하는 강한 힘이 있었다. 출발은 전체 여정 중 가장 많은 심리적 에너지가 필요한 단계였는데, 떠나는 주체가 용기라는 동력 위에 올라타야 했기 때문이다. 그러나 일단 출발하고 나면, 그 이후의 여정은 상대적으로 덜 힘들었다. 체념이 그 여정을 관성대로 흘러가게 했기 때문이다. 대개 이런 출발은 필요에 따라 이루어졌다. 원래 있던 자리에서 뿌리째 뽑혀 나오는 일은 결코 반길 만한 일이 아니었고, 그렇기에 더욱 많은 용기가 필요했다. 그리고 이 출발은 마치 냉각 상태의 엔진에 시동을 걸듯, 점진적으로 열을 올리는 과정이었다. 필요는 출발의 추진력인 동시에 무겁고 힘든 부담이기도 했다. 그래서 행복은 종종 희망의 형태로 나타났다.

때로는 의욕이나 열의 없이 출발할 때도 있었다. 그리고 그 여정에서 별도의 심리적 위치를 설정할 필요도 없었다. 고향에서 떨어져 나온 순간부터 주체는 스스로 길을 개척해야 했고, 행복은 그 과정에서 자신의 의무를 다한 결과로 여겨졌다. 반대로 떠나지 않고 원래의 자리에서 뿌리를 내리는 것은 현실에 복종하고 더 많은 양분을 얻지 못하는 징후로 여겨졌다. 부모의 나무 아래 즉 고향에 머무르겠다는 결정은 단지 생존을 위한 선택일 뿐 독자성이나 개성이 없는 상태로 해석되었다. 그러나 막상 움직이기 시작하면, 뿌리를 뽑는 데 너무 많은 힘을 쏟은 탓에 주체는 오히려 자신의 뿌리에 대한 기억에 더욱 집착하게 되었다. 종종 길 위에서 주체를 버티게 해주는 힘은 바로 그 뿌리의 기억이었고, 여정의 최종 목적지는 부모의 나무에서 나온 씨앗들을 다시 뿌리고 심는 장소가 되었다. 결국 행복의 중요한 부분은 유전적 기반에서 자양분을 얻고, 같은 유전자 코드를 통해 다시 뿌리를 내리는 과정과 연결되었다. 주체는 독립적인 정체성을 위해 기존 환경을 떠나야 했지만, 그 과정에서 결국 과거와 유사한 방식으로 새로운 뿌리를 내렸다. 새로운 땅에 정착한 후에는, 고향에서 가져온 뿌리로 자신을 고정하는 동시에, 새로운 뿌리들을 뻗어가기 시작했다.

반면, 포스트 행복의 출발은 생기, 즉 따뜻한 프뉴마(아리스토텔레스에 따르면, '정액'은 프뉴마가 불어넣은 열기를 지니고 있다)로 가득 차 있다. 이러한 생기는 여정을 시작하는 데 필요한 에너지를 공급한다. 이 출발은 열기가 있는 출발이다. 엔진은 이미 어느 정도 시동이 걸려 공회전을 하며 떠날 준비를 마친 상태다. 다시 말해, 여정을 시작하기 전부터 어느 정도 시간이 주어지고, 적절한 온도에 도달한 후 출발이 이루어진다. 따라서 오늘날의 포스트 행복에는 용기라는 것이 존재하지 않고, 더는 뿌리를 뽑아야 한다고 북돋을 필요도 없다. 이 여정의 출발을 가로막는 장애물은 없고, 가벼운 호흡 한 번으로도 충분히 떠날 수 있다. 포스트 행복의 뿌리는 깊지 않기 때문에 출발에 대한 어떤 저항도 없다. 포스트 행복을 향한 출발은 신나고 즐겁다. 어디서 출발하든, 당신이 누구든, 혹은 어떤 자질을 지녔든, 포스트 행복이 설계한 여정은 누구에게나 열려 있고, 그 길은 이미 잘 정돈되어 있으며, 누구든 쉽게 통과할 수 있기 때문이다.

만일 행복의 출발이 뿌리를 뽑고 기존의 것을 빼앗거나 가져가는 일이었다면, 이는 행복이 늘 과거의 범주와 밀접하게 연결되어 있었음을 시사한다. 반면, 포스트 행복의 출발은 자유롭고 가벼운 연결들로 가득하고, 이는 가까운 미래의 범주와 연결된다. 이러한 출발은 심리지리적 영역에서 서서히 형성되기 시작하는데, 주체와 양육자 사이의 세대 차이가 점점 더 벌어지면서 트라우마도 거의 동반하지 않는다. 세대 차이는 새로운 기술에 관한 관심과 습득의 필요에 따라 발생하는데, 부모 세대에게는 부담으로 작용한다. 오늘날 주체는 어릴 때부터 언젠가 떠날 적절한 기회를 엿보며 마음속의 '뒤나미스'를 활성화하는 과정을 거친다. 부모는 자녀에게 가볍고 쉬우며 매혹적인 길을 제시하려고 애쓰지만, 정작 부모들은 그런 길을 직접 경험하거나 스스로 만들어본 적이 없다. 이처럼 세대 차이가 너무 큰 나머지 하이퍼모던 주체는 출발 시 제거해야 할 방해물조차 거의 느끼지 못한다. 그들은 부모 세대의 행복 개념을 모르고, 성공에 관한 개념도 부모와 공유하지 않으며, 가치 체계 또한 계승하지 않는다. 그래서 그들의 출발은 열정으로 가득 차 있고, 과거에 대한 향수가 부족하며, 이는 결과적으로 포스트 행복을 얻는 데 유리하게 작용한다.

수경재배식 포스트 행복

포스트 행복은 기존의 것과 단절할 필요가 없으므로, 위기를 겪지 않는다. 포스트 행복의 뿌리는 비옥한 토양을 거의 필요로 하지 않기 때문에 분리하거나 걸러낼 것도 없고, 퇴적물을 걱정할 필요도 없다. 이는 인공적인 경작 모델인 수경재배 방법을 찾아냈기 때문이다. 수경재배는 흙 대신 미네랄 양액을 사용해 식물을 재배하는 새로운 경작 방식이다. 여기에서는 식물이 더는 땅에 '뿌리내릴' 필요가 없다. 뿌리는 물과 특정 화학 성분이 혼합된 양액으로 자라며, 심지어 물컵 안에서도 생장할 수 있다. 이처럼 수경재배식 포스트 행복은 온실 속 식물처럼 자라 최소한의 투자로 최대한의 결과를 얻는 데 초점을 맞춘다. 또한 대개 온실 안에서 이루어지기 때문에 기후변화에 영향받지 않는다는 장점도 있다. 이 방식에서 가장 중요한 요소는 바로 물이다. 물과 화학 용액을 이용한 경작은 전통적인 농업보다 훨씬 적은 노력으로도 이루어질 수 있다.

지그문트 바우만은 이러한 변형된 행복을 액체 행복liquid happiness[22]이라는 개념으로 제시했다. 그에 따르면, 행복 모델에서 변화는 '충만한 삶'을 지향하던 행복에 대한 꿈이, 그것을 실현하는 데 필요하다고 믿는 수단을 추구하는 것으로 바뀔 때 발생한다. 바우만은 사람들이 이 수단을 추구하는 데 몰두할수록 시장은 그 목표를 계속해서 매우 빠른 속도로 교체해 그러한 상태를 절대 끝나지 않는 기획으로 만들 거라고 믿는다.[23] 그러나 바우만이 말한 액체 행복과는 달리, 포스트 행복에서는 수단보다 과정의 결과가 더 중요하다. 그리고 이 결과는 연속적인 경험으로 이해된다. 포스트모던 주체에게는 수단의 중요성이 점점 약해지고, 대신 포스트 행복에 대한 경험을 얼마나 쌓느냐가 더 중요한 과제가 된다.

과거의 행복은 전통과 물질적 요소라는 토양에 탄탄히 뿌리내리고 있었다. 그리고 이것을 유지하려면 햇빛과 물, 비옥한 토지, 시간, 경작자 등의 다양한 자원이 필요했으며, 이 자원들은 주체에게 안정감과 확신을 주었다. 그리고 이 행복은 노력의 산물이었기에, 그렇게 얻은 행복의 가치는 매우 컸다. 여기에 더해, 그것이 오롯이 자신을 위한 행복이었다는 점을 고려하면, 그 뿌리를 뽑고 떠나는 일이 결코 쉬운 결정이 아니었음을 짐작할 수 있다.

　게다가 이 주체는 악천후에 노출되어 있었다. 주체는 폭풍과 허리케인, 가뭄, 해충 등의 여러 어려움이 닥칠 수 있다는 것을 인식하고 있었다. 행복에는 단순히 주체가 통제할 수 있는 능동적이고 선택된 요소들만 있는 것이 아니라, 모든 노력이 외부의 예측 불가능한 문제들로 한순간에 무너질 수 있다는 가능성도 존재했다. 이런 위험을 항상 염두에 두어야 했기에, 행복은 믿을 만한 투자 대상이 아니었다. 물론 위험뿐 아니라 다양성도 존재했는데, 이는 풍요로움으로 여겨졌다. 행복은 다양한 땅에서, 서로 다른 씨앗으로, 다양한 기상 조건 속에서 경작되었다. 그리고 다양한 심리적 지점에 뿌려졌기 때문에 매우 이질적이고 불규칙한 결과를 낳았다. 행복에 관한 생각은 지역과 상황에 따라 달랐다. 즉, 시골 마을, 대도시, 빈민가 등 장소에 따라 각기 다른 행복에 관한 생각이 존재했다. 행복이 영양분으로 삼는 것들은 다양했지만, 항상 적절한 건 아니었다. 그렇게 복잡성은 불가피한 요소로 받아들여졌다. 여기서 행복의 전통적인 구성이 보편성을 지향하지 않았다는 점을 주목할 필요가 있다. 행복의 본질은 근접성과 지역성을 띤 곳, 가족과 친구, 이웃 공동체를 둘러싼 곳에서 이루어지는 모방의 과정에 있었기 때문이다. 실제로 20세기 후반까지만 해도 자기계발 분야는 등장하지 않았고, ‘코치’라는 단어도 오직 스포츠 영역에서만 사용되었다. 돌이켜보면, 이 세상은 매우 다양하고 이질적이기에 행복을 얻을 수 있는 구체적이고 정형화된 방법이나 비법이 거의 없다는 것을 분명히 알수 있다.

반면, 수경재배식 포스트 행복은 경작 과정 전체를 통제할수 있다는 이점이 있다. 온실은 늘 일정하고 안정적인 미기후를 제공하여, 외부 조건에 상관없이 작물이 자랄 수 있는 최적의 환경을 만든다. 외부의 어떤 요소도 성장을 방해하지 않는다. 모든 것은 오로지 식물(주체)에 달려 있다. 성장에 대한 책임도 전적으로 식물(주체)에게 있다. 또한 이 방식은 성장 목표를 달성하는 데 훨씬 적은 노력이 필요하다는 뜻이기도 하다. 땅을 고르고밭을 갈고 물을 주고 줄기를 받치며, 더위나 추위를 조절하거나지력을 유지하기 위해 휴경하고, 더위를 피해 일하기 위해서 새벽부터 일어날 필요가 없다. 수경재배는 일정한 자극을 주는 시스템에 의존하는데, 빛과 시계가 연동되어 물 공급 시스템을 작동시키고, 이로써 그 상태가 일정하게 유지된다. 포스트 행복도수경재배처럼 목표 달성을 위한 정확하고 적절한 에너지 투입으로 높은 효율을 자랑하고, 그 결과 매우 흥미로운 이점들을 제공한다. 무엇보다 포스트 행복은 필요한 자원만을 소비하기 때문에 불필요한 낭비가 없다. 높은 생산성에 비해 위험이 거의 없거나 전혀 없는 투자로 인식되며, 무엇보다 유기체의 정신과 신체를 활성화하는 안정감을 선사한다.

포스트 행복은 안정감이라는 우산 아래 보호받는다. 즉, 코치, 자기계발, 광고, 미디어 등의 조언을 따르고 그들이 추천하

    생명력 없는 삶

는 대로 하면 성공이 보장된다. 다양한 통제 메커니즘이 작동하며, 모든 것이 정확하고 예측 가능한 방식으로 목표를 달성할 수 있도록 측정되고 수치화된다. 이러한 안정감은 단순히 필요한 요소들을 갖추는 데서 오는 것이 아니라, 성취에 대한 현실적인 인식에서 비롯된다. 하이퍼모던 주체는 포스트 행복에 도달할 수 있다고 믿고, 그 성공 여부는 전적으로 자신에게 달려 있다고 확신한다. 이는 획일적인 안정감을 주고, 동시에 획일적인 포스트 행복을 낳는다. 마치 유전자 변형 씨앗들을 같은 영양분을 뿌려 재배하는 것과 같다. 생산지가 아칸소든 코르도바든 베이징이든 전혀 중요하지 않다. 세계화는 포스트 행복을 사방으로 확장했고, 이를 키우는 방법을 알려주는 사용 설명서도 제공했다. 이 설명서는 디지털 소비를 장려하고, 틱톡이나 인스타그램, 트위터, 유튜브 등 주체들을 대규모로 상호 연결하는 플랫폼을 통해 메시지를 획일화한다. 그리고 어디에 있든 주체가 같은 방식으로 행동하도록 유도한다. 결국 이는 시스템이 주체가 받는 메시지를 통제하고 있음을 의미한다.

하지만 이런 수경재배식 포스트 행복의 추구와 소비 과정에서 나타나는 획일성(끊임없이 몰려드는 군중만 봐도 충분히 알 수 있다)은 결국 개인의 취향까지도 점점 획일화한다. 그리고 이 취향은 시간이 갈수록 점점 무미건조하게 느껴진다. 그 결과, 행복의 소비가 늘어날수록 불만족도 커진다.

창의성에서 재창의성으로

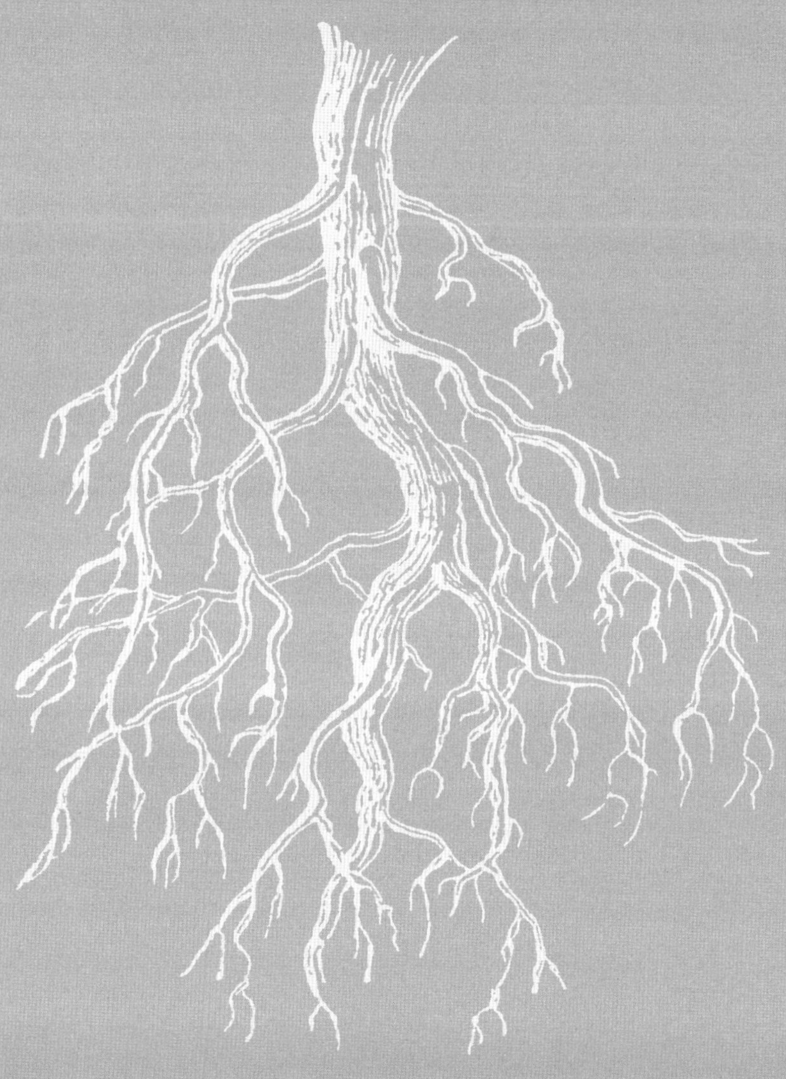

5장

사라지는 언어

사라지는 언어

비트겐슈타인의 말을 조금 바꿔보자면, 이제 내 언어의 한계는 곧 내 세계의 한계가 아니다.[1] 무엇보다도 하이퍼모던 시대에는 우리가 마주하는 한계("너에겐 한계가 없어", "불가능이란 없다")[2]라는 개념이 더는 고정적이지 않으며, 세계라는 개념도 재정의되고 있기 때문이다.[3] 이처럼 우리는 초개인주의의 진화를 목격하고 있다. 이 과정에서 이성, 즉 공동체적이고 공유 가능한 사고방식으로서의 합리적 사고력은 점점 약해지고, 그 자리는 감정의 축―개인적이고 타인과 공유될 수 없으며, 초개인주의를 더욱 강화하는 감정적 태도―이 대신한다. 감정의 축은 한계 개념의 경계를 확장하며, 의지와 끈기만 있다면 어떤 한계도 극복할 수 있다는 신념을 주입한다. 동시에 점점 더 가까워지고 포괄적으로 느껴지는 세계에 대한 새로운 감수성이 형성된다. 이를 약간 과장해서, 그러나 의미심장하게 표현하자면, 우리는 점점 더 내 감정의 한계가 곧 내 세계의 한계라는 믿음을 갖게 된다. 다시 말해, 내게 감동을 주지 못하거나 그럴 가능성이 없는 것은 내 세계의 일부로 받아들이지 않는다.

언어는 현실을 구성하는 데 한계를 드러내는 듯하다. 그러나 초기 비트겐슈타인이 생각했던 것처럼 언어는 단순히 서술 도구에만 그치지 않는다. 오늘날 우리는 언어가 점점 감정에 의해 형성되는 과정을 목격하고 있다.[4] 우리도 모르는 사이에 감정이 언어 속으로 스며들어 그것을 왜곡하고, 언어는 점점 더 감정을 강화하는 도구로 사용된다. 이로 인해 현실 역시 점차 감정을 중심으로 재구성되고 있다. 언어는 감정적 인식을 확장하는 데 집중하며, 그 결과 이성적 기능은 점차 약화된다. 다시 말해, 언어는 감정을 촉진하는 반면, 비판적 사고를 약화한다. 그러나 이런 변화가 언어에만 국한된 건 아니다. 우리는 점점 감정을 중심으로 현실을 더욱 감각적으로 인식하고 있다.[5] 이러한 흐름은 지난 18년간 구글 트렌드에서 특정 개념에 관한 관심이 어떻게 변화했는지만 살펴봐도 분명히 확인할 수 있다. 하이퍼모던 주체는 '유독함', '기분', '감정'과 같은 단어들에 점점 더 많은 관심을 보이고 있고, 이 개념들이 사회적 담론의 중심에 자리 잡고 있다. 이는 곧 감정의 영향력이 사회 여러 영역으로 확산되고 있음

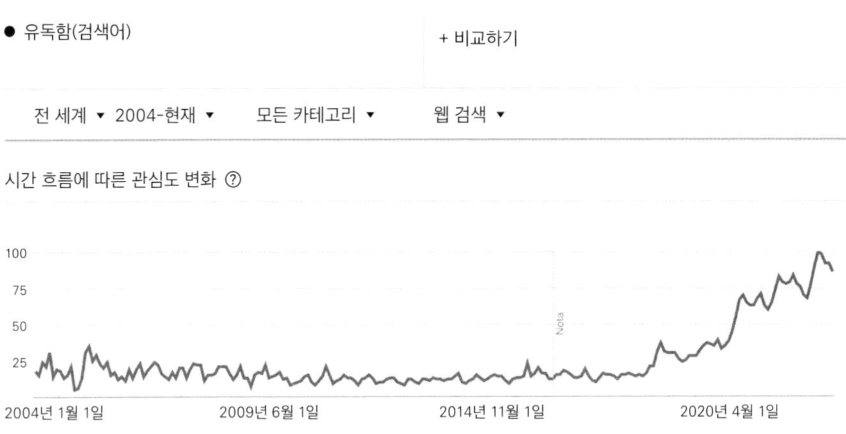

● 유독함(검색어)　　　　　　　　　　+ 비교하기

전 세계 ▾　2004-현재 ▾　　모든 카테고리 ▾　　웹 검색 ▾

시간 흐름에 따른 관심도 변화 ⑦

출처 구글 트렌드

● 기분(검색어)　　　　　　　　　　+ 비교하기

전 세계 ▾　2004-현재 ▾　　모든 카테고리 ▾　　웹 검색 ▾

시간 흐름에 따른 관심도 변화 ⑦

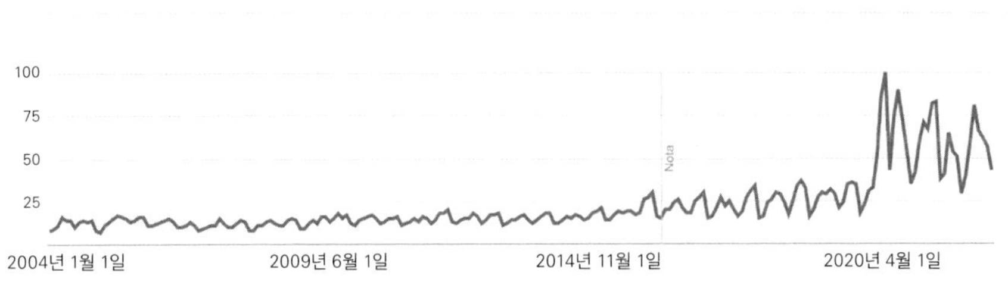

출처 구글 트렌드

을 보여준다.

언어와 관련된 주제는 19세기 이래 철학 연구의 중심 과제 중 하나였다. 일반적으로 니체의 초기 저작들이 언어적 전회로 이어지는 기폭제가 되었다는 주장이[6] 받아들여지고 있다(플라

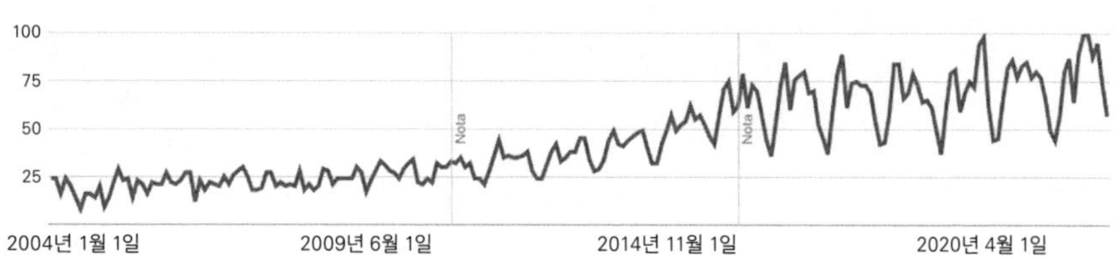

출처 구글 트렌드

톤의 대화편 『크라틸로스』은 예외다). 리처드 로티를 통해 대중적으로 알려진 '언어적 전회'[7]란, 철학적 탐구는 본질적으로 언어 분석[8]을 수반해야 한다는 관점을 뜻한다.

언어 연구는 하이퍼모던 주체의 정체성 형성에 사용할 수 있는 이론 틀, 어휘장, 표현 방식을 구축하는 데 이바지했다. 루이스 카스테야노스와 같은 학자들은 언어가 개인의 세계관 형성에 미치는 영향을 강조하는데, 그는 자신의 저서 『긍정적 언어의 과학: 우리가 선택하는 단어가 우리를 어떻게 변화시키는가』[9]에서 언어의 힘이 무한하다고까지 주장한다. 이러한 점을 고려한다면, 주체는 긍정심리학의 세계에서 출발해, 거의 무의식적으로 내면화한 단어의 의미장을 따라 이끌려왔으며, 그 과정은 의식의 거름망을 거치지 않은 채 이루어졌다고 볼 수 있다.

비트겐슈타인의 후기 철학, 즉 『논리-철학 논고』 이후의 사유에 따르면, 단어의 의미는 그것이 사용되는 방식에 따라 결정된다. 그렇다면 우리가 세상과 상호작용할 때 사용하는 단어의 종류가 줄거나, 또는 모두가 같은 단어와 표현만 사용한다면 과연 무슨 일이 벌어질까? 단어 사용이 줄고 어휘가 단조로워질수록, 가장 먼저 예상할 수 있는 결과는 세상에 의미를 부여하는 방식 역시 빈곤해질 수 있다는 것이다. 이런 식의 연관 관계에 따르면, 일상 어휘의 빈곤화나 표현의 획일화—즉 모두가 같은 단어와 표현을 사용하는 현상—는 곧 현실 인식의 빈곤화로 이어질 수 있다. 이는 언어가 사용되는 방식을 뜻하는 언어 놀이에서 다양성과 풍요로움이 사라지고 결국 획일화되는 방향으로 흐르게 되리라는 것을 암시한다.

인터넷을 통한 세계화와 상호 연결의 확대로 각 공동체의 미시 세계는 외부 요소의 유입으로 확장되는 것처럼 보였다. 예를 들어, 스페인 안달루시아의 시골 마을에 사는 사람도 인터넷을 통해 세계에 관한 이해의 폭을 넓히고, 자신을 표현하고 알릴 수 있는 새로운 도구를 얻게 되었다. 그러나 세계화로 인해 관심사와 콘텐츠, 취향의 기준이 점차 획일화되고, 트렌드가 지구 곳곳에 빠르게 퍼지면서, 이런 과정이 오히려 언어 사용의 축소를 초래하고 있다. 물론 그렇다고 해서 언어의 새로운 용법이 생성되고 빠르게 확산되는 현상을 가로막지는 못했다.

세계화 이전에는 공동체마다 고유한 세계관과 유행어, 표현 방식, 언어 선호도가 있어서 언어의 풍부함과 다양성이 유지될 수 있었다. 그러나 감정 자본주의emotional capitalism[10]가 도래하면서 상황이 달라졌다. 이 흐름 속에서 언어는 점차 지역적 차원을 벗어나, 세계화되고 있다. 한때 특정 지역에서 사용되던 단어와 표현들은 그 지역 특유의 구체적이고 독특한 세계관을 담고 있었지만, 이제 이러한 지역어의 사용은 점차 줄어들고 있다.[11] 국경 없는 디지털 세계가 지배력을 넓히면서 지역성은 약해지고, 이에 따라 쓰이고 퍼지는 언어는 점점 보편성을 지향하게 된다. 인터넷이 이를 뒷받침하고, 스크린이 집중력과 주의력을 장악하면서 지역어는 인터넷 기반 언어에 밀려 획일화의 길로 들어선다. 트렌드는 인터넷을 통해 번져나가며, 단순한 주제로만 기능하는 게 아니라 전 세계 언어 형성에까지 영향을 미친다. 이러한 변화의 일례로, 2022년 스페인왕립학술원의 공식 사전에 '복붙cortapega', '비트코인bitcoin', '봇bot', '사이버 괴롭힘ciberacoso', '사이버 범죄ciberdelincuencia', '암호화폐criptomoneda', '위치 추적geolocalizar', '웨비나webinario' 등의 신조어들이 등재되었다.

감정적 존재론

세계화, 주체들의 상호 연결, 공간 제약 해소, 거리 단축, 즉시성으로 인해, 언어 놀이도 광범위한 스펙트럼을 줄이고, 점점 틀을 좁혀가며, 점점 더 많은 공통 지점으로 수렴해간다. 최근 수

십 년 동안 사회적으로 감정적 요소가 두드러진 것은 이성적 측면과 성찰 과정에 그다지 유리하지 않은 생활 조건들 때문이다. 이런 변화로 언어 놀이에 접근하기가 더 용이해졌고, '세계'라는 개념처럼, 언어 놀이 역시 세계화되고 사회에 더 가까워졌다.

자크 라캉[12]은 언어가 인간의 현실에서 매우 중요한 역할을 한다고 주장했지만, 이는 이미 반세기 전의 이야기다. 이제 우리는 감정을 언어와 같은 존재론적 수준에 둔다. 그렇게 하이퍼모던 시대의 감정은 포스트 행복의 현실에 결정적인 영향을 미치고 있다.

감정의 영향력이 커지면서 하이퍼모더니티의 유기적 구조도 변형되었고, 그 결과 감정 중심의 새로운 사회적 관계와 시민 행동 모델이 등장했다. 이제 감정은 개인과 정치 조직을 전례 없는 속도로 뒤바꾸며 행동을 정당화하는 논거("이것이 나에게 동기를 부여한다", "이것이 나를 설레게 한다", "이것이 나에게 좋다")로 사용되기 시작했고, 한층 격상된 지위를 얻게 되었다.

미국의 현대 철학자 마사 누스바움[13]은 감정을 단지 정서적 차원에 국한하지 않고 인지적·평가적·동기부여적·신체적 차원을 아우르는 복합적 현상으로 이해한다. 오늘날 감정은 단순한 심리적 요소를 넘어, 문화적이고 사회적인 실체로 인식된다. 이에 대해서 에바 일루즈는 "감정은 문화적 의미와 사회적 관계가 밀접하게 결합한 것으로, 이러한 긴밀한 결합은 감정에 강렬한 성격을 부여한다. 그로 인해 감정은 성찰 이전의 차원에서, 그리고 종종 반의식적으로 작동한다. 감정은 행동의 깊은 곳에 내면화되어 있고 무의식적으로 나타나는데, 이는 감정이 문화와 사회를 충분히 담아내지 못해서가 아니라, 오히려 그것들을 너무 깊이 품고 있기 때문이다"[14]라고 지적한다. 이처럼 그녀는 감정이 문화와 사회에 넘쳐흐르는 현상에 주목한다.

하이퍼모더니티와 함께, 감정은 더는 문화에 종속된 요소로 나타나지 않으며, 감정 표현이 문화적 내면화의 발현인 것도 아니다. 감정을 표현하는 방식은 (후성유전적으로) 변했다. 감정은 생활 방식의 결과가 아니라, 문화 자체와 동등한 수준이 되었다. 감정은 단순히 성찰 이전 단계의 문화적 표현에 머무르지 않고, 스스로 드러나고 나타나는 독립적인 문화가 되기 시작했다. 감정적 요소가 점점 우선시되면서 기업, 사회, 정치, 교육 등 거의 모든 영역에서 대표성을 갖는다. 이제 감정은 사회적 요소에 의해 형성되는 데서 그치지 않고 오히려 사회를 형성하는 주체가 된다. 따라서 감정적 요소를 고려하지 않은 사회 영역은 조금씩 그 중요성을 잃어간다. 모든 것이 이 새로운 문화적 명령에 따르는데, 정치인의 메시지조차 감정에 호소하고, 언론은 감정을 클릭 유도 수단으로 활용하며, 콘텐츠 제작자(틱톡커, 유튜버, 인스타그래머 등)들은 능숙하게 감정 코드를 운용한다.

감정에 관한 심층적 연구와 개발은 감정이 무엇이고 어떻게 발생하는지를 더욱 정확하게 이해할 수 있게 해주었을 뿐만 아니라, 자유주의 체제가 감정의 '작동 방식'을 전략적으로 이용할 수 있는 기반을 마련해주었다. 이는 감정을 강화하는 데 필요한 메커니즘을 작동시키고, 이를 위해 필요한 자원을 창출할 수 있도록 하기 위한 것이다. 그 결과, 감정은 현실에 대한 의미론적, 논리적 분석을 좌우하게 되었다. 이 과정에서 가능한 모든 의사소통 도구가 활용되고, 특히 언어 사용에 방점이 찍힌다. 이제 언어는 과학의 지원을 받아 그 방법론을 더 정교하게 분석할 수 있다. 과학적 증거들에 따르면[15], 소위 '긍정적'이라고 불리는 감정들은 개인이 자신에게 도달한 정보를 처리하는 방식뿐 아니라, 언어 표현 방식에도 직접적인 영향을 미치는 휴리스틱 상태 heuristic state(직관적이고 빠른 판단을 유도하는 사고 상태—옮긴이)를 유발한다.

인간 존재의 본질을 이루던 이성 중심의 이야기는 이제 감정적인 것의 지배를 받는다. 칸트의 '사페레 아우데Sapere aude(과감히 알려고 하라)'와 마르크스주의의 역사유물론, 실증주의 옹호, 칼 포퍼의 비판적 합리주의 등은 이제 뒷전으로 밀려났다. 물론 우리는 당시에 그들이 파스칼, 로크, 흄, 스피노자처럼 주체의 덜 이성적인 측면을 강조했던 사상가들과의 전투(전쟁까지는 아님)에서 승리했다는 사실을 부정할 수는 없다.

알랭 투렌과 같은 이론가들은 감정을 부정적이고 비일관적이며 중요하지 않은 것으로 간주하면서, 감정을 인식론의 주변부에 머물게 한 이성 중심주의를 강력히 비판했다.[16] 다양한 분야에서 이루어진 신경과학의 발전은, 인간 존재에서 감정이 차지하는 비중을 강조하는 데 필요한 학문적 동력을 제공했다. 특히 신경언어학은 긍정심리학의 지원을 받아, 자유주의 체제에 효과적인 사회통제 메커니즘을 제공했다. 감정적 주관성을 중심으로 인간을 이해하는 방식은 사회통제를 정당화하는 기반이 되었다. 또한 뇌의 작동 방식에 대한 지식은 의사 결정과 같은 중요한 기능의 핵심 구조를 파악하고 그 구조를 통제하는 데 도움이 된다. 이러한 과정에서 올바른 언어 사용은 감정적 효과를 유도함으로써 주체의 행동으로 이어질 자극을 통제하는 데 유용하다. 나아가, 신경언어학은 감정 언어와 결합해, 단계적으로 주체의 세계관을 형성해나가는 데 강력한 조력자 역할을 하고 있다. 오늘날 신경 언어 프로그래밍NLP이 중요한 위치를 차지하고 있다는 사실은 그리 놀라운 일이 아니다. NLP는 신경 과정, 언어, 경험을 통해 학습된 행동 패턴들 사이에 연관성이 있음을 설명하며, 이러한 패턴이 변화 가능하다고 강조한다.[17] 따라서 NLP는 자기계발과 코칭의 핵심 기법이 되었고, 다양한 교육 프로그램과 학술 연구를 통해 교육계에도 점점 큰 영향을 미치고 있다.[18]

사고력 저하

소셜미디어의 게시물 대부분이 성찰적 자극보다 감정적 충격을 우선시하는 데서 드러나듯, 감정적 측면의 강화와 다양한 채

널을 통한 감정 표현은 언어 자체의 권위를 떨어뜨리고 있다. 일상에서 사용하는 단어의 수가 줄고 어휘가 빈곤해지는 현상[19]은 사고력에도 간접적인 영향을 미친다. 사실 이러한 징후는 20세기 말부터 대중매체의 언어 속에서 서서히 드러나기 시작했다. 일부 비평가들은 미디어 소비 증가와 어휘력 저하 사이에 직접적인 상관관계가 있을 수 있다는 가능성을 제기했다. 이와 관련해 언어학자 모우렐레 데 레마는 다음과 같이 지적한다. "예리한 비평가들은 오랫동안 미디어 언어의 부실함을 지적해왔으며, 특히 그 빈약함과 본질을 왜곡하는 특성을 문제 삼았다. 또한 일부는 이러한 현상이 학생들의 언어 능력 저하—어휘력 부족, 표현력 약화, 글쓰기의 비논리성—와 밀접하게 관련되어 있다고 본다. 아울러 일부 연구자들은 이 문제가 시각적 미디어 소비의 증가와 맞물려 더욱 심화되고 있다고 분석한다."[20]

오늘날 새로운 소셜미디어는 메시지가 최대한 시각적이고 직접적이며 감정적이어야 한다는 결론에 도달했다. 특히 틱톡이나 인스타그램 같은 시각 중심 플랫폼이 가장 빠르게 성장하고 있다.[21] 이러한 시각적 메시지의 영향력이 커지는 가운데, '앱'의 특성에 따라서는 짧은 글이 보조 역할을 하는 경우가 늘었다. 이 글들은 대중적이고 간결하며 표어에 가까운 명확한 문장으로 표현되고, 사고를 유도하기보다는 감정적 충격("그래, 우리는 할 수 있어")을 주려는 데 목적이 있다. 이런 글은 모호함 없이 대중에게 자신을 드러내고, 독자에게 확신을 심어주며, 논쟁이나 의심의 여지를 거의 남기지 않는다. 그 결과, 분석적 사고 능력이 점점 약해진다. 하이퍼모던 주체는 감정이 지배하는 환경 속에서 성장하는데, 여기에서는 이미지가 기분을 좌우하고, 이미지를 보완하는 언어는 사고가 아닌 감정을 자극하는 도구로 전락한다.

이처럼 뚜렷한 어휘력 감소와 그에 따른 감정적 민감성의 증가 속에서, 우리가 던져야 할 핵심 질문은 이러한 변화가 사고 방식에 얼마나 큰 영향을 미치느냐는 것이다. 복잡한 사고의 핵심은 개념을 정확히 이해하는 데 있다. 그런데 어휘가 빈곤해지면 언어의 풍요로움이 제한될 뿐 아니라, 개념을 감정적으로 받아들이는 경향이 강해진다. 그 결과 주체는 정신적 빈곤에 노출될 위험이 커진다. 이는 곧 개념과 감정 사이 거리가 점점 좁아지고 있다는 것을 의미한다. 과거에는 그사이에 일정한 거리가 존재했기에 여러 차원에서 개방성과 풍요로움을 경험할 수 있었다.

예를 들어, 기술의 세계화 전에는 성공이라는 개념이 앞서 언급한 이웃이나 마을의 교수처럼 가까운 관계 안에서 형성되었다. 물론 정치인이나 언론인, 축구 선수 등 미디어 속 인물들도 성공에 대한 열망을 부추겼다. 그러나 그때 주체는 넓고 다양한 성공에 대한 개념을 가질 수 있었다. 일상적인 자기 경험을 넘어 더 이상적인 지향을 가지고 도약하는 과정에서 개념도 개인도 함께 확장되고 풍요로워졌다. 이러한 풍요로움은 개념이 일상적인 경험과 거리를 유지할 때 가능했다. 추상적이고 높은 차원의 개념을 탐구하는 과정에서 지식은 확대되었고, 이는 즉각적인 현실을 넘어 좀 더 보편적인 관점으로 사고를 끌어냈다. 이 과정에서 감정적 요소는 배제되었고, 사고가 경험보다 우선시되었으며, 생각은 꿈을 향해 나아가는 이상적 도구로 작동했다.

현대인의 어휘력 결핍에서 비롯된 가장 문제적인 결말은 사고력의 저하이다. 우리는 매일 마주하는 단편적이고 즉각적인 사건과 상황에서 벗어나, 자신과 현실을 깊이 이해하는 사유와 개념의 차원으로 도약하는 데 점점 더 어려움을 겪고 있다. 특정한 생각에 지나치게 몰두해 그것을 경험 안에 가두거나 개념을 특수한 감정적 느낌으로만 평가하고 정의할 때, 우리의 이해는 얕아지고 사고는 극단으로 흐를 위험이 커진다. 그리하여 우리는 감정을 넘어 자신에 대해 사유할 수 있는 내적 자원을 잃는다. 정신적 빈곤 상태에 놓인 우리는 자기 자신을 분석하거나 성찰할 수 없는 존재로 스스로를 인식하게 되고, 결국 이런 일에 도움을 줄 만한 심리학자, 영적 지도자, 코치 등 외부 주체에 의존하게 되는 것이다.

스티븐 핑커[22]와 같은 언어학자들에 따르면, 언어는 단어와 그것이 나타내는 개념으로 구성된 어휘 목록과 단어들을 조합하여 개념 간의 관계를 표현할 수 있게 하는 일련의 규칙들로 이루어져 있다. 이 관점에서 볼 때, 단어의 수가 줄면 개념을 이해하는 능력뿐만 아니라, 이를 정확하게 전달하는 능력도 떨어진다는 것을 알 수 있다. 게다가 형용사와 부사의 사용이 점점 더 강조되고, 명사와 동사의 사용이 줄어드는 경향이 두드러지면서 언어는 점차 감정 중심으로 흐르고 있다. 그 결과 현실에 대한 분석적 사고 능력 역시 저하될 수밖에 없다.

신어

　오늘날 어휘적 환원주의(어휘의 다양성이 줄어들고 표현이 점점 단순화되는 현상—옮긴이) 과정은 조지 오웰의 소설 『1984』에서 묘사된, 사고방식을 제한하기 위한 언어 사용 및 통제 방식과 점점 더 닮아가고 있다. 흥미롭게도 오웰은 이 소설을 마친 후 부록을 덧붙여 신어新語, newspeak가 무엇인지, 그것이 어떻게 구조화되었는지, 그리고 그 언어를 관리하려 했던 의도와 목적이 무엇인지를 설명했다. 독자는 소설을 읽고 나면, 마치 미래에 대한 선언처럼 보이는 여러 장의 부록을 발견하게 된다. 그것은 단순히 이야기의 외연을 확장하려는 시도라기보다는 하나의 짧은 에세이처럼 보이는데, 오웰은 그 안에서 신어를 다음과 같이 설명한다. "신어는 오세아니아의 공식 언어로, 영국 사회주의 또는 인그소크Ingsoc(소설 속에서 오세아니아 정권의 기반을 이루는 이념—옮긴이)의 이념적 필요를 충족시키기 위해 고안되었다."[23] 따라서 이 부록은 단순한 허구의 연장선이라기보다는, 오웰이 미디어 발전에 대해 품고 있던 인식을 이론적으로 정리한 것으로 해석하는 것이 맞다. 그가 『옵저버』나 영국 BBC에서 저널리스트로 일한 이력이 결코 무의미한 게 아니었다.

오웰은 언어의 중요성과 언어 사용, 그리고 언어와 사고의 관계를 중심으로, 언어가 짜임새 있는 구조임을 보여준다. 여기서 가장 불안한 지점은 언어가 특정 공식 기관에 의해 통제될 수 있다는 디스토피아적 가능성을 명확히 제시한다는 것이다. 물론 오늘날의 언어는 "그 언어를 사용하는 사람들에게 속한 살아 있는 유기체"이지만, 소셜미디어와 대중매체의 힘을 부정할 수 있는 사람은 아무도 없을 것이다. 이들 매체는 정치·경제적 목적을 포함해 다양한 의도로 언어 사용을 조종하거나 원격으로 통제할 수 있다.

우리의 정치 시스템은 시민의 사고방식을 조종하고 감정을 자극하기 위해 특정 어휘 사용을 강화해왔다. 최근 몇 년간 우리는 '카스타casta(2014년 스페인의 파블로 이글레시아스와 그의 포데모스당이 체제 비판을 위해 대중화한 용어—옮긴이)', '소르파소sorpasso(이탈리아어로 '추월'이라는 뜻으로, 한 국가나 지역이 다른 국가나 지역을 경제적으로 앞지르는 현상을 뜻함—옮긴이)', '젠더 이데올로기', '핀사pinza(스페인어로 '집게'라는 뜻으로, 두 정당이 제3의 정당을 고립시키기 위해 협력하는 전략—옮긴이)', '자녀보호 PIN 코드', '페미 나치'와 같은 단어들을 접하거나 직접 사용해본 경험이 있을 것이다. 정치 캠페인을 기획할 때도 어떤 단어를 쓸지, 어떤 의도로 쓸지를 특별히 신경 쓰며, 메시지에서 벗어나지 않도록 조심한다. 정치에서는 소위 '정신적 틀'[24]이 형성되는데, 유권자는 이런 단어들을 통해 이념적 틀을 감정적으로 받아들이고, 점점 더 열광적으로 그것에 몰입한다. 『1984』에서 신어는 언어 사용자의 사고를 조종하고 통제하려고 할 뿐만 아니라, 특정 이념적 필요에 부응해 사고방식 자체에까지 개입하고자 한다. "신어의 목적은 인그소크 신봉자들의 세계관과 정신적 습관에 표현 방식을 제공할 뿐 아니라, 다른 사고방식을 불가능하게 만드는 데 있었다."[25] 하지만 공상 과학 소설처럼 보였던 그 일이 하이퍼모던 주체에게는 점점 현실이 되어가고 있다.

신어를 통한 정신적 통제에서 흥미로운 점은, 오웰이 이 과정이 어떻게 진행될지를 상상한 방식이다. 그 과정은 어휘의 감소에 초점을 맞추고 있다. "신어는 사고 범위를 확장하기보다 축소하는 것이 목적인데, 그 목적은 사용 가능한 단어 수를 최소화함으로써 간접적으로 달성된다."[26] 단순히 어휘를 제한하는 것 말고 더 중요한 성과도 있었다. 즉, 언어에서 모호함이 제거된 것인데, 그 결과 어휘들은 사실이나 행동을 나타내는 단순하고 구체적인 생각만을 표현하는 데 사용되었다. 실제로 조지 오웰은 단어와 그 용도를 세 가지 모델로 분류한다. 첫째는 객관적이고 직접적인 사실과 대상 및 생각을 표현하는 데 초점이 맞춰진 일반적이고 평범한 단어들이다. 둘째는 오로지 정치적 통제를 위해서 고안된 신조어나 표현들로, 예를 들어 '소셜 버블(사람들을 비눗방울로 싸듯 집단화해, 그 안에서는 거리두기를 완화하고 바깥과는 엄격히 분리되도록 이원화하는 전략—옮긴이)', '뉴노

멀’, ‘트랜스젠더’, ‘폴리아모리’ 등이 여기에 속한다. 그리고 셋째는 신경언어학 또는 격리 해제 같은 과학적·기술적인 단어와 표현들이다.

여기에서 신어는 두 번째 목적으로 탄생했다. 즉, 주체의 정체성에서 가장 중요한 요소인 역사와 과거를 통제하는 데 사용된다. 새로운 언어를 강제해 과거의 언어 사용 방식을 잊게 하는 것이다. 이 디스토피아에서 과거를 통제하는 일은 매우 중요하다. 그리고 대중의 망각을 유도하는 가장 효과적인 방법은 과거를 기억하는 데 사용되던 언어를 해체하고 금지하며, 대신 새로운 언어를 강요하는 것이다. 이러한 방식은 단순히 감정적 단절을 넘어 주관화된 역사와의 지적인 단절까지 초래한다.

이러한 역사적 망각 과정은 하이퍼모던 주체와 유사성을 보이는데, 이는 오늘날 두 가지 방식으로 나타난다. 하나는 역사를 선택적으로 기억하는 것이고, 다른 하나는 바로 이 순간, 현재를 최고의 세계인 것처럼 꾸며내며 끊임없이 쾌락주의적 찬가를 부르는 것이다. 이 두 가지는 주체의 정체성을 통제하는 강력한 요소들로, 이를 통해 주체의 이념에서 역사적 뿌리를 제거하고 정체성을 더 쉽게 통제한다. 역사 이야기를 감시하는 가장 효과적인 방법은 주체의 관심을 오로지 현재에 집중시키는 것이다. 이를 위해서는 몇 가지 논쟁만 제기해도 충분하다. 정보 통신 기술ICT의 세계화는 사회적 패러다임에 커다란 변화를 일으켰고, 그 결과 주체는 역사가 현재를 이해하는 데 비효율적인 요소라고 확신하게 되었다. 하이퍼모던 주체는 현실을 인터넷 이전 시대와 단절되고 급진적으로 새로워진 맥락 속에서 이해하고, 옴니스크린 시대 이전의 현실을 구성하던 코드들은 더는 유효하지 않다고 믿는다. 그 결과, 역사는 지식 추구라는 본래의 목적에서 멀어져 점점 오락적인 성격을 띠고, 소설과 드라마, 전기 영화, 전기 등의 형태로 나타난다. 과거는 또 다른 방식으로도 표출되는데, 과거를 감정에 호소하는 동기부여 수단으로 사용하는 것이다. 이는 과거에 대한 향수를 구체화하는 식으로, 1980년대, 1990년대, 그리고 21세기 초반이 '상품화'되어서 물질적, 감성적으로 소비되는 현상에서 목격할 수 있다. 당시를 배경으로 한 텔레비전 시리즈나 리바이벌 뮤지컬 등이 그 예이다.

어휘적 환원주의에서 출발하면, 우리는 이 디스토피아의 대략적인 모습을 짐작할 수 있다. 우리는 인터넷상에서 시각적 요소, 움짤, 이모지, 동영상 클립 등을 활용한 의사소통의 자연스러운 확산을 목격하며, 그 흐름에 직접 참여하기도 한다. 오늘날 이미지가 텍스트보다 더 자주 사용되는 이유는 언어 사용으로 생길 수 있는 오해나 잘못된 해석 가능성을 줄이기 위해서다. 여기에 트위터와 같은 소셜미디어는 글자 수를 제한해 발신자가 메시지를 요약하도록 강요한다. 특히 돌려 말하지 않고 직설적으로 표현하게 함으로써, 메시지에 대한 다양한 해석의 여지를 줄이고, 가능한 한 은유의 사용을 피하도록 유도한다. 그 결과 언어는 점차 축소되고 획일화되며, 감정에 더 많은 영향을 받게 된다. 이러한 흐름은 결국 개인들을 하나로 묶어, 앞서 언급한 '반향실'을 형성한다. 즉, 그 안에서 소비하고 게시하는 모든 콘텐츠는 점점 더 동질화된다.

재-창의성

어휘 축소와 언어의 직설성은 하이퍼모던 주체의 정체성을 형성한다. 언어의 직설성은 현실을 단선적이고 절대적인 방식으로 제시하며, 그 어조는 언제나 단호하고 직접적이며 은유를 허용하지 않는다. 그 표현은 이분법적 반응을 증폭시켜 전적인 동의 아니면 분노를 불러일으키고, 이는 결국 '악플러'를 양산한다. 이런 단방향적 인식 패턴을 넘어서는 사유 능력은 퇴화된다. 그리고 소셜미디어는 주체를 더욱 확고한 신념으로 무장시킨다. 이들은 자신이 구축한 견고한 감시탑에서 오직 자신만이 진실이라고 믿는 메시지를 발표하고 게시하는데, 이때 그들이 기대하는 반응은 오로지 무조건적 동의뿐이다. 결국 의견 차이를 수용하는 능력은 점점 더 줄어든다.

과도한 스크린 노출과 그로부터 학습한 행동 반응은 텔레비전 보급 초기부터 위험 요소로 지적되었다. 1980년에 실시된 안토니오 발레트[27]의 연구에 따르면, 12~15세 아동이 습득하는 지식의 80퍼센트는 다양한 사회적 매체, 특히 텔레비전을 통해

서 얻어진 것이었다고 한다. 그에 반해 학교 교육을 통해 얻어지
는 것은 고작 20퍼센트에 불과한 것으로 나타났다. 사람들은 미
디어가 현실을 보여주고, 현실을 특정 방식으로 포착한다는 사
실을 자연스럽게 받아들이는 경향이 있다.[28] 세상에 대한 인식
상당 부분이 미디어에 좌우된다는 사실에는 이견이 없어 보인
다. 세계화 이전 시대 사람들은 텔레비전, 라디오와 신문 등 제
한된 미디어에만 의존했고, 그 소비 시간도 지금보다 훨씬 적었
다. 덕분에 관심의 초점이 가상 세계보다는 일상적이고 직접 경
험 가능한 현실에 맞추어졌으며, 이는 좀 더 현실적이고 실질적
인 세계관을 형성하는 데 도움이 되었다. 당시 사람들은 자신이
처한 현실을 바탕으로 사고하고, 그 현실을 위해 생각했다. 그러
나 오늘날의 주체는 스크린, 특히 그 안의 콘텐츠와 더욱 깊은
친밀감과 동질감을 느낀다. 스크린은 사실성과 현실감을 제공하
며, 세계화된 성공이라는 개념을 일반화한다. 이로써 특정한 행
복 모델이 구성되고, 이는 하이퍼모던 주체를 표준화하는 일종
의 정서적 동질성을 강화한다.

　이런 표준화의 결과는 하이퍼모던 사회에서 반복적으로 등
장하는 두 개념, 즉 사회와 기업에서 요구하는 혁신과 창의성을
통해 드러난다. 아이러니하게도 전례 없이 방대한 정보에 접근
할 수 있는 시대에 살고 있음에도 불구하고, 우리는 알고리즘이
제공하는 정보의 획일화에서 벗어나기가 어렵다. 오늘날의 주체
는 자신이 속한 반향실에 얽매어 있다. 주체는 이런 획일화의 틀

을 깨는 것이 중요하다는 점도, 주변에서 혁신에 대한 사회적 요구가 들끓고 있다는 점도 알고 있다. 하지만 틀을 깨고 혁신을 추구할수록 자신의 무력함을 절감하게 된다. 현재 우리가 목격하는 창의성의 가치가 부각되는 현상은 다른 요인들과 더불어 하이퍼모던 주체의 창의적 무능에서 비롯되었다.

이런 부조화는 소위 '확산적 사고divergent thinking(여러 가지 가능한 해결책을 탐색하여 창의적인 아이디어를 도출하는 사고 과정—옮긴이)'의 프리즘 아래 자주 나타난다. 이것은 맥락에 따라 '창의적 사고' 또는 에드워드 드 보노의 이론에 따르자면 '수평적 사고lateral thinking'[29]라고 불린다. 세계화가 시작되던 무렵, 확산적 사고는 비판적 사고와 함께 생산성을 분석하는 틀로 주목받기 시작했다. 이를 중심으로 1965년 리버먼[30]의 출판물이나 1988년 매슈 립먼[31]이 제안한 최초의 어린이 철학 프로그램 도입과 같은 교육 프로젝트들이 시작되었다. 오늘날 창의적 사고에 대한 사회적 요구가 있다는 것은 부정할 수 없는 사실이고, 그 요구는 교육 분야를 넘어 산업 전반에까지 확대되고 있다. 오늘날의 주체에게 새로운 도전에 맞설 능력이 부족하다는 인식이 자라나기 시작했고, 심지어 그 자신도 본인의 무능력을 자각하기에, 확산적 사고를 촉진할 수 있는 방법론이 모색되고 있다. 그러나 혁신과 그 파생 개념들이 끝없이 쏟아지고 있음에도, 진단(세계화 이전 시대 사람들의 창의성 수준을 알 수가 없다)이나 방법론, 심지어 창의성을 정의하는 일에서조차 일관성을 찾기 힘들다.

적지 않은 연구에 따르면, 개인의 사회경제적 지위와 지적 자극[32]은 직접적 연관이 있지만, 사회적 요인과 개인의 인지 발달, 혹은 물질적 부와 지적 능력 사이의 상관관계는 명확하지 않다. 전문가들은 창의성 발달에 영향을 미치는 환경적 요인이 분명히 존재한다고 보지만, 실제로 그 요소들을 정의하거나 측정하기는 어렵고, 창의성과 사회학적 요인[33] 간의 연결 고리를 찾기도 쉽지 않다. 참고하는 연구에 따라, 창의성에 영향을 미치는 주요 요인으로 출신 학교(학생들의 사회경제적 수준), 부모의 교육 수준[34], 특히 어머니의 학력[35] 등이 포함된다.

그러나 이러한 변수들을 고려하고, 창의성을 높이는 방법론과 구성 요소들을 규명할 수 있다고 하더라도, 문제는 그것을 어떻게 실생활에 적용할 것인가이다.

하이퍼모던 주체에게는 창의성 발현에 영향을 미치는 일종의 균형추가 존재하는데, 바로 주체가 삶의 계획으로 받아들이는 정체성 형성 모델들이 가진 획일성이다. 획일적인 삶의 계획들이 미디어에 끊임없이 노출된다. 예를 들어 모두가 같은 장소에서 비슷한 방식으로 휴가를 보내고 똑같은 사진을 찍어 올린다. 그러면서 옴니스크린을 통해 소비되는 이미지에 우리는 친근함, 현실감, 그럴듯한 사실감까지 느낀다. 그 결과 스크린 속 이미지와 다른 삶의 계획을 상상하거나 꿈꾸고, 열정을 느끼는 일이 점점 더 어려워진다. 그리고 바로 이러한 획일성이 창의성을 저해한다.

이 세계화된 삶의 획일성과는 별개로, 삶을 계획하고 마주하는 방식에서 간접적으로 창의성을 떨어뜨리고 유사성을 증대시키는 또 하나의 중요한 요소가 있는데, 바로 미래다. 세계화 이전과 초기에는 미래가 아직 만들어지지 않은, 만들어갈 수 있는 공간으로 인식되었으며, 따라서 어느 정도 예측 가능하다는 점에서 바람직하게 여겨졌다. 미래는 추진력의 장이었고, 모든 일은 현재보다 더 나아질 것이라는 믿음 속에서 계획되었다. 세계화를 막 경험하기 시작한 주체는 자신이 미래를 만들어간다고 느낄 수 있었다. 다양한 사회적 환경 또한 주체를 자극하고 도구를 제공함으로써, 미래를 만들어가는 데 필요한 창의성을 발전시키도록 도왔다. 행동과 사고는 모두 미래를 위해 계획되었으며, 그 미래는 친숙하고 실현 가능한 것으로 여겨졌다. 미래는 주체가 무엇이 될 수 있는가에 대한 '통찰력 있는' 비전을 품고, 그것을 실현하기 위한 창의적 메커니즘을 작동시키는 데 이바지했다. 결과적으로, 주체는 탁월해 보이는 미래의 비전에 집중했고, 그 비전을 실현하기 위한 것들을 창조하고 구축해나가기만 하면 된다고 생각했다. 미래는 어느 정도 통제 가능한 것으로 여겨졌는데, 예를 들어 대학 학위만 있으면 일자리가 보장될 것이라는 확신이 있었다. 미래는 실현 가능한 것으로 인식되었으며, 이는 개인이 미래를 조직하고 개척하는 데 몰입하게 만드는 원동력이었다.

그러나 세계화가 본격화되면서 하이퍼모던 주체의 미래 인식은 완전히 달라졌다. 미래에 대한 기대감이 낮아지면서 주체의 상상력도 약해졌다. 단기적인 미래 전망은 불투명하고, 중장기적인 미래는 실현 불가능한 환상처럼 여겨진다. 때로 미래는 사막화, 기후변화, 인구 과잉, 자원 부족, 전염병 등 피할 수 없는 위협이 도사리는 암울한 공간으로 인식되기도 한다. 수년 앞을 내다보며 미래를 상상해야 한다는 압박감은 간접적으로 주체의 창의성을 저해하고, 현실에 대한 인식도 제한한다. 그 결과, 당장 눈앞의 현실 너머를 상상하지 못하고 자신을 둘러싼 주변 세계에 대한 관심이 줄어든다. 미래를 향한 지적 활동은 점점 고된 일로 여겨 외면하고, 대신 더 안전하고 즐거워 보이는 현재의 감정적 경험에 몰두하게 된다. 이 주체에게 미래를 생각하고 창의성을 발휘하는 일은 만족스럽지 않을 뿐 아니라, 해결하기 어려운 과제가 되고, 즐거운 경험의 소비를 방해하는 부담으로 인식된다.

갈등

창의성은 또한 사변적 노력을 통해 얻어지는데 그간 독립적으로 존재해온 지적 자산인 생각, 사실, 대상 등 다양한 요소를 서로 연결하는 과정이 필요하다. 문제는 주체가 단순히 그것들

     창의성에서 재창의성으로

을 연관된 실체로 이해하는 데서 그치지 않고, 이를 기꺼이 변화시킬 마음도 가져야 한다는 데서 발생한다. 그런 마음을 먹기까지는 지적인 노력이 필요하므로, 개인이나 상황에 따라 달갑거나 흥미롭지 않은 과제가 될 수 있다. 무언가를 만들어낸다는 것은 무無에서 유有로 나아가는 일, 즉 전에 존재하지 않던 것을 지금은 존재하게 하는 일이기에, 존재론적으로 매우 부담스러울 수밖에 없다. 그래서 이러한 부담은 어떤 문제를 처음으로 마주해야 하는 모든 사람에게 일종의 갈등으로 다가온다. 하지만 갈등은 창의성을 촉발하는 자극제가 되기도 한다. 갈등은 해결책을 찾아야 할 필요성을 일깨우고, 주체는 그 갈등에서 벗어나기 위해 노력하게 된다.

스페인 속담에 '궁한 사람은 변호사보다 더 많이 안다'라는 말이 있다. 이는 궁핍한 사람이 겪는 갈등이 오히려 정신을 날카롭게 만들고, 생존을 위해 창의성을 끌어낸다는 것을 암시한다. 그러나 스티븐 핑커[36]의 가설에 따르면, 우리는 역사상 가장 덜 폭력적이고, 개발 지수가 높으며, 문명 수준이 최고조에 달한 시대를 살고 있다. 그렇다면 하이퍼모던 주체에게 갈등의 중요성은 역사상 가장 미미한 수준이어야 할 것이다. 만일 생존에 필요한 조건들이 대부분 충족되고, 선진국에서는 교육과 공공 의료가 (현재로서는) 보장되며, 더 오래, 더 나은 삶의 질을 누리며 살아간다면, 우리는 살면서 갈등을 어느 정도나 마주하게 될까?

물론 그렇다고 해서 오늘날 우리에게 내외부적 갈등이 존재하지 않는다는 뜻은 아니다. 다만, 대부분의 갈등이 생존의 기본 선을 위협하지는 않는다는 점에서 그 성격은 과거와 다르다. 오늘날의 교육과정은 아이들이 갈등을 피할 수 있도록 온갖 노력을 기울이고, 웰빙과 행복이라는 달콤하고 이상적 개념을 강조한다. 그 결과 하이퍼모던 주체는 직접 현실을 대면하면서 감정적, 지적 굳은살을 만들지 못하고 일상에서 마주치는 사소한 문제들도 심각한 갈등으로 인식하곤 한다. 또한 세대가 거듭될수록 좌절에 대한 내성이 약해져, 밀레니얼 세대는 베이비붐 세대보다 좌절을 견디는 능력이 떨어진다.[37] 일상적인 사건들을 과장할수록 창의력은 제한된다. 일상의 문제를 너무 심각하게 여겨 이를 해결하는 데 과도한 에너지를 쏟다 보면, 겉보기에는 단순한 문제임에도 해결하기 어려워지고, 결국 자기도 모르는 사이에 문제 해결 능력이 저하된다. 여기에 더해, 본래 편리함을 추구하는 경향이 있는 인간의 뇌는, 정보 접근이 수월해진 세계화 시대에 자기계발서, 유튜브 영상, 강의 등 타인이 제시한 해결 방안에 기대 손쉬운 갈등 해결책을 얻으려 한다.

이런 편리함 때문에 개인은 창의성보다는 '재-창의성'에 집중하는 경향을 보인다. 즉, 무언가를 완전히 새롭게 만드는 것이 목표가 아니라, 가장 손쉽게 구할 수 있는 자료를 활용해 모방하여 다시 만들어내는 활동이 중심이 된다. 이러한 '재-창의성'은 문제를 해결하기 위해 외부 자원을 끊임없이 끌어다 쓰는 태도를 의미한다. 하이퍼모던 주체는 문제를 도전으로 받아들이고 스스로 해법을 모색하기보다, 수많은 강의를 들으며 해결 방법을 찾는 것을 선호하는데, 이는 그리 놀라운 일이 아니다. 그러나 주체는 매우 강력한 지적 경제성을 구축했기 때문에, 갈등을 피하기 위해서 사용하는 모방적 참조들이 쓸모없어지면 쉽게 곤경에 빠진다. 이러한 모방적 방법론에 익숙해지다 보면 삶의 여정에서 발생하는 모든 갈등이 간접적으로 주체의 창의력을 약화시키게 된다. 이처럼 창의력이 점진적으로 약화되는 것을 의식하게 된 주체는 마침내 자신의 정신적 빈곤을 사실로 받아들이게 된다.

불만 속의 기대

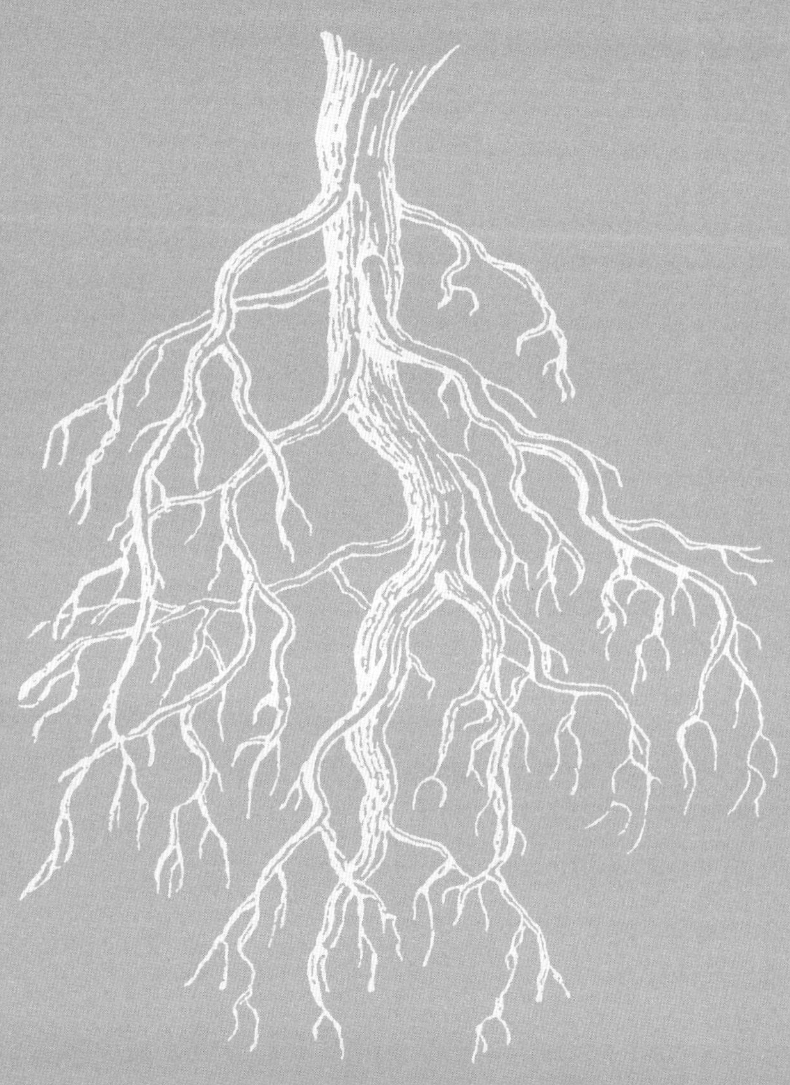

6장

포스트 행복

공허함

포스트 행복의 발현과 관련해 하이퍼모던 주체의 시작점을 정확히 특정하기는 쉽지 않다. 그러나 질 리포베츠키와 같은 몇몇 이론가들은 변화의 기원을 1970년대 말, 특히 1980년대 초반에서 찾는다. 포스트 행복 이전에 있었던 포스트모던 행복에는 개인주의가 점차 부상하는 가운데서도 여전히 집단적 가치가 중요하게 남아 있었다. 그러나 바로 그 무렵부터 새로운 포스트 행복 모델이 서서히 모습을 드러내기 시작했다. 이는 포스트모더니티와 달리, 행복 자체를 적극적으로 긍정하는 방향으로 나아갔다. 복지사회의 성장과 함께 관심사가 달라지면서 삶의 우선순위가 재조정되고, 그 중심에 '행복'이 자리 잡았다. 새로운 사회 모델은 대중을 위한 행복을 핵심 가치로 삼았다.[1] 이와 함께, 포스트 행복을 중심으로 한 특정 생활 방식을 홍보하는 데 모든 에너지를 쏟는 거대한 세계가 형성되기 시작했다. 이 세계는 모든 이에게 즐거운 메시지를 퍼뜨렸으며, 그 내용은 어떤 삶의 방식에도 변형되어 적용될 수 있었다.

포스트모던 시대에 접어들면서 사회화 모델의 구조에도 변화가 일어났다. 포스트모던 시대에는 집단 속에서도 개별성이 허용되면서 다양성이 극대화된다. 한편, 포스트모던 사회의 시간은 통합적으로 구성되어, 주체의 시간은 점점 사회의 시간에 맞춰 흐른다. 이제 주체는 욕망을 쫓는 삶에 자신을 맡긴다. 가까이에 있던 기준점과 롤모델은 점점 힘을 잃어가며, 가까운 집단 안에서 전승되던 삶의 의미도 서서히 변형된다. 이러한 변화는 결국 포스트모더니티의 대표적 징후 중 하나인 '공허함'으로 이어진다. 물론, 공허함이란 단어는 흔히 부정적인 의미를 내포하지만, 질 리포베츠키[2]가 말하는 공허함은 어떤 형태의 트라우마도 동반하지 않는다. 그것은 비극적인 종착점이 아니라, 단지 포스트모던 시대를 구성하는 하나의 단계일 뿐이다. 만약 이 공허함이 삶의 의미 상실에서 비롯된 것이라면, 감정적 대재앙으로 이어졌을지도 모른다. 그러나 질 리포베츠키가 말하는 공허함은 기껏해야 약간의 무관심만 불러일으킬 뿐, 무기력으로까지 발전하지는 않는다. 포스트모더니티는 그 방정식에서 집단적 욕망을 제거함으로써, 사회적 압박을 덜어주었다.

　그 결과, 주체는 포스트모던 문화 속에서 처음으로 다양하고 개방된 선택지를 경험한다. 그러다 선택지가 지나치게 많아지면서 전통적인 기준은 흐릿해지거나 비주류로 밀려났고, 그 자리를 개인화된 문화가 차지했다. 이 시대는 불확실성으로 가득하다. 이는 단지 기존의 기준을 잃고 과거 권력 구조의 정당성이 약화되었기 때문만이 아니라, 주체가 자신의 활동 영역이 무한대로 확장되었다는 것을 인식하면서 어느 방향으로 나아가야 할지 모를 정도로 시야가 넓어졌기 때문이기도 하다.

　이런 혼란 속에서 주체의 도덕성이 바르게 자리 잡기란 당연히 어렵다. 하이퍼모더니티에서 개인화가 극심해지면서, 주체는 과거의 희생적 가치에서 완전히 벗어나 주관적인 행복을 추구하기 위해 자신의 의무를 미루기 시작한다.[3]

　포스트모더니티에서 의무는 감정적 관점에서 평가되지 않는다. 이는 하이퍼모던 주체가 의무 이행을 극도로 꺼리는 상황으로 이어지는데, 주체는 의무를 이행할 어떤 자극도 받지 못하고, 자극을 주지 못하는 이러한 상황은 의무에 대한 부정적인 인식을 더 강화한다. 만약 의무가 자발적인 선택이 아니거나, 의무에 동기부여적인 보상이 따르지 않는다면, 주체는 의무를 포스트 행복의 발전을 가로막는 저항 장치로 받아들인다. 하이퍼모더니티에서 '미루다'라는 단어가 유행하게 된 것도 이런 맥락에서 이상한 일은 아니다. 이 동사는 의무에 대한 주체의 태만함을 정확하게 보여준다.

모더니티에서 포스트모더니티로의 이행 과정에서 일어난 해방적 전환은 행복을 더욱 내면적인 차원으로 이끌었다. 엄격한 의무를 거부하는 이른바 탈도덕주의의 시대가 도래하면서 '행복'이라는 개념은 새로운 범주로 자리 잡았고, 이는 우리가 이 책에서 분석한 돌연변이, 즉 포스트 행복으로의 전환을 위한 토대가 되었다. 의무라는 낙인 아래 따라야 했던, 외부의 도덕적 규범에서 비롯된 모든 구속에서 해방되는 순간, 주체는 새로운 초개인주의적 관심사의 정점에 놓인 요소, 즉 포스트 행복과 마주하게 된다.

그러나 의무로 대표되는 외부의 도덕 규범에서 벗어난다는 것은, 구속이 사라진 느슨함과 일부 집단의 강압적 요구가 공존하는 새로운 삶의 단계로 진입한다는 것을 의미한다. 이 단계에서 주체는 한편으로는 자유주의에 스며든 대화적 논리를 목격하고, 다른 한편으로는 이분법적인 도덕주의의 강요에 직면한다. 탈의무 시대는 도덕의 스펙트럼이 매우 넓어서, 관대한 관용과 도덕적 권위에 관한 주장이 공존한다. 일반적인 생각과 달리, 근본주의 운동(예를 들어, 십자군 운동)은 여전히 존재하며, 낙태, 사형, 마약과 같은 도덕적 문제에 대한 논쟁도 계속되고 있다. 우리는 포스트모더니티와 함께 도덕을 대하는 두 가지 상반된 모델이 동시에 발전하는 모습을 목격한다. 이는 규제 완화가 모든 영역으로 확장되면서 더는 신뢰할 만한 보편적 모델이 존재하지 않음을 보여준다.[4] 아이러니하게도, 한편에서는 일부 문제에 단호하게 도덕적으로 대응할 것을 요구하는 압력이 존재하고, 다른 한편에서는 개인이 스스로 규제할 수 있도록 외부 규제를 완화하려는 시도가 이루어지고 있다. 새로운 사회조직은 개인의 관점에서 볼 때, 주체의 양도할 수 없는 권리에 기반을 둔다.

행복할 권리

새로운 개인주의적 규범 안에서 행복은 이례적으로 중요한 위치를 차지하며, 심지어 자연권(인간이 태어나면서부터 가지는 고유한 권리—옮긴이)으로까지 격상되었다. 루이스헤 마르틴[5]과 같은 사상가들은 행복이 계몽주의 시대부터 자유나 평등과 같은 범주에 속했다고 강조한다. 그리고 행복은 점차 스토아적 잔재에서 벗어나고(더는 욕망에 낙인을 찍지 않으며, 고통을 배우거나 고난의 시기를 대비해 훈련하지 않고), 종교적 오염에서도 벗어나 쾌락의 원칙을 중요하게 여기게 된다. 이를 위해서는 무엇보다 의무의 명령으로부터 자유로워져야 했는데, 계몽주의 시대에 이 명령은 종교의 영역에서 개인의 영역으로 옮겨갔다. 따라서 이제 행복은 더는 종교도, 세속적 의무도 아니게 되었다. 포스트모던 행복의 이러한 정당성은 감각적인 것과 물질적인 것을 거리낌 없이 동등하게 포용함으로써, 도덕적 요구에 대한 압박을 줄였다.

　　포스트모던 행복을 강화하는 새로운 '존재론적' 단계에서는 행복과 자기애가 조화를 이루며, "나는 즐길 권리가 있다", "나는 그럴 자격이 있다", "나는 그럴 가치가 있으니까"와 같은 표현들에 대한 도덕적 비난이 사라졌다. 포스트 행복이 부상하면서 의무는 기존의 행복과 반대되는 성격을 띠게 된다. 의무와 행복이 근본적으로 분리된 것이다. 도덕적 개념이 강조될 때마다, 의무 이행을 위한 자기 희생 모델이 떠오르는 건 이런 이유에서다. 즉, 하이퍼모던 주체에게 의무 이행은 포스트 행복에서 멀어지는 것을 의미한다.

　　칸트는 의무와 쾌락을 분리해야 한다고 강력히 주장한 대표적인 사상가로, 의무 이행에서 감정적 만족을 철저히 배제하는 데 앞장섰다. 칸트는 "조금만 찾아보면, 칭찬할 만한 모든 행동 속에서 의무의 법칙을 발견하게 될 것이다. 이는 개인의 취향과 성향에 따라 선택할 여지를 허용하지 않는다"[6]라고 말했다.

　　모더니티에서는 주관적인 행복의 권리가 인정되었지만, 개인보다는 집단을 향하는 의무적 문화가 강조되었다. 그러나 하이퍼모더니티에서 주체는 더는 욕망의 유혹과 싸우지 않으며, 오히려 그것을 치켜세운다. 사회적 이상을 담았던 계몽주의적 행복은 이제 자기 자신을 위한 행복의 의무에 밀려 뒷전으로 물러나게 되었다. 의무에 대한 사회적 부담에서 해방된 주체는 때때로 모든 외부의 요구나 기준을 자신의 포스트 행복에 방해가 되는 요소로 인식하게 되었다.

모순

그러나 전체적인 관점에서 볼 때, 주관적 행복을 추구하는 이러한 변화가 하이퍼모던 주체를 더 편안하게 만들지는 않았다. 새로운 쾌락주의의 영역에 생산성과 효율성, 합리적 시간 활용, 혁신, 우수성 등을 찬양하는 자유주의의 시스템이 공존하게 된 것이다. 흔히 생각하는 것과는 달리, 세계화의 도래는 상충하는 논리들의 공존을 더욱 촉진했으며, 인간 존재의 가장 독특한 사회적 특징이 바로 역설임을 분명히 보여주었다. 이 역설은 하이퍼모던 주체의 두드러진 특징 중 하나로, 본질적으로 상반된 요소들이 자연스럽게 공존하는 현상에서 찾을 수 있다. 그리고 이러한 공존은 하나의 인식론적, 윤리적 모델로서 하이퍼모던 시대에 매우 자연스럽게 자리 잡았다. 주체는 역설을 당연한 현상으로 받아들이고, 이러한 역설의 수용은 사회적 차원으로까지 확장된다. 그러나 그 결과, 주체뿐만 아니라 주체가 속한 집단을 이해하기 위해 신뢰할 만한 진단을 내리는 일이 한층 더 어려워졌다. 질 리포베츠키에 따르면, "결국 포스트모더니티는 역설의 형태로 나타나며, 그 안에는 자율성 촉진과 의존성 증가라는 두 논리가 긴밀하게 공존한다. […] 한편으로는 더 많은 개인의 책임이 강조되지만, 다른 한편으로는 더 큰 방종이 나타난다. 결국, 개인주의의 본질은 역설 그 자체다."[7]

우리는 사회문제로 여겨지는 비만과 폭식증 및 거식증, 과

체중과 근육집착증, 엄격한 식단과 가공식품 위주의 식생활이
공존하는 사회 속에 살고 있다. 자아가 오직 자기 만족에만 관
심을 쏟는 '자기self'의 정치가 절정에 이른 오늘날, 우리는 역사
상 가장 의미 있는 연대 캠페인들의 등장도 동시에 목격하고 있
다. 기업들도 이윤을 극대화하는 동시에, 사회적 행동 정책들을
시행한다. 이는 기업 철학 속에 윤리가 경영의 감시 기제로 자리
잡은 최초의 사례를 만들었고, 이런 변화는 앞으로도 지속될 것
으로 보인다.

우리는 지금 물리적 국경도, 가상적 국경도 사라진 세계화
시대를 살고 있다. 이제는 전 세계 어느 곳과도 즉시 연결될 수
있고, 상품과 유행, 이념 등이 순식간에 퍼질 수 있는 시대가 되
었다. 하지만 그럼에도 불구하고 우리는 점점 더 자신을 규정 짓
는 고유한 요소들을 강하게 보호하려는 경향을 보인다. 그 결과,
문화적 도용(특정 문화, 인종, 공동체의 요소를 충분한 이해 없이 무
단으로 사용하는 행위—옮긴이)을 고발하거나, 이질적 문화를 위
협으로 간주하며 국경 통제를 강화하려는 움직임까지 나타나고
있다. 전통적 의미의 가족은 여전히 사회적으로 가장 높은 가치
로 인정받으며, 정부는 이러한 가족 구조를 장려하기 위해 적극
적인 정책을 펼치고 있다. 그러나 동시에, 이혼과 별거가 증가하
고, 출산율은 점차 줄어들며, 자녀를 갖지 않으려는 부부도 점점
늘고 있다. 한편, 우리는 그 어느 때보다 뉴스와 미디어 콘텐츠가
활발히 생산·확산되고, 정보에 대한 접근도 즉각적으로 이루어

지는 시대에 살고 있다. 하지만 정보 접근성이 좋아졌다고 해서, 더 나은 정보를 얻을 능력까지 향상된 것은 아니다.

우리는 기술 산업 사회에 깊숙이 진입해 있다. 기술은 다양한 도구와 컴퓨터 프로그램, 전기 및 초고속 운송 수단 등을 개발할 정도로 발전해 삶을 더 편리하게 만들고, 노력과 시간을 절약해준다. 집안일의 자동화, 인터넷 정보 검색, 온라인 업무 처리 등으로 과거보다 훨씬 많은 개인 시간을 확보해 다른 문제를 해결하는 데 시간을 쓸 수 있게 되었다. 그러나 역설적으로 사람들은 여전히 시간 부족에 시달리고, 시간에 쫓기며, 시간이 줄어들었다고 느낀다. 이처럼 시간 관리는 삶에서 매우 중요한 자리를 차지함과 동시에 문제가 되었다. 그리고 이로 인해 발생하는 불안은 오늘날을 특징짓는 또 다른 중요한 역설적 흐름, 즉 '정서적 돌봄'에 관한 관심을 불러일으킨다.

과도한 소비가 절정에 이른 오늘날, 시스템은 어릴 적부터 개인을 소비의 주체로 길러내며, 지배적인 물질주의 질서 안에 위치시킨다. 그럼에도 불구하고 인간의 정신적 측면을 함양하는 활동에 대한 수요는 곳곳에서 끊임없이 증가하고 있다. 이제 그것은 더는 종교계만의 관심사가 아니다. 사람들은 요가와 명상, 마음챙김과 같은 활동을 통해 정서적 발달을 돌보며 신경을 쓴다. 과거 단순히 신체 단련의 공간이었던 체육관은 이제 신체적, 정신적 건강을 포괄적으로 관리하는 곳으로 변해서, 정서적 웰빙에 초점을 맞춘 다양한 서비스를 제공한다.

이러한 역설적 흐름 속에서 우리는 아마 가장 영향력 있으면서도 아직 완전히 대중적이지는 않은 다양한 형태의 소셜네트워크와 마주하게 된다. 주체는 정체성 형성을 위해 개인주의를 중시하고, 그 정체성을 소중히 여기며 보호하려고 한다. 그러나 다른 한편으로는 소셜네트워크를 통해 자발적으로 사생활을 노출함으로써, 사생활 보호와 과시욕, 자율성과 외부의 인정이라는 이중적이고 역설적인 역학에 빠지게 된다. 즉, 개인주의를 중요시하지만, 동시에 '좋아요'와 같은 외부의 수용과 보상을 얻기 위해 기꺼이 자신을 노출한다.

질 리포베츠키는 이미 2006년에 이 문제를 지적하며 다음과 같이 말했다. "여기에 가장 큰 역설이 있다. 그들이 경험하는 만족감은 그 어느 때보다 크지만, 삶의 기쁨은 더 늘지 않고 오히려 줄어든다. 겉보기에는 행복을 얻을 기회가 훨씬 많아졌음에도 불구하고, 여전히 늘 가까이하기 어려운 것처럼 보인다. 이런 상태는 우리를 지옥이나 천국으로 이끄는 것이 아니라, 그저 역설적인 행복의 순간을 정의할 뿐이다."[8]

리포베츠키의 글은 역설적인 행복에 대한 순응을 드러낸다. 겉으로 보기에는 행복이 과거로부터 유래한 속박에서 벗어난 듯하지만, 동시에 미래에 대한 두려움, 실업, 코로나 같은 새로운 바이러스성 질병, 기후변화 등 두려움의 논리 속에서 파생되는 수많은 새로운 문제가 그러한 해방을 상쇄한다.

새로운 기술들은 아직 더 나은 삶을 위한 동반자로 여겨지지 못하며, 그 장점이 강조되기보다는 오히려 위협이 더 널리 퍼져나가고 있다. 우리는 먹고, 마시고, 성적인 만족을 추구하는 등 육체적 쾌락에 순응하는 동시에, 다이어트와 운동 같은 예방 중심의 건강관리에 집착한다. '카르페 디엠*carpe diem*(현재를 즐기라)'이라는 메시지를 행복의 본질로 여기지만, 동시에 불안을 유발하는 불확실한 내일을 걱정하며 항불안제[9]로 몸을 채운다. 또한 행복이라는 우산 아래에서 삶을 노래하면서도, 자살률은 계속 증가하고 정신 건강 문제도 더욱 늘어난다. 우리는 관계를 맺기 위해 왓츠앱 그룹과 가상 커뮤니티를 만들지만, 정작 노인들은 아파트에서 홀로 쓸쓸히 죽음을 맞고 있다.[10] 우리가 살고 있는 도시는 점점 더 국제적인 모습으로 변하고 있다. 도시는 아시아 음식점, 동양 종교, 요가 수련 등 전 세계 다양한 문화와 일상이 뒤섞인 공간처럼 보인다. 그러나 정확히 같은 시기에 민족주의가 강하게 세력을 뻗쳤다. 도시 거주민들 사이 연결성은 날이 갈수록 약해지고 있다.[11] 예컨대, 우리는 이웃에 누가 사는지 모르고, 사회적 결속에 무관심하며, 풀뿌리 활동에 참여하지 않는다.

이러한 상반된 논리의 집합은 테오도어 아도르노와 막스 호르크하이머가 『계몽의 변증법』에서 강조한 바와 같다. 이 책은 도구적 이성(목표를 달성하기 위한 가장 효율적인 수단을 찾는 데 초점을 맞춘 사고방식―옮긴이)의 발전과 함께 점진적으로 개인화가 심해지고, 그 결과 원자화와 대중화라는 두 가지 상반된 논

리가 충돌한다고 진단한다.[12] 그러나 이러한 점진적인 개인주의
는 모든 것을 획일화하는 대중화와 충돌하지 않으며, 이 둘이 혼
재하는 현실 속에서 우리는 군집화 현상(공간적으로 함께 있지
만, 정서적으로 고립된 상태—옮긴이)에 직면하게 된다.

회복기

하이퍼모던 주체인 우리는 기존에 알던 행복이 점차 쇠퇴하
고 포스트 행복 시대로 접어드는 과정을 목격하고 있다. 간단히
말해, 역사적으로 행복은 서로 다른 두 가지 방식으로 구성되었
다. 하나는 지위와 명성, 인정 등 주체 외부의 요소를 중심으로
행복을 추구하는 모델이고, 다른 하나는 주체 내부의 요소에 의
지해 행복을 추구하는 모델이다. 후자의 경우, 주관적 자율성에
초점을 맞추는데, 이는 욕망을 통제하고, 정서적 의존을 줄이며,
감정보다 이성을 우선시하고, 외부 세계로부터 자신을 보호하는
방어막을 구축하는 것을 포함한다.

이러한 대립 구도는 이미 고대 그리스 시대, 스토아학파와
아리스토텔레스학파 사이의 논쟁에서도 드러난다. 전자는 이성
의 힘을 옹호했고, 후자는 외부적 자원(부, 아름다움, 친구, 자녀,
건강 등)이 행복에 중요하고 필수적인 요소라고 보았다.[13] 그러
나 세계화의 힘, 옴니스크린의 지배[14], 유독한 감상주의[15]에 빠

지게 하는 자기중심적 과시주의의 확산, 경제 체제와 긍정심리학[16]의 결합으로 나타난 인간의 감정적 측면 옹호, 가속화된 시간 범주 변화, 그리고 현실을 넘어선 가상 환경의 새로운 출현은, 역사적 기준을 상실하고 방향 감각을 잃은 듯 보이는 새로운 행복 모델을 만들어냈고, 포스트 행복으로 가는 길을 열어주었다. 포스트 행복은 잠재력 개발(유명한 "나는 할 수 있다")과 긴밀히 연결되어, 행복에 관한 두 가지 고전적 모델을 이 새로운 패러다임인 잠재력의 틀 안에 통합해 수용한다.

구글 검색 엔진을 통해 행복의 회복기를 분석해보면, 흥미로운 양상이 드러난다. 1990년부터 2011년까지 행복에 관한 출판물과 뉴스의 발행 건수가 약 2500건에서 2만 5000건 이상으로 기하급수적으로 증가했다.

우리는 그 어느 때보다 행복에 대해 많이 염려하고, 행복해야 한다는 압박을 강하게 느낀다. 자기계발서는 이미 전 세계적으로 베스트셀러 목록에 올랐고, 이제 하이퍼모던 주체에게 행복은 더이상 지향해야 하는 목표가 아니라 삶에 필수적인 것으로 여겨진다. 행복은 "나는 행복하다"라고 말할 때처럼 단순한 형용사의 자리에 머무르지 않고, "포스트 행복을 쟁취하다"라는 표현에서 짐작하듯 능동적 행위로서 동사의 자리를 탈취했다. 이제 행복은 좋은 선택과 미덕, 그리고 우연이 뒤섞인 삶의 모델에서 파생되는 것이 아니라, 삶의 계획 속에 자리한 역동적인 목표로 변한다. 행복은 한때 우리에게 일어나는 일과 그것에 대응

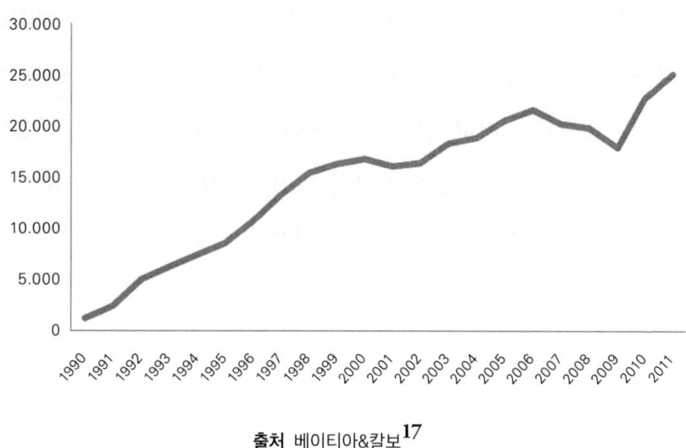

출처 베이티아&칼보[17]

하는 행동 방식, 그리고 세계를 해석하는 방식이 합쳐진 결과로 받아들여졌다. 그러나 포스트 행복에서는 정반대의 현상이 일어 난다. 우리의 행동 방식을 포스트 행복에 도달하는 목표에 맞추 는 것이다. 두 개념의 차이는 근본적이다. 과거에 이해되던 행복 은 삶의 방식에서 부수적으로 따라오던 결과였으나, 포스트 행 복은 대상화되는 순간, 끝없는 추구, 즉 끊임없는 능동성의 과정 이 된다.

이미 1장에서 이와 유사한 통계를 언급했지만, 여기서도 스 페인 및 전 세계 구글 트렌드를 통해 적극적인 행복 추구의 양 상을 분석할 필요가 있을 것 같다. 2004년부터 2016년까지 스페 인 사용자들은 구글 검색 엔진에서 "행복해지는 방법"이라는 검 색어를 지속적으로 찾아봤다.[18] 더욱 흥미로운 점은, 전 세계 구

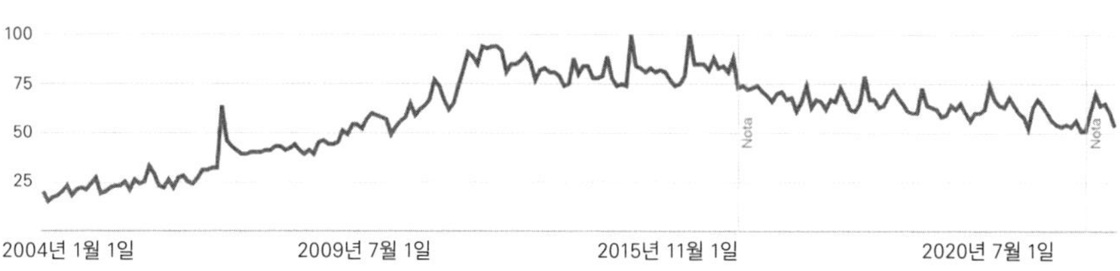

출처 구글 트렌드

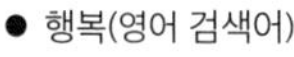

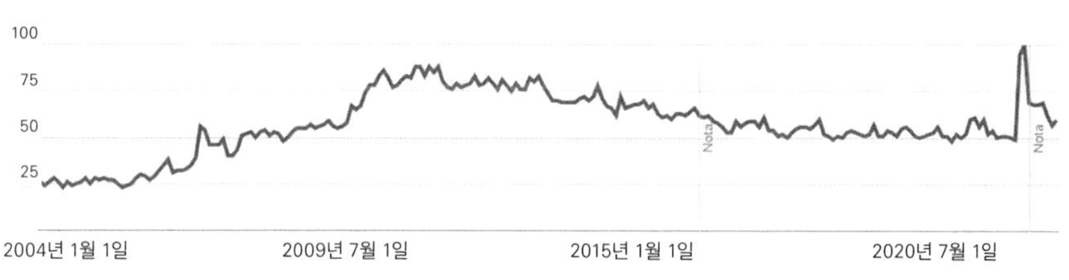

출처 구글 트렌드

글 트렌드 통계(위 그림)를 보면, 2004년 행복이라는 주제에 관한 관심이 최대치 100을 기준으로 25 미만에 머무르던 것이, 이후 점진적으로 60 이상으로 상승했다는 점이다.

포스트 행복의 전조

포스트모더니티 이전의 행복은 삶의 여정 속에서 일종의 부록처럼 존재했으며, 미래를 구축할 필요성과 같은 더 중요한 가치들 아래 있었다. 그러나 루이스헤 마르틴[19]이 지적한 것처럼, 시간이 지나면서 국가는 점차 행복의 중요성을 인식하게 되었고, 주요 문서에 이와 관련한 내용을 넣기 시작했다. 예를 들어, 미국 독립선언문에는 모든 사람은 양도할 수 없는 생명과 자유의 권리를 가지며, 행복 추구의 권리도 동등한 위치에 있다고 명시되어 있다. 그러나 초기 이런 접근 방식에서, 행복은 뚜렷한 실체라기보다는 바람직한 이상향으로 제시되었다. 행복 추구를 헌법상의 기본 권리로 간주하는 국가는 미국만이 아니며, 한국과 일본, 프랑스, 브라질 등 다른 국가들의 헌법에서도 찾아볼 수 있다.[20] 스페인의 1812년 카디스 헌법도 이러한 목적에 따라 행복을 시민의 권리로 선언하고, 시민의 행복을 추구하는 것을 정치의 목표로 삼았다. 이 헌법은 "정부의 목적은 국민의 행복이며, 모든 정치 사회의 목적은 국민의 복지 외에 다른 것은 없다"[21]라고 명시하고 있다. 따라서 정치인은 도시를 조직하고 관리할 때 시민의 행복을 핵심 목표 중 하나로 삼아야 한다.

이처럼 행복의 문제를 문서로 분명하게 규정한 선구자 가운데 가장 중요한 인물이 아리스토텔레스이다. 그는 『니코마코스 윤리학』에서 정치의 목적은 실현 가능한 모든 것 중 최고의 선

인 행복을 보장하는 데 초점을 맞춰야 한다고 주장했다.[22]

이 과정에서 고려해야 할 두 가지 핵심 요소가 있는데, 이들 요소는 이미 고대 그리스 시대부터 중요하게 여겨져왔다. 첫째, 인간은 본래 사회적 존재이자 정치적 존재로서, 사회 속에서만 비로소 온전한 인간으로 발전할 수 있다는 점이다. 아리스토텔레스는 인간을 '정치적 동물'로 규정하면서, 사회를 거부하는 사람이 있다면 그는 우연히 그러는 것이 아니라, 본성적으로 인간보다 열등하거나 인간을 초월한 존재일 거라고 주장했다.[23] 이러한 관점에서, 인류학적으로 사회성은 생존 조건을 넘어 인간으로 발전하기 위한 필수 조건으로 여겨진다. 역사학자 유발 하라리[24]는 '호모 사피엔스'가 네안데르탈인보다 우위를 점할 수 있었던 이유로, 사피엔스가 생물학적으로 더 큰 규모의 집단을 구성하고 조직했다는 점을 들었다. 반면, 네안데르탈인은 상대적으로 소규모로 집단을 제한했다. 그에 따르면, 우리 종이 다른 인류 종과의 경쟁에서 살아남을 수 있었던 가장 결정적인 요인은 바로 서로 연결하고 공동체를 조직하려는 성향이었다.

두 번째 요소는 바로 자유다. 자유는 행복을 향해 나아가도록 도와준다. 그리고 1812년 카디스 헌법에서는 우리의 분석에 중요한 세 번째 요소가 언급되는데, 그것은 행복이 복지와 깊은 관련이 있다는 점이다. 다시 말해, 모든 시민이 행복할 권리를 누릴 수 있으려면 자유를 얻는 것만으로는 충분하지 않으며, 일정 수준의 복지가 보장되어야 한다. 행복하기 위해서는 최소한의 기반, 곧 재화가 필요하며, 그것 없이는 행복이라는 목표에 도달하기 어렵다는 뜻이다. 재화로서의 기반은 원칙적으로 필수적인 수준에만 머물지 않고 과학적 관점의 도움을 받아 더욱 확장되었다. 물질적 복지뿐만 아니라, 주체의 전인적 복지에 대한 필요성도 추가된 것이다. 정신과 의사인 마리안 로하스 에스타페 박사는 복지가 갖춰지지 않으면 행복에 도달하기 어렵다고 말하며, 다음과 같이 주장한다. "빠른 레시피로 행복을 약속하는 자기계발서에 대한 비판이 많지만, 실제로 우리는 행복에 도달하기 위해 필요한 신체적, 심리적 복지 수준이 어느 정도인지를 정확하게 예측할 수 있게 해주는 많은 연구와 과학적 데이터를 보유하고 있다."[25]

이미 언급했듯이 21세기, 특히 번영하는 국가들을 기준으로 삼는다면 이런 기반은 상당히 안정적인 수준이다. 서구의 선진 사회는 앞서 말한 세 가지 요건을 모두 갖추고 있다. 세계화와 인터넷 덕분에 공동체적 삶은 강화되었고, 전 세계로 확산된 새로운 가상적 사회 관계의 형태 속에서 유지되고 있다. 또한 우리는 자유를 보장하는 법체계도 갖추었으며, 일부 선진국은 평균 기대 수명이 80세를 넘을 정도로 높은 수준의 복지를 누리고 있다. 또, 식량이 풍족하고, 감염병을 치료할 약도 있으며, 지식과 문화에 빠르고 수월하게 접근할 수도 있다.[26] '먼저 살고, 그 다음에 철학하라*primum vivere, deinde philosophari*'라는 라틴어 격언을 따른다면, 우리는 이미 '먼저 살아라'라는 전제를 충분히 달성한 상태라고 할 수 있다. 하이퍼모던 주체는 '그다음에 철학하라' 대신, '포스트 행복을 추구하라'로 전제를 바꾸고, 사회-자유-복지의 삼부작을 당연한 것으로 여긴다. 철학이 여가의 산물로 여겨졌던 시대, 사유가 곧 휴식과 동의어였던 시대, 그리고 차분한 시간을 누릴 수 있었던 시대는 이미 끝났다.

하이퍼모던 주체가 인식하는 전통적 행복과 포스트 행복의 차이는 더는 철학, 즉 관조와 분석으로서의 사유가 우리를 행복으로 이끈다는 믿음을 가지지 않는 데서 비롯된다. 그러나 때때로 정신이 맑아지는 순간, 사람은 철학의 중요성을 깨닫고 자신이 정신적 빈곤 상태에 있음을 자각한다. 그럼에도 불구하고 이제는 W. K. C. 거스리[27]가 주장한 아리스토텔레스식의 행복한 철학자 모델, 즉 관조적인 삶이 삶의 여정에서 우리를 기쁨으로 충만한 상태에 이르게 해주리라 기대하지 않는다.

이런 생각의 바탕에는 현대인에게 그럴듯한 논거를 제공하는 과학주의의 영향이 자리하고 있다. 포스트 행복을 쫓는 과정에서 과학주의는 현대인에게 피난처가 된다. 특히 감정에 관한 신경과학 연구가 주목받고 있는데, 이 연구들에 따르면 행복은 본래 뇌의 변연계에서 활성화되는 감정 상태로, 의식적 사고를 담당하는 뇌는 행복에 거의 영향을 미치지 않는다고 한다.[28] 이로부터 반성적 사고는 행복과 분리되고, 철학적 사유는 경험하고 느끼는 것으로 대체되었으며, 결과적으로 일종의 감정적 중독 상태에 빠져들어 포스트 행복은 감정의 지배 아래 놓이게 되었다.

포스트 행복의 근본적인 토대로서 성찰을 포기한다는 것은, 주체가 숙고의 요소인 '의심'을 내던졌다는 의미다. 이 주체에게 의심은 우발성과 인간의 취약성을 상징하며, 자기충족적이지 않은 상태를 드러내는 것이다.[29] 여기서 의심은 두 가지 중요한 의미를 지니는데, 하나는 자신의 무지를 인정하는 것이고, 다른 하나는 거리두기와 시간을 요구한다는 것이다. 그러나 이 두 요소는 하이퍼모더니티가 지향하는 방향과는 맞지 않는다.

앞에서 언급한 격언을 지금 우리 시대에 맞게 변형하자면, '먼저 살고, 그다음에 (포스트) 행복을 추구하라*primum vivere, deinde quaerere felicitatem*'라고 할 수 있을 것이다. 이러한 행복 추구는 마치 다음 약물을 찾는 중독자처럼, 어떤 대가를 치르더라도 멈추지 않고, 계속된다.

의심의 종말

프랑스의 철학자 폴 리쾨르는 19세기 세 명의 사상가인 마르크스, 니체, 프로이트를 '의심의 대가'라고 규정했는데, 이는 매우 일리가 있는 말이다. 이들은 각자 당대 받아들여졌던 주체의 구성 방식에 의문을 제기했다. 마르크스는 의식이 경제적 이해관계에 의해 가려져 있다고 주장했고, 프로이트는 자아가 무의식의 억압을 숨기고 있다고 생각했으며, 니체는 도덕이 약자들의 원한 감정(르상티망)으로 가득 차 있다고 보았다. 즉, 이들은 각자 현실의 구조 자체를 의심했고, 그 이면에 통제와 영향력의 메커니즘이 존재한다고 주장했다.

데카르트식 합리주의자들과 그 후계자들은 지식의 대상에 대한 의심, 즉 대상에 대한 불신을 강조했다. 그러나 의심의 대가들은 지식의 대상뿐만 아니라, 그것을 인식하는 의식 자체에 대한 두 번째 차원의 의심도 추가했다. 다시 말해, 의심은 우리가 알고자 하는 문제에만 국한되지 않고, 그 앎을 가능하게 하는 의식 자체에도 영향을 미친다. 폴 리쾨르에 따르면, "데카르트 학파에서 교육받은 철학자는 사물을 의심한다. 사물들이 겉으로 보이는 모습 그대로가 아님을 알기 때문이다. 그러나 그들은 의식이 자신에게 나타나는 방식에 대해서는 의심하지 않는다. 다시 말해, 의미와 그 의미에 대한 의식이 일치한다고 본다. 하지만 마르크스, 니체, 프로이트 이후 우리는 그 사실마저도 의심하게 되었다. 즉, 사물에 대한 의심을 넘어 이제는 의식 자체를 의심하게 된 것이다."[30]

에드문트 후설과 같은 사상가들은 주체가 받는 첫인상이 과연 믿을 만한 것인지를 의심하는, 데카르트적 의심의 관점에서 현상학을 전개해왔다. 이러한 관점에서, 행복은 주관적 차원에서 다루어질 때마다 늘 의심의 눈초리를 받았다. 즉, 행복을 객관화하고 정의할 수 있다고 여기는 것에도 의심을 품었고, 지각하고 분석하는 작업에서 우리의 의식을 신뢰할 수 있는지에 대해서도 의심했다. 다시 말해, 행복을 알거나 정의할 수 있다는 생각에 회의적이었으며, 동시에 행복의 감정이 행복이란 무엇인가를 알아가는 작업에 도움이 될 수 있다는 생각에도 회의적이었다.

포스트 행복에서도 이와 비슷한 일이 일어나지만, 이는 지적 영역에 국한된다. 새롭게 부상한 포스트 행복의 패러다임에서는 전통적인 행복에 부여되었던 지적 깊이를 찾을 수 없다. 포스트 행복이 추측이나 의심의 여지가 없이 매우 명확하고 자명한 것으로 여겨지다 보니, 철학자들 사이에서 큰 논쟁을 일으켰던 해석학적 분석(현상이나 텍스트, 행동, 사회적 현상 등을 이해할 때 그 이면에 숨어 있는 의미와 전제, 맥락을 깊이 있게 해석하는 철학적 방법―옮긴이)이 더는 필요하지 않은 것처럼 보인다. 그 결과, 철학계에서 행복이라는 주제는 점점 더 부차적인 문제로 밀려나게 되었다.

하이퍼모던 주체는 의심하지 않으며, '의심'은 더는 잘 쓰이지 않는 개념 중 하나가 되었다. '의심하다suspect'라는 말의 어원을 보면 '아래에서sub-'와 '보다, 기다리다, 숙고하다spectare'라는 의미를 품고 있다. 즉, 의심하는 주체는 표면 아래에 숨겨진 것을 알아채는 사람이다. 주체의 의심은 이러한 태도를 받아들이는 데서 시작된다. 의심하는 사람은 자신에게 주어진 이야기, 사물, 개념 등이 자신의 세계관과 맞지 않음을 직감하고, 그 안에 숨겨진 요소들을 감지한다. 의심하는 사람은 기다림의 태도를 보인다. 하지만 이것은 그저 단순히 오기만을 기다리는 것이 아니라, 적극적인 의도가 담긴 기다림으로, 긴장감이 유지된다. 물론 의심하는 사람은 이런 태도가 소모적이고, 피로와 불안을 유발한다는 것을 알고 있다. 의심이란 꼬치꼬치 캐묻는 불편한 과정으로, 눈앞에 나타난 현상만으로는 쉽게 이해할 수 없는 무언가가 있다고 느끼는 것이기 때문이다. 의심은 지적 개입을 요구하며, 자극으로 인식된다.

하지만 오늘날의 주체는 이 의심하는 현상을 그리스적 개념인 '유령*phántasma*'의 관점에서 이해한다. 다시 말해, '눈앞에 직접 나타나는 것', 일종의 출현으로 받아들인다. 따라서 여기에는 어떤 상상력도 발휘할 필요가 없다. 현실을 볼 때, 눈앞에 나타나는 것을 그대로 받아들이는데, 마치 눈앞에 보이는 유령을 그대로 믿는 사람과 같다. 따라서 오히려 의심을 불편한 감정으로 인식하고, 피해야 할 긴장 상태로 여긴다. 의심보다는 확신과 단언, 장담, 그리고 이분법적 사고(흑백논리, 진실과 거짓, 좌파와 우파 등)를 선호한다.

행복을 둘러싼 포위와 정복

포스트 행복을 얻으려면 과거의 행복을 얻는 과정과는 다른 새로운 접근이 필요하다. 일부 사상가들은 행복을 추구의 대상으로 보았다. 빅토리아 캄스와 같은 철학자도 이런 입장을 지지하며, 행복에 대해 강의할 때 "행복은 노력과 인내, 끈기, 그리고 시간이 요구되는 선善이다"라고 했다.[31] 그러나 21세기에 이 네 가지 조건을 충족하기란 쉽지 않다. 추구라는 개념 속에는 몇 가지 함의가 있다. 첫째, 뭔가를 추구해도 얻지 못할 수 있다. 다시 말해, 무언가를 추구한다고 반드시 그것을 발견할 수 있는 것은 아니다. 따라서 추구하는 행위에 거는 기대치는 낮고, 원하는 것을 얻지 못하더라도 그 고통은 상대적인 수준에 머문다.

둘째, 추구하려면 탐색할 경로와 따라가야 할 방향, 즉 삶을 예로 들면 스스로 만들어가야 할 길이 필요하다. 예전에는 행복을 추구하는 과정이 삶의 여정 속에서 자연스럽게 이루어졌고, 삶의 과정 자체와 함께했다. 행복만을 위한 별도의 길이나 다른 선택지는 없었다. 행복은 인생이라는 길을 개척해나가는 과정에서 우연히 마주치는 행운과 같았다. 다시 말해, 주체는 인생이라는 길을 스스로 만들어야 했고, 그 과정에서 운이 따른다면 행복을 발견할 수 있었다. 그러나 그 길은 언제나 아무것도 없는 상태에서 스스로 만들어야 했다.

하지만 포스트 행복은 더는 추구의 대상이 아닌, 정복의 대상이 되었는데, 이는 큰 노력이 필요 없는 정복이다. 그리고 이것은 버트런드 러셀과 같은 사상가의 주장과는 대조적이다. 러셀은 『행복의 정복』 서문에서 "나는 아무리 불행한 사람도 올바르게 나아가려 노력한다면 행복해질 수 있다는 확신으로 이 책

을 썼다”라고 말했다.[32]

러셀이 말한 행복은 고통의 순간을 통과한 결과로, 희망의 씨앗을 품어 피어날 수 있는 것이었다. 이 과정에서 주체의 역할은 수동적이면서도, 동시에 열망하는 것이기도 했다. 행복이 있는 곳에는 늘 불행의 가능성이 있었고,[33] 바로 그 가능성이 개선의 여지를 열어주었다. 이러한 행복의 개념은 불행의 현실적인 가능성까지 자연스럽게 수용하는 포괄적인 개념이었다. 주체는 부모가 언젠가 세상을 떠날 수 있고, 직장에서 해고되거나 연인이 떠날 수도 있다는 사실을 알고 있었다. 그러나 그렇다고 해서 그 불행이 삶 전체를 완전히 지배하지 않았고, 행복에 대한 희망을 완전히 포기할 필요도 없었다.

반면, 포스트 행복은 그 방정식에서 희망을 빼고, 현재, 쾌락, 욕망에 집중하는 열정적인 낙관주의의 메커니즘을 중심으로 의지를 무기 삼는다. 하이퍼모던 주체는 정복한다. 즉, 자신의 승리를 확신하며 포스트 행복을 향해 나아간다. 여기에서 정복이란 붙잡는 것이고, 추구하는 대상과 하나가 되는 것을 뜻한다. 이 관점에서 볼 때, 이제 행복은 슬픔이나 우울에서 벗어나는 탈출구도, 혹은 우연히 마주치는 행운도 아니다. 행운은 방정식에서 빠지고, 주체는 정복의 정신으로 전진하며, 그 과정에서 의지가 희망의 자리를 대신한다.

‘정복하다’라는 동사에는 여러 요소가 내포되어 있다. 정복하려면 붙잡을 수 있는 대상이 필요한데, 따라서 그 대상이 존재해야 한다. 하이퍼모던 포스트 행복은 모든 통로를 통해 끊임없이 존재감을 드러낸다. 특히 스크린(스마트폰, 컴퓨터, 텔레비전 등)과 밀접하게 연결되어, 대중의 머릿속에 강렬하게 각인되었고, 모든 것을 포괄하는 하나의 범주로 자리 잡았다. 포스트 행복은 최대 고객을 수용할 수 있도록 요리, 여행, 문화 등 경험 소비부터 전화, 운동화, 자동차 등 물질 소비, 그리고 더 나아가 수련회, 요가, 치유 요법 등 영적인 소비에 이르기까지 모든 면에서 다양화되고 확장되었다.

포스트 행복은 대중적 확산을 위해 두 가지 강력한 요소를 활용했다. 첫 번째 요소는 자본이다. 이에 대해 윌리엄 데이비스는 "이제 포스트 행복은 측정하고 개선할 수 있는 가시적인 실체로서 세계 경제 관리의 중심에 침투했다"[34]고 말했다. 자본은 포스트 행복을 홍보하는 일에 깊은 관심을 갖는데, 그것이 매우 수익성이 높기 때문이다. 특히, 불만족과 우울감, 지속적인 불안감을 느끼는 근로자가 초래할 수 있는 경제적 손실을 정량화는 데 성공하면서 포스트 행복을 둘러싼 매우 수익성 높은 산업이 생겨났다. 갤럽 조사에 따르면, 2016년 미국에서는 근로자의 불행으로 인한 생산성 저하와 의료비 증가로 약 5000억 달러의 경제적 손실이 발생했다.[35] 우리는 에바 일루즈가 '감정 자본주의'[36]라고 명명한 자본주의와 긍정심리학의 결합을 목격하고 있는데, 이제 감정은 주요 소비재로 자리 잡았다. 또한 주관적 행복과 삶의 질을 측정하기 위해 GDP를 대체할 만한 새로운 지표들이 의미 있게 등장했다. 대표적으로 '지구촌 행복 지수Happy Planet Index'와 '세계 행복 보고서World Happiness Report'를 들 수 있다.

두 번째 요소는 과학의 권위이다. 뇌와 감정의 기능에 대한 지식의 발전은 포스트 행복 개념을 공적으로 표준화할 수 있는 길을 열어주었다. 윌리엄 데이비스에 따르면, "행복의 과학은 오늘날 심신의 질환에서 벗어나고자 하는 사람들의 강한 열망을 충족시켜줄 거라 약속하며 강한 영향력을 행사하고 있다. 무엇보다도 행복을 다루는 경제학자들이 슬픔과 소외 문제에 가격을 매기고 수량화할 수 있게 되었다."[37]

정복은 난관을 전제로 하지만, 정신적 빈곤에 시달리는 하이퍼모던 주체는 이를 극복할 능력이 부족하다. 그래서 난관을 극복하려 하기보다는, 오히려 그것을 별것 아닌 것처럼 위장하고 미화한다. 한편, 신경과학의 발전으로 세로토닌, 도파민, 엔도르핀 등 감정적 보상의 메커니즘을 이해하게 되면서, 현대 사회의 시스템은 21세기 주체가 행사할 수 있는 최후의 저항 수단인 주의력을 무력화한다. 라틴어 '아텐데레attendere'는 '어떤 대상에 마음을 기울이다'라는 뜻인데, 주체가 포스트 행복을 위해 주의를 끄는 대상에 자신의 열정과 욕망, 생활 방식을 쏟아붓는 순간, 주체의 저항이 무너지기 시작한다. 일단 주의력을 장악하고 나면, 다음 단계는 포스트 행복에 따를 수 있는 도덕적 저항을 제거하는 일이다. 역사적으로 인간의 욕망은 오랫동안 악마화되었지만, 오늘날에는 자극과 기업가 정신의 필수 요소로 변모했다.

이러한 미화 작업을 통해 포스트 행복은 과거에 부정적으로 여겨졌던 소비 행위를 '경험 소비'라는 긍정적 영역으로 바꿔 또 하나의 저항을 제거하는 데 성공했다. 신경 마케팅(제품 마케팅에 노출됐을 때 뇌의 반응이나 정신적 상태를 알아보는 신경학 분야—옮긴이)은 저항 요인을 오히려 활용 가능한 무기처럼 보이게 하고, 그것을 자극적인 요소로 전환하는 법을 찾아냈다. 결과적으로 정복 개념은 개인의 의지에 관한 사적인 문제로 축소되었다. 포스트 행복이 제시하는 목표는 너무 다양해서 우리 앞에는 늘 달성해야 할 목표가 놓여 있다. 예를 들어 체중 감량, 근육량 증대, 건강한 식습관 배우기, 대학 학위 취득, 사업 시작, 해로운 감정 거부, 가능한 한 많은 경험 축적 등 목표는 끝이 없다. 이 목표들은 누구나 접근할 수 있으며, 이러한 목표들은 접근 가능한 것들로, 외부가 제공하는 목표에 맞서 저항할 이유는 사라지고, 오로지 자기 극복의 문제만 남았다. 포스트 행복은 가상의 난관을 제시하는 정교한 기술을 발전시켜, 하이퍼모던 주체에게 난관을 극복할 수 있다는 환상을 심어주기까지 한다.

결국, 포위 공격을 단행해야 할 대상은 외부가 아닌 자기 자신이 되었다. 주체는 내적 저항, 의지력, 인내심, 회복력, 미루는 습관 등과 싸운다. 이렇듯 일상에 만연한 요소들 때문에 우리는 포스트 행복이 제시하는 작은 목표들을 달성하고도 스스로 행복하다고 느끼지 못한다.

포스트 행복은 쉽게 정복할 수 있지만, 붙잡는 순간 사라져

버리기에 끊임없이 새로운 포위 공격을 되풀이해야 한다. 하이퍼모던 주체가 시스템이 제안하는 모든 목표를 달성해도 특별한 행복을 느끼지 못하는 데에는 두 가지 이유가 있다. 첫째, 그 목표가 스스로 설정한 것이 아니라 외부에서 주어진 것이며, 자신의 현실이나 환경과는 무관하기 때문이다. 둘째, 극복해야 할 저항이 타인과의 관계 속에서 내면화된 포스트 행복의 이상과 관련되어 있기 때문이다. 하이퍼모던 주체는 최신 유행을 빠르게 익히고, 유로-디즈니 여행, 직장 승진, 맛집 방문 등 작은 성취를 통해 행복을 느끼려고 노력한다. 그러나 이러한 성취를 이룬 뒤 실제로 자신이 느끼는 감정과 옴니스크린에서 끝없이 쏟아지는 타인의 소비 반응은 다르다. 이 주체는 포스트 행복 경험에 대한 자신의 내면적 평가와 곳곳에서 나타나는 타인들의 평가 사이에 괴리가 있음을 깨닫는다. 결국 자신이, 타인이 보여주는 포스트 행복의 정해진 감정 반응에 부응하지 못한다는 이유로 스스로를 탓하게 되는 것도 당연한 일이다.

포스트 행복은 포위 과정마저 (후성유전적으로) 바꾸었다. 오르테가 이 가세트는 이미 위대한 철학적 문제는 포위하듯 다루어야 한다고 주장한 바 있다. "위대한 철학적 문제를 다룰 때는 히브리인들이 여리고 성과 그 안의 중요한 것을 점령하기 위해 사용했던 전술과 유사한 방식을 써야 한다. 즉, 직접 공격하기보다 천천히 성 주위를 돌며 점점 포위망을 좁혀가고, 극적인 나팔 소리를 계속 울리는 것이다. 이데올로기적 포위에서 극적인 소리란 문제들을 늘 명료하게 의식하는 것이고, 이런 문제들이 바로 사람의 관심과 감정을 붙잡는 이상적인 '극적 장치'가 된다."[38] 이와 달리, 포스트 행복에서의 포위는 빠르고, 즉각적이며, 놀라울 정도로 효과적이다.

행복의 경우, 우연한 만남이나 깊은 사색처럼, 유연하고 개방적으로 포위가 이루어졌다. 행복이 삶의 주된 목표가 아니었기에, 그것을 얻기 위해 많은 에너지를 쏟을 필요도 없었고, 그만큼 소모도 적었다. 또한 행복을 반드시 찾으리라는 확신이 없었으므로, 그것을 둘러싼 포위망도 느슨했다. 이는 일종의 다정한 포위망과 같아서, 행복만을 유일한 목적으로 삼을 때만 주체를 긴장시켰다. 그래서 행복은 이상적인 열망이자 멀리 있는 내면화된 목표로만 두었으며, 오히려 불안을 피하기 위한 일종의 방어 기제였다. 그러나 포스트 행복은 수단을 곧 목적으로 만들었고, 그 결과 포스트 행복을 추구하는 사람은 무엇을 해야 할지를 분명히 알게 되었다. 하지만 아이러니하게도, 포스트 행복을 향한 이 포위는 오히려 주체를 진정한 행복에서 멀어지게 한다. 세네카는 행복에 관해 이야기하면서 수단을 목적과 혼동하지 말라며 다음과 같이 경고했다. "모두가 행복한 삶을 갈망하지만, 왜 사람들은 그 길에서 넘어질까? 그것은 그들이 행복을 얻기 위한 수단을 곧 행복 그 자체로 착각하기 때문이다. 그래서 행복을 추구하는 동안, 행복은 오히려 그들에게서 달아난다. 결국 목표에 도달하기는커녕 점점 더 멀어지고, 노력할수록 더 많은 장애물이 생기며, 마침내는 뒤로 물러서게 된다.”[39]

세계화 이전의 주체는 삶에 불행이 닥쳤을 때만 행복을 떠올렸고, 평소의 주요 관심사는 가능한 한 품위 있는 삶을 살아가는 것이었다. 그리고 자신이 아는 범위 내에서 최선을 다해 그것을 위해 노력했다.

반면, 포스트 행복의 포위는 폐쇄적이면서도 쉽고, 자극적이고, 기대로 가득 차 있다. 그 이유는 포위의 대상(여행, 스마트폰, 레스토랑 등)이 손에 닿을 듯 가까이에 있는 것처럼 느껴지기 때문이다. 이는 동기를 부여하는 포위이다. 포스트 행복의 목표는 주체가 정복의 역동성을 필수적이고(그러나 이것만으로는 충분하지는 않게) 유익한 것으로 인식하게 하고, 끊임없는 활동에 끌어들여 더는 무언가를 찾을 필요가 없게 만드는 데 있다. 포스트 행복의 목표는 철저히 계획되고 안내되며, 지도화된 경로를 갖추고 있다. 그 경로는 위치 기반으로 최적화되어 쉽게 찾을 수 있게 설계되었다.

포스트 행복의 길에는 이미 정해진 경로와 표지판, 자세한 설명, 그리고 이전에 그 길을 지나간 사람들의 평가가 준비되어 있다. 많은 이가 오가는 붐비는 길이지만, 사회 계층과 나이, 성별과 상관없이 누구든 쉽게 들어가고 지나갈 수 있다. 또한 개인의 성향에 따라 맞춤형으로 여행 방식을 조언해주는 안내자도 존재한다. 이로 인해 포스트 행복으로 가는 여정은 하이퍼모더니티에서 가장 붐비고 수요가 많은 여정이 되었으며, 그 결과 삶의 길은 점차 포스트 행복의 길에 통합되고, 더 나아가 그에 종속되기 시작했다. 원래 삶의 길은 노력하며 닦아나아가는 과정이어야 하지만, 포스트 행복의 길은 현대적인 새로운 이동성의 조건에 맞춰 설계된 포장도로와 같다. 다양한 속도에 적합하고, 교통수단도 선택할 수 있도록 갖춰져 있다. 단, 요구되는 조건이 하나 있다. 절대로 멈춰서는 안 된다는 것이다.

빠르고 적극적인 포스트 행복

포스트 행복은 실용주의를 요구하며, 인터넷을 통해 더욱 빠르게 확산할 수 있는 발판을 마련했다. 디지털 커뮤니케이션은 감정을 즉각적으로 전달할 수 있게 해준다.[40] 감정은 이제 빛의 속도로 전달될 뿐만 아니라, 하이퍼모던 주체의 내면 깊숙이 파고들어 감동을 주고, 동기를 부여하고, 마음을 흔든다. 디지털 세계에서 민주화된 포스트 행복은 계층을 허문다. 여기에서는 누구나 포스트 행복의 발신자이자 수신자이며, 동시에 창조자이자 관찰자가 될 수 있다. 모든 것을 휩쓸고 지나가는 속도로 빠르게 드러나는 긴급함은 루시아노 콘체이로의 다음의 설명에서도 드러난다. "자본주의 논리하에서, 속도는 매우 열정적으로 추구된다. [⋯] 신속함과 효율성, 민첩성이 신성시되고, 느림과 서투름, 나태함은 혐오의 대상이 된다."[41] 이러한 변화는 구체적인 결과를 요구하며, 행복을 '추구하던' 시대에서 '정복하는' 시대로의 전환을 이끌었다. 즉, 무언가를 발견할 수 있을지 없을지 모르는 상태로 탐구해나아가던 열린 태도가, 반드시 행복을 달성할 수 있다는 강한 확신으로 전환된 것이다. 그리고 이러한 확신은 오히려 불안을 증폭시키는 요인이 되었다.

포스트 행복은 겉보기에는 쉽게 접근할 수 있고, 즉각적으로 소비할 수 있으며, 전 세계적으로 명백하게 드러나고 확장되는 것처럼 보인다. 그러나 그것을 정복하려면 지속적인 노력과 완전한 몰입, 끊임없는 에너지 투입이 필요하다. 반면, 정복을 멈추는 순간 주체는 초조함과 우울함, 방향 감각 상실 등을 경험한다. 오늘날 주체는 포스트 행복의 포위에 몸과 마음을 바치고, 그 과정에서 시야는 점점 좁아진다.

한편, 과거의 행복은 삶에서 집착의 대상이 아니었고, 그것을 반드시 찾을 수 있다는 확신도 없었다. 행복을 얻는 일은 개인에게 전적인 헌신을 요구하지도 않았다. 오히려 행복을 얻는 일 자체를 행운으로 여겼으므로 그렇지 못할 때 개인에게 책임을 묻지도 않았다. 그러나 포스트 행복은 이 방정식에서 '행운'이라는 요소를 제거했고, 자유주의 이념의 원격 조종을 받아 성공은 긍정적인 사고와 연결하고, 실패는 전적으로 개인의 책임으로 돌렸다. 작가이자 정치 활동가인 바버라 에런라이크에 따르면, "낙관주의는 물질적 성공의 열쇠이고, 긍정적인 사고를 실천하면 낙관적인 삶의 태도를 얻게 된다. 이런 관점에서, 실패

에는 어떤 변명도 허용되지 않는다".[42] 결국, 하이퍼모던 주체는
포스트 행복을 얻을 책임이 전적으로 자신에게 있다는 신념 아
래, 아주 이른 나이부터 포스트 행복을 향한 십자군 전쟁에 자신
을 바친다.

우리가 높은 수준의 성장과 사회 발전을 이루었다고 해서
포스트 행복의 총량까지 커진 건 아니다. 외려 산업화된 사회에
서 항우울제의 하루 복용량은 계속 증가하고 있다.[43] 진보의 물
질적·사회적 기반이 자리를 잡은 것처럼 보이자, 사회는 포스트
행복에 도달하기 위해 (자기) 돌봄이 필요하다는 사실을 깨닫게
되었다. 이러한 변화는 2014년 다보스 포럼에도 반영되었다. 당
시 처음으로 신체적·정신적 웰빙을 다루는 스물다섯 개의 '웰니
스wellness' 주제 토론이 열렸다. 이에 대해 윌리엄 데이비스는 다
음과 같이 말했다. "이제 다양한 형태의 행복은 더는 돈 버는 활
동이라는 우선순위에 따라붙는 즐거움이 아니라, 그 자체로 글
로벌 엘리트들의 주요 관심사가 되었다."[44] 전 세계 부자들은 이
제 부富를 넘어 행복해지는 법, 아니 포스트 행복을 쟁취하는 법
을 배우는 데 새로운 관심을 보이기 시작했다.

이와 더불어, '공공 감정public emotions'을 포스트 행복의 아이
콘으로 만드는 해로운 감상주의의 물결이 추가되었고, 이는 옴
니스크린에 의존한다. 포스트 행복은 이제 거리낌 없이 대중에
게 이미지를 노출하는 방식으로 입증되어야 한다. 예컨대, 사람
들은 오랜 해외 근무를 마치고 돌아온 부모가 자녀를 깜짝 놀래

키는 장면, 어린아이가 반려동물에게 다정하게 애정을 표현하는 모습, 혹은 항암 치료 중인 환자가 희망과 용기를 잃지 않는 모습 등을 촬영해 대중과 공유한다. 역사학자 윌리엄 댈림플은 이에 대해 다음과 같이 말한다. "이런 종류의 과시에 대한 압박이 점점 더 커지고 있다. 아무도 알아채지 못한다면, 공개적으로 무언가를 하는 것이 대체 무슨 의미가 있겠는가?"[45]

공개적인 감정 표현은 본래 사회관계의 일부였지만, 과거에는 실제적이고 직접적인 영역, 즉 경험에 기반하고 즉각적이며 친밀한 영역에 한정되었다. 또한 자신을 지나치게 드러내고 표현하는 것은 사회적 수용의 필터를 통과하지 못했다. 이런 태도는 신약성서에 등장하는 바리새인 이야기를 떠올리게 한다. 일부 성경 번역에 따르면, 바리새인은 기도하러 성전에 들어가서 선 채로 큰 소리로 하나님께 자신이 죄인이 아님에 감사하며, 모든 종교적 의무를 다했다고 사람들 앞에서 떠벌렸다. 반면, 그와 함께 기도하던 세리는 고개를 들지 못한 채 자신의 죄를 용서해 달라고 하나님께 간구했다. 성경(누가복음 18:9-14)은 이 이야기를 전하며 "자기를 높이는 자는 낮아지고, 자기를 낮추는 자는 높아지리라"라고 마무리한다. 그러나 바리새인에게 요구되었던 겸손과 신중함이라는 도덕적 부담은 오늘날 하이퍼모던 옴니스크린의 시각적 세계에서는 거의 힘을 발휘하지 못한다. 포스트 행복 시대 미디어를 통한 과시적이고 공개적인 감상주의의 확산은 스크린을 통해 모니터링되는 순간, 매우 강한 강제력을 행사한다. 이에 대한 반응은 둘 중 하나뿐이다. 동참하거나 비판을 삼가거나.

앞서 살펴본 것처럼, 의무는 사회적으로는 요구 단계에 있지만, 개인적으로는 점점 더 느슨해지는 국면에 있고, 그 결과 탈의무의 단계로 나아가고 있다. 포스트 행복은 도덕적 선과 연결되려는 모든 열망을 잃고, 초개인주의적 수준에서 실행된다. 이런 의미에서 포스트 행복은 행복을 "이성적 존재인 인간이 삶의 쾌락을 끊임없이 인식하고 의식하며 살아가는 것"[46]이라고 이해한 칸트의 관점과 연결된다. 이러한 행복은 오로지 주체의 욕구 능력과 경험을 통해서만 알 수 있다. 이런 관점에서 포스트 행복은 주관성의 범주에 속하는 것, 다시 말해 나에게 즐거움을 주는 것과 관련된 쾌락적 감정의 실현이다.

마지막으로, 하이퍼모던 주체의 노동에 대한 접근 방식에도 변화가 일어나는데, 이제는 일의 영역에까지 포스트 행복이 침투하고 있다는 점에 주목할 필요가 있다. 마르크스가 주장한 노동자의 소외, 즉 주체의 비인격화와 소외는 오늘날 훨씬 더 미묘하고 매력적인 두 번째 소외, 즉 포스트 행복의 소외로 나타나 노동의 영역을 덮치고 있다. 포스트 행복의 침투적이고 총체적인 역학은 이제 노동 현장에까지 스며들어, 노동의 조건 자체로 자리 잡았다. 노동의 세계는 사회가 요구하는 포스트 행복에 굴복했으며, 동시에 포스트 행복을 생산성 향상의 도구로 활용하고 있다. 최근 몇 년간 '행복'과 '일'이라는 이 두 용어를 연결하려는 관심이 급격히 증가했다. 예컨대, 2015년 9월 과학 데이터 베이스ABI/INFORM에서 이와 관련 자료를 검색했더니 무려 7만 8000건에 달하는 결과값이 나왔다. 새로운 밀레니엄의 목표는 바로 일하면서 행복해지는 것이다.[47] 이러한 흐름은 행복과 노동을 연결하려는 과학적 연구량이 지속적으로 증가하고 있는 데 서도 확인할 수 있다.[48]

포스트 행복은 노동을 식민지화했고, 동시에 노동도 포스트 행복에 기생하는 데 성공했다. 하이퍼모던 주체는 노동 속에서 포스트 행복을 갈망하고, 시장은 그 갈망을 이용해 이익을 창출한다. 디지털 문화 전문가 레메디오스 사프라는 이런 현상을 "열정(열정은 본래 자유롭고 변혁적인 힘이지만, 신자유주의와 디지털 문화 속에서 노동자를 불안정성과 과로로 몰아넣는 도구로 변질될 수 있다―옮긴이)"[49]이라고 부른다. 과거에 노동은 주로 의무의 논리를 따랐고, 행복은 여가 속에서 얻는 휴식의 범주에 속했다. 기 드보르는 경제가 사회생활을 지배하고 여가를 침식해가는 과정을 두 단계로 설명한다. 첫째, 개인이 존재에서 소유로 격하되고, 둘째, 소유에서 보이는 것으로 전환된다.[50] 하이퍼모더니티에서는 여가에 기반한 행복이 포스트 행복으로 대체되었고, 이는 이제 사적인 영역을 넘어 노동 세계로까지 침투해 공생의 양상을 띠게 되었다. 그 결과, '호모 오퍼레이터*Homo operator*(노동 중심적 인간―옮긴이)'는 포스트 행복적 소외를 겪는다. 이 '호모 오퍼레이터'는 열정을 생산 활동으로 전환하라고 요구하는 스티브 잡스 같은 구루들이나 각자 자신의 '엘리먼트element(개인의 열정과 재능이 만나는 지점—옮긴이)'를 발견하고 그것을 일로 전환해 수익을 창출하라는 켄 로빈슨[51]과 같은 교육계 리더들에게서 영감을 얻는다.

수치화와 포스트 행복

포스트 행복이 도입한 수많은 새로운 요소 중 핵심적인 것이 데이터, 통계, 숫자 등으로 이루어진 정량화이다. 정량화를 둘러싼 하이퍼모던의 접근 방식은 아주 다양한데, 행복을 정의할 때마다 생기는 긴장감을 낮추기 위해 '복지', '삶의 질', '번영' 등과 같은 완곡한 표현들이 많이 사용되고 있다. 동시에 이러한 개념들을 강조하기 위해 반대 의미를 지닌 용어들도 함께 사용되는데, 이는 각각의 존재를 살아 있고 활기차게 유지하는 데 필요한 변증법적 역동성을 만들어낸다. 대표적인 용어로는 '불만', '불쾌감', '실망' 등이 있으며, 이들은 포스트 행복을 부정적으로 정의하는 데 쓰인다.

포스트 행복을 정량화하기 위해 사용하는 수많은 통계 지표 가운데, 특히 눈에 띄는 두 가지 핵심 용어가 있다. 이 둘은 서로 결합해 포스트 행복에 마치 실체처럼 객관성을 부여하고, 그 사회적 위상을 강화하는 역할을 하는 것처럼 보인다. 그중 하나는

'웰페어wellfare'인데, 이는 개인을 둘러싼 생활 수준과 환경이 제공하는 삶의 질을 의미한다. 다른 하나는 '웰빙well-being'인데, 이는 개인의 주관적 경험과 관련된 개념으로, 개인이 체감하는 삶의 질을 말한다. 이들 주제에 관한 연구가 본격적으로 시작된 계기는 정부가 발표한 삶의 질 보고서들과 시민들이 체감하는 주관적인 현실 사이의 불일치 때문이었다. 당시 보고서들은 경제적이고 정량적인 기준에만 의존했고, 국민이 체감하는 삶의 질에 대해서는 단순한 기술에 그쳤다. 이로 인해 노동 조건, 건강, 주거 환경 등과 관련된 인식을 더 충실히 반영할 수 있도록, 심리적이고 주관적인 요소들을 통계 지표에 도입해야 할 필요성이 제기되었다. 실제로 경제협력개발기구OECD 실무팀은 1973년 이 주제에 집중하면서 다음과 같이 명확히 밝혔다. "개인과 집단이 자신들의 웰빙을 근본적으로 어떻게 인지하는가는 사회 지표 프로그램을 운영하는 데 필수적이며 중요한 요소이다."[52] 이후 삶의 질을 측정할 때 아무리 주관적인 기준일지라도 감정과 인식, 태도와 같은 특정한 매개 변수들을 포함해야 한다는 점을 누구도 간과하지 않게 되었다.

행복과 삶의 질 사이의 상관성은 오래전부터 논의되어왔지만, 20세기 후반에 들어서야 '삶의 질'이라는 개념을 좀 더 정확히 정의했으며, 가능한 한 정량화하기 위한 재검토가 시작되었다. 이에 따라 일부 사회 지표들을 강화해야 한다는 요구도 점차 커졌다. 이런 주관적 지표들을 일찍이 설정한 인물이 바로 에

이브러햄 매슬로였다.[53] 그는 식량, 주거, 의복과 같은 생존 욕구를 포함하는 1단계에서 출발해 여러 단계로 욕구를 분류하는 이론을 제시했다. 2단계는 물리적 위험, 환경, 재난 등과 관련된 안전 욕구이고, 3단계는 사랑, 애정, 인간관계에 관한 소속 욕구, 4단계는 인정, 지위(혹은 지배욕), 명성에 초점을 맞춘 존중 욕구다. 그리고 가장 높은 단계에서는 이런 사회적·주관적 욕구가 어떻게 유형화되는지를 이해하는 데 핵심적인 자아실현 욕구를 제시했다. 이 단계에서는 각 개인이 될 수 있는 최상의 모습, 즉 잠재력 실현이라는 목표가 강조되었고, 이것은 오늘날의 삶에서 매우 중요한 의미를 지니게 된다.

역사적으로 행복을 정의하고 그 구성 요소를 분석하려는 시도는 끊임없이 이어져왔다. 단순히 자료들을 통해 행복의 구성 요소를 정량화하는 데 그치지 않고, 이를 유형화하려는 시도도 있었다. 특히 제러미 벤담과 존 스튜어트 밀을 중심으로 한 공리주의자들은 에피쿠로스 철학에 기반해 쾌락과 행복을 밀접하게 연관시키며, 그중에서도 지적 쾌락이 모든 쾌락 중에서 가장 우월하다고 주장했다. 밀과 같은 사상가들에게 쾌락은 행복을 낳고, 행복은 다시 쾌락을 낳는 것이었다. 벤담[54]은 쾌락을 측정하는 데 도움이 되는 다음의 일곱 가지 기준을 제시했다. ① 강도, ② 지속성, ③ 확실성 또는 불확실성(쾌락이 실제로 발생할 가능성), ④ 원근성(쾌락이 얼마나 가까이 있는가), ⑤ 생산성(유사한 쾌락을 유발할 가능성), ⑥ 순수성(반대되는 감각을 유발하지 않을

    불만 속의 기대

가능성), ⑦ 규모(얼마나 많은 사람이 영향을 받는가). 이러한 기준을 보면, 그들이 강조한 쾌락의 비중이 지적 쾌락과 밀접하게 연결되어 있다는 사실을 유추할 수 있다. 밀은 벤담에 관한 에세이에서 그가 간과한 중요한 요소를 덧붙였는데, 바로 '탁월함의 추구'다. 밀은 이를 행복의 핵심 구성 요소 중 하나로 간주했다. 실제로 그는 다음과 같이 말한다. "어떤 지적인 사람도 스스로 어리석어지기를 원하지 않으며, 어떤 교양 있는 사람도 무식해지기를 바라지 않을 것이다. 또한 감정과 양심을 가진 사람이라면 이기적이고 타락한 사람이 되고 싶어 하지 않을 것이다. 설령 어리석은 자나 무식한 자, 또는 몰염치한 자들이 자기들의 운명에 더 만족한다고 주장하더라도 말이다."[55]

역사적으로 행복을 규정하려는 짧은 역사적 시도를 살펴보았지만, 행복을 정의하려는 이 모든 시도는 행복과 연결된 개념적 뿌리를 갖고 있지 않은 하이퍼모던 주체에게는 부차적인 문제에 불과하다는 점을 분명히 할 필요가 있다. 포스트 행복이 요구하는 '뿌리 뽑힘'은 주체를 지적 활동에서 벗어나게 하고, 대신 감정의 제국으로 이끈다. 그러나 이 감정의 제국에서도 하이퍼모더니티의 중요한 감정 중 하나인 두려움만큼은 결코 뿌리 뽑지 못한다.

토템 스크린

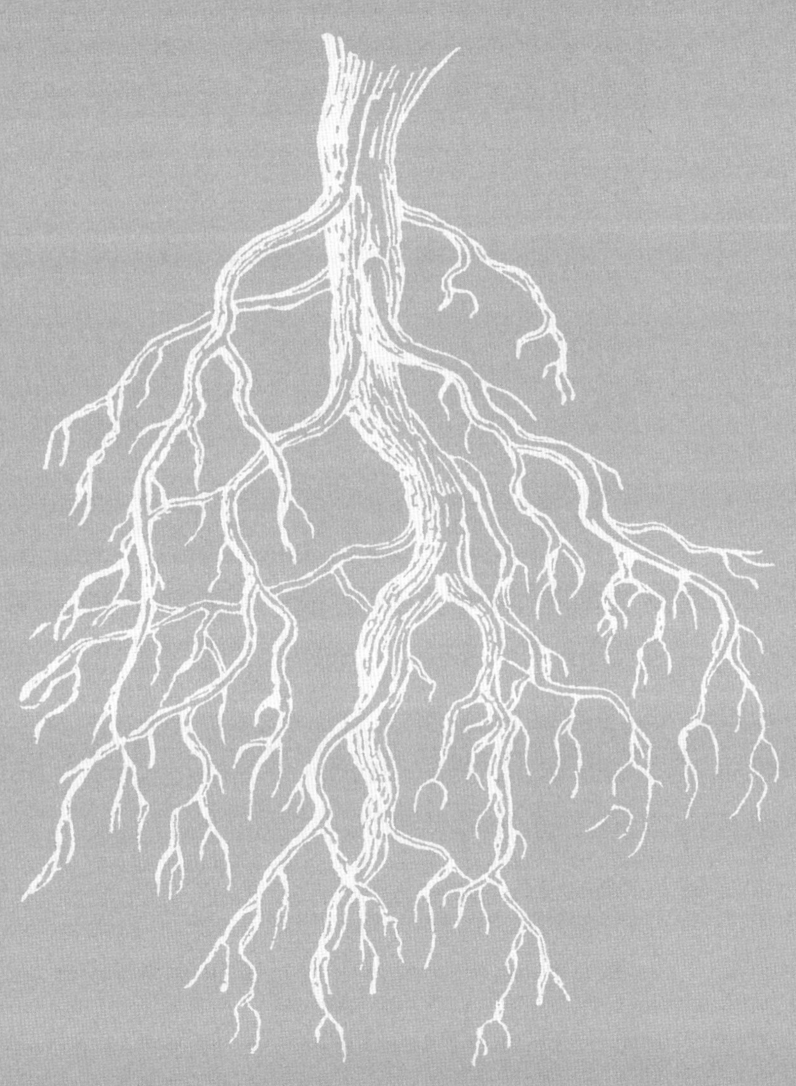

7장

두려움과 포스트 행복:
하이퍼모던 시대의 두려움

신화와 두려움

포스트 행복 모델을 바꾸고 규정하는 메커니즘과 동인을 더 잘 이해하려면, 하이퍼모던 시대의 두려움에 관한 분석에 주목할 필요가 있다. 포스트 행복이 겪은 변화와 변형은 많은 경우 새로운 유형의 두려움과 직접적으로 연결되며, 이는 종종 개인이 만족을 얻는 데 걸림돌이 된다.

두려움은 철학의 역사 속에서도 중요한 위치를 차지해왔으며, 신화 속에서도 일찍 그 중요성을 드러냈다. 고대 이집트 문서와 '히포크라테스 문헌'에서도 두려움과 공포증에 관한 내용을 찾아볼 수 있다.[1] 다만, '공포증phobia'이라는 단어가 언급될 때, 그 개념이 일관되게 쓰이지는 않은 것 같다. 실제로 그리스

신화를 살펴보면, 주요 신들 가운데 '포보스*Phobos*(공포, 도망)'가 등장한다. 그는 사랑의 여신 아프로디테와 전쟁의 신 아레스 사이에서 태어난 아들로,[2] 헤시오도스의 『신들의 계보』에는 다음과 같은 내용이 나온다. "아프로디테는 무시무시한 포보스(공포)와 데이모스(두려움)를 낳았고, 이들은 전쟁의 신 아레스와 함께 피로 물든 전장에서 하나로 뭉친 전열을 혼란에 빠뜨린다."[3] 즉, 사랑과 전쟁의 결합에서 공포와 두려움이 태어난다는 것으로, 이는 혼란의 순간에 대한 상징적 해석이라 할 수 있다. 여기서 사랑은 인류애의 최고 상징이자 인간성의 선언이며, 반대로 전쟁은 적과 맞설 때 불가피하게 작동하는 비인간화의 상징이다. 사랑(아프로디테)은 타인에 대한 숭고한 감정, 타인에의 헌신, 자아의 포기, 그리고 타인을 자신의 정체성 속에 품는 인간 과정의 심화를 구현한다. 사랑하는 이는 사랑의 대상을 자기 안에 깊이 받아들인다. 반면, 전쟁(아레스)은 비인간화 그 자체다. 적을 쓰러뜨리기 위해서는 마음속에서 그의 인간적 특성을 철저히 지워내야 한다. 이는 자아가 강제적 의지를 발휘해 적과 눈을 마주할 때 그 속에서 인간적인 흔적을 조금도 발견하지 않으려는 것이다. 포보스는 '도망'이라는 형태로 표출되는 두려움의 전형으로, 둘 사이를 가르는 중간 지점으로 해석되는 것 같다. 즉, 자아는 두려울 때 자신의 감정에 집중하는 동시에, 그 두려움을 유발하는 대상에도 집중한다. 두려움에 사로잡힌 주체는 자신이 겪은 강렬한 감정에 집착하며 과도한 인간화를 경험하는 동시에,

두려움의 대상을 철저히 비인간화한다.

호메로스의 작품에 나타나는 포보스의 임무는 전장에 도착해서 아레스와 함께 적군을 놀라게 하고, 겁에 질려 도망치게 만드는 것이었다. 일부 번역본에서는 포보스가 아레스의 딸로 등장하기도 하는데, 그녀의 이름은 '푸가*Fuga*(도망)'다. 그 내용에 따르면, "인간을 징벌하는 아레스는 전투에 뛰어들 때, 딸 푸가의 호위를 받는다. 그녀는 강하고 대담하며, 무장한 용맹한 전사까지도 두려움에 떨게 할 수 있는 존재다".[4]

두려움을 다룬 초기 역사 문헌들을 살펴보면, 인간의 원초적 감정에 기반한 통제 전략이 나타난다. 이러한 관점에서 두려움은 두 가지 입장에서 이해할 수 있다. 하나는 두려움을 유발하는 사람의 입장이고, 다른 하나는 두려움을 느끼는 사람의 입장이다. 먼저, 적을 도망치게 만들기 위해 두려움을 유발하는 포보스의 의도는 직접적인 대결, 즉 싸움을 피하려는 전략으로 볼 수 있다. 적에게 무서운 이미지를 심어 두려움을 유발하고, 결국 달아나게 함으로써 자신들과 분리되도록 유도하는 것이다. 이러한 맥락에서 공포증은 일종의 '정신 질환'으로, 주체는 자기 자신과 직면하기를 거부하게 되고, 결국 두려움의 노예가 된다. 반면, 두려움을 느끼는 사람의 관점에서 두려움은 회피 형태의 생존 장치를 활성화하는 촉발 요인이다. 생명을 지키고 직접적인 위협을 피하기 위한 도피의 한 형태인 셈이다.

의심의 부재

이런 통제 전략이 완전히 효과를 발휘해 주체의 감정적 균형에 직접적인 영향을 끼치려면, 그 공식에서 의심을 제거해야 한다. 의심은 두려움의 전략을 위태롭게 할 수 있는 의식적 사고 메커니즘을 활성화하기 때문이다. 빅토리아 캄스[5]가 몽테뉴의 의심에 대한 관점을 빌려 주장하듯이, 의심은 멈춤을 의미한다. 즉, 의심은 최초의 충동에 즉각 반응하지 않고, 신중하고 사려 깊은 태도를 보이는 행위로 이해할 수 있다.

두려움과 의심은 우리 문명의 근간이 되는 또 다른 신화, 바로 성경의 창세기에서도 핵심적인 역할을 한다. 이는 아담과 하와가 에덴동산에서 추방당하는 이야기의 중심축이기도 하다. 이 이야기에서 두려움은 주인공들을 순종적인 아이들로 만드는 중요한 요소인데, 그들의 두려움은 하나님의 명령에 순종하지 않는 것이었다. 하지만 뱀은 하와에게 접근해 그 열매를 먹으면 하나님처럼 지혜롭게 될 것이라고 유혹한다. 그러자 하와는 호기심에 이끌려 하나님의 명령을 의심하고, 결국 금단의 열매를 깨물고 만다.

이 이야기에는 신뢰라는 주제가 기본적으로 깔려 있지만, 오늘날 점차 커지는 두려움 중 하나를 언급하고 있다는 점에 주목해야 한다. 그것은 바로 진보와 계몽에 대한 불신, 더 구체적으로는 계획되거나 예고되지 않은 지식이 초래할 수 있는 예상치 못한 결과에 대한 두려움이다. 하나님의 명령에 대한 하와의 의심은 이브에게 용기와 두려움을 거의 동시에 불러일으켰다. 명령을 어길 용기를 가지고 행동했고, 처음으로 자신이 벌거 벗었음을 깨닫고 눈에 띄지 않기 위해 몸을 가리면서 두려움을 경험했다. 이는 칸트가 말한 지적 미성년 상태[6]에서 벗어나 스스로 생각하기 위해서는 정신적 성숙의 한 요소로서 의심이 필요하다는 것을 보여준다. 에덴동산에서 추방된 후, 아담과 하와는 비로소 자신들이 인간이며, 죽음을 피할 수 없고, 더는 돌봄을 받지 못하는 무력한 존재임을 깨닫는다. 그리고 처음으로 시간의 흐름을 자각하는데, 그 의식은 두려움과 결합하여 걱정과 불안을 만들어낸다. 그리고 추방을 당하는 그 순간, 그들은 자신들이 가진 개별성과 능력, 기술을 알아차리고 정체성을 형성해나가기 시작한다.

하와가 하나님의 말을 의심하는 데는 외부의 자극이 필요했고, 뱀은 그녀가 그때까지 걸어온 길에서 벗어나게 해주었다. 뱀 덕분에 인간은 무지의 굴레에서 벗어났지만, 이 성경 이야기에는 교육적인 열의가 거의 보이지 않는다. 어쩌면 이 점은 오늘날 우리가, 특히 하이퍼모던 주체가 직면한 가장 심각한 세계적 두려움 중 하나, 즉 의심을 작동시키는 메커니즘에 대한 교육이나 훈련이 거의 또는 전혀 이루어지지 않고 있다는 현실과 맞닿아 있는지도 모른다. 하와는 의심하는 법에 대한 그 어떤 교육도 받지 못했고, '경이로움-호기심-질문'이라는 의심으로 나아가는 원초적 사고의 단계를 활성화할 기초도 갖추지 못했다. 아담과 마찬가지로 하와의 삶은 의미 없이 타율적으로 흘러갔고, 이는 오늘날 하이퍼모던 삶을 구성하는 메커니즘과도 닮았다. 그 삶 속에서 포스트 행복은 주체에게 매우 구조적이고 명확한 방식으로 제시되기 때문에, 그 경계를 넘어 분석하기가 어렵다.

보수주의자와 진보주의자

감정의 제국을 둘러싼 모든 요소 중에서 매우 영향력 있는 것 중 하나가 바로 교육이다. 하지만 이제 지식의 원천으로 여겨지던 교사의 권위는 약해지고, 교사의 역할마저 재정의되어야 할 상황이다. 1946년, 벤저민 스폭[7] 박사의 베스트셀러 『스폭 박사의 육아서』 출간을 계기로, 아동의 불안과 흥미에 초점을 맞춘 교육 경향이 나타났다. 앞서 언급한 것처럼, 우리는 '에듀카레*educare*'[8] 대신, '에듀케레*educere*'를 선택하며, 지난 수십 년 동안 교육학에서 가장 중요한 코페르니쿠스적 전환을 겪어왔다. '에듀카레'는 교육 혁명 이전의 패러다임으로, 학생에게 필요한 것을 제공하고 이끌며 안내하는 책임을 맡은 교사에게 초점이 맞춰졌다. '에듀카레'는 존 로크[9]가 말한 '백지 상태*tabula rasa*' 개념, 즉 인간이 거의 아무런 지식 없이 태어난다는 경험주의적 인식론에 뿌리를 둔다. 이에 따르면 어린 주체는 자율적으로 행동할 수 없으며, 교사와 환경에 의존할 수밖에 없다. 따라서 교사와 환경은 학생을 상호의존적 시민으로 만들기 위해 협력해야 한다. 이 모델에서 교육 시스템은 교사, 부모, 미디어 등 아이의 외부 요소에 기반을 둔다.

반면 '에듀케레'를 선택하면, 교육받는 주체가 교육의 중심에 놓인다. 즉, 교육이란 학생 안에 이미 존재하는 것을 끌어내는 과정, 학생 스스로 잠재력을 '내부에서 끌어내' 개발하는 일로 간주한다. 이런 방법론을 중심으로 최근에는 새로운 교육학과 교육법이 전개되었다. 이 방식을 인식론적으로 정당화하기 위해 자주 인용되는 것이 바로 소크라테스의 산파술로, 질문을 통해 학습자를 자극하는 방식이다. 그러나 우리는 소크라테스가 이 방법론을 성인을 대상으로 사용했고, 집단적이고 대화적인 방식으로 진리에 접근하기 위해 활용했다는 점을 간과해서는 안 된다. 게다가 각 대화의 주제 역시 대화자의 관심에서 자연스럽게 나온 것이 아니라, 대부분 소크라테스 자신이 제안한 것이었다는 점에도 주목할 필요가 있다.

플라톤의 대화편 『테아이테토스』에서 소크라테스는 교육을 지식을 끌어내는 일로 보았는데, 이는 그의 어머니의 직업이기도 했던, 산모의 출산을 돕는 산파의 일에 비유된다. 그러나 이처럼 지식을 끌어내는 일에는 대화마다 상대의 말을 주의 깊게 경청하고 존중하는 대화 공동체가 필요하다. 소크라테스가 민주주의를 지지했을 가능성은 있지만, 모든 자료가 이를 뒷받침하는 건 아니다. 그러나 그가 옹호한 교육 모델은 강요가 아닌 탐색을 위한 대화를 기반으로 했다는 점에 주목해보자. 후안 파블로 라미스 교수는 이에 대해서 다음과 같이 설명한다. "소크라테스는 확고한 민주주의자였다. 이런 주장에 동의하는 학자들은 소크라테스가 모든 계층의 사람들과 대화를 나누며 그것을 진리에 도달하는 수단으로 삼았다는 점, 그리고 『크리톤』에서 정의와 법을 동일시했다는 점을 민주주의적 요소로 평가한다."[10] 그럼에도 불구하고, 『소크라테스의 변명』에 따르면 그는 아테네 시민들의 오해로 고발당해 결국 유죄 판결을 받는다.

민주주의에 대한 이러한 옹호는 일부 교육학 영역에서 편향된 방식으로 교육과정에 적용되기도 한다. 가정은 물론 학교에서도 아이들에게 투표를 통해 의사를 결정할 권한이 부여되며, 그들의 분석 능력과 경험은 어른들의 것과 동등하게 취급된다. 이 새로운 교육법에 매료된 부모들은 식당과 자동차 라디오 채널과 휴가 장소를 선택할 때조차 자녀들에게 자신들의 기준을 강요하지 않는다. 그 결과, 아이들은 스스로 선택할 권리와 그 권리의 중요성을 자연스럽게 수용한다. 그러나 이러한 방식에 아이의 타고난 이기심과 자기중심성이 결합하면, 오히려 포스트 행복의 기반을 형성할 위험이 있다.

『소크라테스의 변명』에서 소크라테스는 세 시민 멜레토스, 아니토스, 리콘의 고발로 재판에서 져서 사형 선고를 받는다. 그들은 소크라테스가 젊은이들을 타락시키고, 도시의 신들을 믿지 않거나 새로운 신들을 권한다며 비난했다. 역설적이게도 소크라테스에 대한 이 재판은 두 가지 상반된 교육 방식을 상징적으로 보여준다. 아니토스는 아테네를 그리스의 규범이 되는 도시로 만든 사회 학습 모델인 전통을 옹호하는 강한 신념을 가진 존경받는 시민이었다. 반면, 소크라테스는 무엇보다도 개인의 자유와 최고의 선인 이성을 옹호했다. 정치학 교수인 오르테가 오르티스는 국제사법재판소 판사 고메스 로블레도의 말을 인용해 다음과 같이 말했다. "소크라테스 재판의 비극은 주요 고발자인 아니토스가 소크라테스만큼이나 자신의 신념에 충실한 매우 존경받는 시민이었다는 데 있다. […] 결국 이것은 두 개인이 아니라, 두 세계가 충돌한 사건이었다. 즉, 아니토스가 대표하는 전통과 국가의 세계, 그리고 소크라테스가 대표하는 이성과 개인의 자유의 세계가 맞선 것이다."[11] 오르테가 오르티스 교수는 핵심 문제에 대한 존 버넷[12]의 해석을 받아들여, 소크라테스의 행위가 국가 안보에 위협이 되었다고 주장한다. 고발자들은 그가 아테네의 도덕적, 종교적 기반을 흔들었다고 판단했다. 소크라테스는 그 고발이 거짓에 근거한 것이라며 자신을 변호했다.

아니토스는 소크라테스가 무죄를 받게 될 경우, 국가의 안정이 흔들릴 거라는 두려움에 기대 호소했고 위험을 경고했다. 이처럼 두려움이라는 가장 원초적인 감정에 호소하는 방식은 무분별한 대중을 통제하고자 할 때 사용할 수 있는 강력한 수단임을 이미 그들은 알고 있었다. 그때까지 그리스 사회는 번영으로 정당성을 인정받은 민회 통치자들의 지혜를 신뢰해야 한다고 교육받아왔다. 이런 조직 모델 안에서는 민회가 누리는 어떤 특권도 쉽게 의심받지 않았다. 반면, 소크라테스의 접근은 기존 질서에 질문을 던지는 것이었고, 이는 계층 구조에 의해 '확립된 진리'에 도전하는 의심의 메커니즘을 작동시켰다.

오늘날로 확장해서 보면, 이분법적 사고에 갇힌 하이퍼모던 주체는 아니토스나 소크라테스 양측 모두의 입장에서 이해될 수 있는 극단화된 두려움의 유형을 경험한다. 일부 사람들이 급진적 보수 정치가 부상한다고 보는 이유는 '하이퍼모던 진보주의'로 인해 자신들의 미시적 세계가 무너질지도 모른다는 심각한 위험을 감지하기 때문이다. 이 보수적인 미시적 세계는 얼마 전까지만 해도 완전한 힘과 도덕적 주도권을 쥐고 있었고, 매우 효과적이었던 신념을 다음 세대에 전달할 수 있었다. 그러나 이와 반대로 급진적 진보주의 편에 선 사람들은 전통과 현상 유지 정책을 자신들이 추구하는 진보의 걸림돌로 보고, 이전과 다른 새로운 도덕 규범에 의지하려 한다. 이로 인해 앞으로도 한동안 변증법적 논쟁이 계속될 가능성이 크다. 두 경우 모두, 자신이 진리를 가지고 있고, 도덕적으로 올바른 편에 서 있다는 점에 대해 한 치의 의심도 하지 않는다.

가짜

두려움에 대한 균형추로서 유용한 요소인 의심을 제거하려는 바로 이런 방식들은 현대 사회에서 미디어에 가장 많이 오르내리는 '탈진실(객관적인 사실보다는 감정이나 개인적인 신념이 대중의 의견 형성에 더 큰 영향력을 미치는 현상—옮긴이)'이라는 현상에서도 발견할 수 있다. 탈진실은 '가짜 뉴스'를 유포하는 전략에서 두려움을 핵심 요소로 활용한다. 이는 단순히 객관적 정보 전달을 넘어 개인의 이익에 초점을 맞추고, 동시에 수신자의 감정적인 측면을 조작하는 데 주력한다. 그 목적은 개인 감정의 중심부를 공격해 이성적인 사고를 마비시키는 데 있으며, 이 과정에서 두려움은 가장 강력한 도구가 된다. 우리는 이미 두려움과 거짓을 이용해 목표를 달성한 많은 사례를 보았다. 2003년 대량 살상 무기의 존재를 조작해 이라크 침공을 감행한 조지 W. 부시 행정부의 사례나 2016년 미국 대선 당시 선거에서 승리하기 위해 미국을 지나치게 부정적이고 왜곡되게 묘사한 도널드 트럼프의 사례들이 바로 그 예다.

정치 커뮤니케이션 전문가 곤살로 사라스케타[13]는 작가 스티브 테시치의 견해를 인용해 워터게이트 사건이나 걸프전 같은 사건을 언급하면서, 사회가 탈진실의 세계를 선택했다고 주장한다. 그에 따르면, 탈진실의 세계에서는 객관적이고 구체적인 사실이 더는 중요하지 않다. 미국 사회에서 거짓말은 선거를 통해 심판을 받지도, 법을 통해 처벌을 받지도 않는 상황이 되었다. 또한 그는 소셜미디어 전문가 매디슨 캐슬린 컬버의 분석을 인용하면서, 도널드 트럼프의 트위터 계정과 관련해 다음과 같이 말한다. "그의 트윗에는 감정을 자극하는 일정한 패턴이 있다. 그는 이민 문제와 같은 주제를 언급한 뒤, 두려움 같은 감정에 호소한다."[14] 마치 그리스신화에서 포보스와 아레스가 극적인 장면을 연출하듯, 트럼프는 자신의 쇼에 두려움을 주입해 탈진실을 통해 시민들의 분석 능력을 마비시킨다. 그 결과, 그는 특히 현대인의 체계적인 의심을 방정식에서 제거하는 데 성공했다.

신화도 두려움을 다루었지만, 고대 그리스철학 역시 이 주제를 깊이 있게 탐구했다. 플라톤은 대화편 『라케스』에서 이미 두려움에 대해 논의하고 있는데, 여기서 그는 포보스 대신, '데오스*déos*'라는 단어를 사용한다. '데오스'는 좀 더 일반적인 의미의 '두려움이나 공포'를 뜻한다.[15] 그는 또 다른 대화편인 『필레보스』에서 영혼의 일곱 가지 감정 상태로 두려움, 분노, 슬픔, 애도, 사랑, 경쟁심, 질투를 제시하며, 이들 중 일부는 지식을 향해 열려 있고, 일부는 지식을 향해 닫혀 있다고 설명한다.[16] 이러한 감정들에 주목하면, 탈진실 시대에 대중을 조종하기 위해 감정적 요소가 어떻게 전략적으로 이용되는지 알 수 있다. 특히, 일부 감정은 지식으로 향하는 문을 닫아버리기 때문에, 수신자는 이른바 '가짜 뉴스'를 접할 때 쉽게 두려움에 압도된다.

그러나 이 주제에 대해 가장 깊이 논의한 그리스 사상가는 바로 플라톤의 제자, 아리스토텔레스다. 그의 『수사학』에 나오는 '포보스'의 정의는 잘 알려져 있는데, 여기에서 그는 그것을 "파괴적이거나 고통스러운 재앙이 닥치려는 순간, 상상 속에서 일어나는 고통이나 혼란"으로 본다.[17] 이 정의는 21세기에도 여전히 유효하다. 왜냐하면 탈진실이 어떻게 미디어와 결탁해 작동하는지, 그리고 왜 하이퍼모던 주체가 그것을 인식하지 못하는지를 보여주는 예가 될 수 있기 때문이다. 주체가 탈진실을 인식하지 못하는 이유는 여러 가지가 있지만 그중에서도 가장 큰 이유는 감정이 지적 범주에 포함되고, 감정이 지식을 스며들게 하는 도구로 자리매김했기 때문이다. 탈진실의 목표는 단순히 진실을 숨기는 게 아니라, 여론을 통제할 수 있는 최적의 전략을 찾는 것이다. 여론 통제를 가장 효과적으로 수행하는 방법은 깊이 사고하지 않는 주체가 지닌 두 가지 특징적 요소, 즉 '신념'과 '의견'에 호소하는 것이다. 그러고 나면 남은 일은 두려움의 메커니즘을 활용해 그들의 신념과 의견을 조작하는 것뿐이다. 즉, '곧 나쁜 일이 일어날 것'이라는 생각을 심어주기만 하면 된다. 예컨대 "이민자들이 우리의 일자리를 빼앗을 것이다", "폭력이 증가할 것이다", "지금 민주주의가 위협받고 있다"와 같은 위기의식을 주입하는 것으로, 이는 아리스토텔레스가 주장한 논지와도 일치한다.

감정, 의지, 두려움

대중을 통제하기 위해 감정적 측면을 활용하는 사례는 성경에도 나온다. 정치이론가 코리 로빈은 저서 『두려움: 정치사상의 역사』에서 이렇게 말한다. "좀처럼 눈에 띄지 않지만, 두려움은 성경 속 인물이 처음으로 경험하는 감정이다. 그런데 왜 하필 두려움일까? 아마도 성경의 저자들이 볼 때 두려움이 가장 강력한 감정이었기 때문일 것이다. [⋯] 그들은 악에 대해서 불확실한 지식을 가지고 있기에, 자기 삶에서 구경꾼처럼 행동하거나, 기껏해야 반쯤만 의식적인 행위자가 된다."[18]

크리스티나 카사도와 리카르도 콜로모는 서양 철학에 등장하는 감정의 관념에 대한 글을 쓰면서 성 아우구스티누스가 의지와 결합된 감정을 중요한 요소로 여겼음을 강조한다. 그는 『신국론』에서 다음과 같이 말한다. "의지는 영혼의 모든 움직임 안에 존재한다. [⋯] 탐욕과 기쁨이란 게 원하는 것에 대한 의식적인 의지가 아니고 무엇이겠는가? 또한 두려움과 슬픔이란 게 원치 않는 것을 거부하려는 의지가 아니고 무엇이겠는가? [⋯] 인간의 의지는 때로는 끌어당기고 때로는 거부하며, 이 감정이나 저 감정으로 변하고 변형된다."[19]

고대 시대부터 사람의 뜻을 움직이는 데 있어 이성적 논리보다 감정에 호소하는 것이 효과적이라는 사실은 널리 알려져 있었다. 행동을 촉발하는 데 감정이 핵심적인 역할을 한다는 점을 강조한 사상가는 이들뿐만이 아니다. 토머스 홉스는『리바이어던』[20]에서 감정을 눈에 보이지 않지만, 인간의 모든 신체 움직임을 이끄는 근본 원인으로 보았다. 그는 감정이 눈에 보이는 행동에 선행한다고 주장하며, 이러한 선행을 '경향성'이라고 정의했다. 그리고 이는 특정 대상에 대한 욕구, 갈망 또는 혐오에서 비롯된다고 설명한다. 홉스에게 쾌락을 유발하는 감정은 생명의 움직임을 강화하고, 인간의 행동을 통제하는 힘으로 작용한다. 이후 철학자 스피노자는 욕망, 기쁨, 슬픔(혹은 고통)이라는 세 가지 주요 감정의 구조를 이론화했다. 그의 관점에서 기쁨은 완전함에 대한 의식적인 표현이며, 슬픔(고통)은 불완전함에 대한 표현이다.[21]

그러나 홉스와 더불어 두려움의 역할과 정치와의 관계에 초점을 맞춘 사상가를 꼽으라면 마키아벨리를 빼놓을 수 없을 것이다. 철학자이자 작가인 베르나트 카스타니가 지적했듯 윤리와 정치는 서로를 필요로 한다. 개인의 슬픈 열정이 집단의 슬픈 열정으로 투영되고, 그 반대의 경우도 일어나기 때문이다.[22] 철학자 호세 안토니오 마리나는 저서『두려움의 해부학』에서 앞서 언급한 사상가들을 조명하며 다음과 같이 설명한다. "두 사람(홉스와 마키아벨리) 모두 두려움이 가장 강력하고 필수적인 정치적 감정이며, 신뢰할 수 없고 길들지 않는 인류를 교육하는 위대한 교육자라는 사실에 동의했다. 스피노자 역시 "국민이 두려움을 잃는 것은 끔찍한 일이다"라고 조심스럽게 경고한다."[23]

마키아벨리는 정치와 윤리를 명확히 분리함으로써, 탈진실을 가장 은밀하게 표현한 인물일지도 모른다. 그는 『군주론』에서 통치자가 권력을 얻고 유지하기 위해 수행하는 모든 작전과 결정, 선전, 행동은 항상 정당화될 수 있다고 주장한다. 그러면서 유명한 17장 「잔인함과 인자함, 그리고 사랑을 느끼게 하는 것과 두려움을 느끼게 하는 것 중 어느 편이 더 나은가?」에서 그는 다음과 같이 결론짓는다. "사랑을 받거나 두려움의 대상이 되는 것에 관한 문제로 돌아가서, 사랑은 사람들의 의지에 달렸지만, 두려움은 군주의 의지에 달려 있다. 현명한 군주는 타인의 의지가 아닌, 자신의 의지에 의존해야 한다. 다만, 늘 말했듯이 미움을 사는 일은 되도록 피해야 한다."[24]

이러한 두려움의 도구화를 21세기, 그리고 하이퍼모던 주체에게까지 확장해보자면, 탈진실은 결국 이러한 마키아벨리적 사고의 부산물로 등장한 것이다. 현대 정치인들은 대중의 두려움을 도구로 사용해 감정적 메시지를 스머들게 할 줄 알았고, 그것이 결국 탈진실의 형태로 나타났다. 그리고 그들의 의도대로 이성적 사고는 효과적으로 차단되었다. 특정 이익을 중심으로 대중을 복종하게 만드는 방식은 매우 단순하다. 두려움을 곳곳에 퍼뜨리고, 새로운 커뮤니케이션 모델을 통해 그것을 빛의 속도로 확산시키기만 하면 된다. 예를 들어, 브렉시트를 지지했던 보리스 존슨 전 영국 총리의 메시지 전략을 떠올려보자. 사회통제의 핵심이 하이퍼모던 시민의 두려움을 증폭시키는 데서 비롯된다는 점을 고려한다면, 인터넷을 통해 모든 종류의 정보에 무차별적으로 접근할 수 있게 된 현시대에 탈진실이 과거 그 어느 때보다 강력한 영향력을 갖게 된 것은 전혀 놀라운 일이 아니다.

두려움은 언제나 정치적 통제 수단으로 사용되었다. 그러나 마키아벨리가 '군주'라는 인물로 의인화한 두려움과 달리, 하이퍼모던 정치에서의 두려움은 개인의 주관적인 사고와 생활 방식, 즉 삶의 지침에 정조준된다. 이때 두려움은 더는 통치자의 인격에 귀속되지 않고, 피통치자의 복지에 직접적인 영향을 미치는 구체적인 요소들—예컨대, 구매력 상실, 자유의 축소, 자녀의 미래 직업 등—에 집중된다. 여기에 더해 '고립 공포감FOMO, Fear of Missing Out'과 같은 새로운 유형의 두려움도 나타난다. 이는 최신 정보를 얻지 못하거나, 계속 업데이트가 되지 않으면 삶의 기회를 잃을지도 모른다는 불안감이다.

프로이트에 따르면, 불안은 위험한 상황이 발생할 가능성 때문에 생기는 두려움의 변형된 형태이며, 이는 동일한 상황이 반복될 때마다 나타난다.[25] 불안의 형태로 나타나는 이 변형된 두려움에서 흥미로운 점은, 꼭 실제로 일어나는 일이 아니어도 된다는 것이다. 단지 현실이 될 수 있다는 가능성을 상상할 수 있는 조건만 갖춰지면 된다. 이 점에서 하이퍼모던 사회는 사람들의 마음속에 기대를 만들어내는 데 꽤 능숙하다. 먼저 하이퍼모던 사회는 특별한 인물들을 통해 이상적인 삶의 모습을 제시한다. 이때 그 특별한 인물들을 마치 평범한 사람처럼 보이게 함으로써 하이퍼모던 주체가 그들을 가깝게 느끼거나 그들과 동일시하도록 만든다. 그런 다음, 이러한 이상적인 삶을 이룰 수 있다는 환상을 심어주기 위해서 주체의 힘('뒤나미스')을 북돋는 다양한 동기부여 방법론을 활용한다. 그리고 곧이어 그 목표 달성에 방해가 될 수 있는 잠재적인 위험들을 제시한다. 이 시스템에 반하는 '외부의 적(해로운 존재)'이 있다고 상정하거나, 정해진 길을 벗어날 때 위험이 닥칠 수 있다고 경고하는 식이다. 이러한 경고에 노출될 때 불안의 대상은 단순히 잠재적인 위험이 나타날 수 있다는 두려움이 아니라, 오히려 목표를 향해 나아가는 과정에서 개인이 잠재적 한계에 부딪힐 수 있다는 두려움이다.

정치 역시 하이퍼모던 시대의 두려움에서 자유롭지 못하다. 사회적 두려움이 정치의 영역에까지 침투하면서, 정치인들 스스로 미디어 논리에 적응하게 된다.[26] 이 과정에서 그들은 새로운 형태의 하이퍼모던 두려움을 겪는다. 즉 주목받지 못하거나 존재감이 사라지거나, 빠르게 잊힐까 봐 두려워한다. 오늘날 미디어의 초고속 논리로 하이퍼모던 정치인들은 외적인 모습과 보이는 것에 지나치게 의존하게 되었으며, 그 결과 정치적 책임을 관리하는 방식에도 변화가 생겼다. 이때 정치인들의 불안은 단순히 주목받지 못하는 것에서 그치지 않고, 사회적으로 배제되거나 존재 자체가 지워질 수 있다는 두려움으로까지 확장된다.

두려움과 탈의무

앞서 우리는 타인과의 관계에서 작용하던 의무가 포스트 행복의 기준에 종속된 자아에 의해 탈의무로 전환되는 과정을 분석했다. 하이퍼모던 주체의 주요 의무는 바로 자신의 포스트 행복을 쟁취하는 일이다. 탈의무 현상은 포스트 행복과의 관계 속에서 등장했는데, 두려움 역시 탈의무에 영향을 미쳤다. 오늘날 수많은 두려움 중 정치적, 교육적 영역에서 특히 두드러지는 것은, 사회적 결속의 기준이 되었던 의무가 점차 사라지고 있다는 두려움이다. 의무는 역사적으로 집단을 결속시키는 핵심 요소였고, 개인의 중요성이 커질수록 사회의 유대를 더욱 공고히 하는 역할을 했다. 동시에 의무는 공동체에 안정감과 안전을 부여하는 원리이기도 했다. 고대 그리스 사회에는 개인보다 집단을 우선시하는 가치관이 있었으며, 신화를 통해 이런 가치관을 공고히했다. 신화 속 인물들은 인간이든 반신半神이든, 올림포스의 신들이든 상관없이 모두 의무가 문명을 형성하는 중요한 토대 중 하나였음을 보여준다.

이런 맥락에서 의무는 교육과정과 밀접한 관련이 있다. 공동체는 교육을 통해 개인이 사회구조 안에서 잘 적응하기 위해 지켜야 할 약속과 책임을 가르친다. 이와 관련하여, 호메로스의 작품에서 중요한 개념 중 하나가 등장하는데, 바로 '아레테*areté*(미덕)'이다. 이는 영웅의 행동을 통해 구체화되며, 이런 면에서 『일리아스』와 『오디세이아』는 고대 그리스 전체의 가치 체계를 정립하는 데 결정적인 역할을 했다. 두 작품 모두 영웅적 인물상에 초점을 맞추고 있기 때문이다.[27] 여기서 핵심은 행동이며, 이는 '아레테'를 평가하는 기준이 되는데, 여기서 아레테는 공동체 안에서 개인이 외부로부터 받는 인정을 통해 결정되며, 존경의 영역과 깊이 연결된 개념이라는 것을 알 수 있다.[28] 다시 말해, 아레테는 명예와 관련이 있고, 그 명예는 언제나 외적인 요소와 연관되며, 외부를 향한 개인의 의식적 활동을 바탕으로 평가된다. 따라서 개인은 자유롭게 길을 선택하고 결정을 내릴 수 있었지만, 그러한 결정은 '아레테'를 갖춘 사람일 경우에만 적절한 것으로 여겨졌다.[29] 그러나 하이퍼모던 주체의 관념 속에서 명예는 현대사회에 어울리게 재구성되거나 적응하지 못한 개념 중하나가 되었다. 명예는 감정적·언어적 유산에서도 제외되어 소멸해가고 있다.

소크라테스는 '아레테'의 모범이라 할 수 있다. 그는 대화편 『크리톤』[30]에서 말과 행동, 정의의 일관성을 중시했고, 엄격한 도덕적 규범을 따랐으며, 감옥에서 탈출하거나 시민들 스스로 제정한 법을 어기는 것을 거부했다. 탈옥은 부정직과 도덕성의 결여를 뜻하므로, 그렇게 하면 평생 일관성을 유지하려 했던 그의 모범적인 삶이 실패로 끝날 것이라 생각했기 때문이다. 소크라테스는 법에 대한 의무를 따르기로 하고, 사형 선고를 받고 나서도 도망치지 않았다. 그러면서 개인의 이익과 도덕적 원칙 사이의 영원한 딜레마를 해결한다.

의무라는 개념을 철학적으로 깊이 논의한 사상가 중 한 명이 바로 칸트이다. 칸트는 여러 연구 가운데 특히『윤리 형이상학 정초』에서 의무를 집중적으로 논한다. 칸트에게 도덕적 행위는 그 자체로 목적이며, 보편성을 지향한다. 칸트는 정언명령을 통해 도덕적 행동을 정의하는데, 첫 번째 형식에서는 자신의 행동이 모범이 되도록 하면서도 그 초점을 타인에게 맞추고 있다. "자기 행위의 준칙이 동시에 보편적인 법칙이 되기를 바랄 수 있도록 행동하라."[31] 타자성의 관점에서 볼 때 의무는, 주체가 언제나 공동체를 고려해 스스로를 규제하는 것을 목표로 한다고 볼 수 있다. 다시 말해, 사회적 고려 없이 의무의 보편성은 성립하지 않는다.

미셸 푸코[32]는 이미 규율 사회를 옹호하는 위압적인 국가의 중요성을 지적한 바 있다. 이런 국가는 처벌이나 제재, 낙인과 같은 두려움을 유발하는 메커니즘을 활용해 개인을 무조건 복종하게 만든다. 자유 시장과 세계화가 점차 확산하고, 개인의 자유가 강조되면서, 의무는 새로운 단계인 '탈의무'로 넘어가고 있다.

우리는 모더니티의 거대한 구조적 원칙들에서 벗어난 하이퍼모더니티와 마주하고 있다. 이미 살펴본 것처럼, 질 리포베츠키에 따르면 우리는 의무 영역의 규제 완화를 목격하고 있으며, 이는 교회의 영향력 약화, 돈의 신격화, 신개인주의(현대 자본주의와 신자유주의 환경에서 나타나는 극단적이고 자기중심적인 새로운 개인주의 경향—옮긴이)의 부상으로 인한 도덕의 해체로 나타난다.[33] '사회적인 것'의 범주는 새로운 초개인주의에 밀려 점점 힘을 잃고 있다. 그리고 이 과정에서 사회에 대한 의무가 사라져가는 한 가지 징후는 삶의 방식으로서 나르시시즘이 유행하는 것이다. 하지만 여기서 나르시시즘은 두려움과 불확실성에 사로잡혀 방향을 잃은 연약한 나르키소스(나르시시스트)의 모습으로 나타난다. 질 리포베츠키에 따르면, "나르키소스는 자신을 사랑한다기보다, 공격적으로 다가오는 일상, 자신의 몸, 사회적 환경에 겁먹은 상태이다. […] 그는 승리한 개인이 아니라, 연약하고 불안정한 개인이다. 과거에는 집단의 틀과 내면화된 사회적 규범이 개인을 지지해주었지만, 이제는 그런 지지 없이 모든 것을 스스로 짊어지고 감당해야 하기 때문이다."[34]

이런 관점에서 탈의무는 두려움이 드러나는 새로운 단계로 이해될 수 있다. 하이퍼모던 주체는 따를 만한 기준 없이 홀로 남겨지는 순간, 추가적인 압박에 시달리게 된다. 이러한 하이퍼모던 시대의 도덕적 회의는 전통적 도덕 기준이 부재해서 생기는 것이기도 하지만, 자기 자신에 대한 의무와 쾌락 사이에서 방황하는 상태와도 관련이 있다.

하이퍼모더니티에서 주체는 포스트 행복의 정복 여부를 유일한 기준으로 삼아, 지극히 엄격한 자기 평가에 몰두한다. 그런데 이 태도에는 역설이 있다. 쾌락주의적 도덕을 따르는 이 주

체가 정작 자신이 마주치는 간헐적인 타자들, 즉 '타인들'에게
는 절대적인 도덕적 옳음을 요구하고, 정치적 올바름에 과도하
게 천착할 것을 강요한다는 점이다. 또한 이들은 타인에게 공공
영역에서 모범을 보일 것을 요구하고, 소셜미디어에서 부정확
한 정보를 전달하는 것을 비난하며, 도덕의 선봉장으로서 디지
털 행동주의(정보와 기술을 활용해 공익을 증진하고, 사회적 문제
를 해결하며, 개인의 목소리를 강화하는 실천—옮긴이)에 참여함
으로써 탈도덕 시대 공공의 수호자로 자리매김한다. 그러나 동
시에 정치적 과잉 교정이라는 외부 메커니즘을 통제하지 못할
경우, 이러한 타인들(간헐적 타자성)이 자신에게 반발할 것이라
는 원초적인 두려움에 사로잡히게 된다. 결국, 그들이 가장 두려
워하는 것은 '캔슬 문화'이다. 정치적으로 옳지 못하다는 이유로
공개 비난을 받는 것은 그들에게 포스트 행복에 이르는 모든 길
이 차단된다는 것을 의미하기 때문이다.

두려움과 이미지

현대인이 경험하는 불안한 정체성 형성 과정에서 이미지는
결정적인 역할을 한다. 우리는 옴니스크린을 통해 가상 이미지
의 형태로 드러나는 새로운 하이퍼모던 두려움을 목격하고 있
다. 사실, 사회적 형성 과정에서 이미지의 중요성을 강조하는 것

은 새로운 일이 아니다. 플라톤은 이미 '동굴의 비유'를 통해, 공동체 속 개인의 사회적, 정신적 구성을 통제하는 이미지의 힘을 분명히 보여주었다.[35] 오늘날, 과도한 스크린 사용은 특히 젊은 세대에서 두드러지며, 급격히 늘어난 이들의 시청 시간은 부모와 교사, 그리고 연구자들의 주목을 끌고 있다.[36] 이것은 자기 이미지에 대한 인식론적 관점을 근본적으로 변화시키는 패러다임의 전환을 의미한다. 이러한 전환은 사회구조 전반에 점차 큰 영향을 미치고 있으며, 결과적으로 더 많은 권력을 얻으려는 목적과 연결된다. 이미 1960년대 말, 기 드보르는 현실이 단순한 이미지로 대체되는 순간, 그 이미지가 오히려 새로운 현실이 될 것이라고 주장하며 이미지의 위상이 커질 것을 예고했다.[37]

두려움과 이미지의 힘이 뒤섞인 나르키소스 신화[38]는 이와 관련된 또 다른 고전적 참고 사례다. 내가 이 신화를 처음 분석하는 것은 아니지만, 필요할 때마다 반복할 만한 가치가 있는 이야기이다. 특히 하이퍼모던 시대에는 반복이 새로운 경험이나 인식의 가능성을 가로막는다는 점에서 비판의 대상이 되고 있지만, 나는 오히려 지금과 같은 시대일수록 반복의 가치를 더욱 바로 세울 필요가 있다고 생각한다. 나르키소스가 태어났을 때, 그의 어머니인 강의 요정 리리오페는 아들이 얼마나 오래 살지 물어보기 위해 테베의 예언자인 테이레시아스를 찾아갔다. 이에 테이레시아스는 아들이 자기 모습을 보지 않는다면 오래 살 거라고 예언하고, 리리오페는 이 예언에 대한 두려움을 안고 살아간다. 한편, 나르키소스는 허영심과 사람들을 대하는 오만함, 특히 그에게 애정을 보이는 님프들을 냉담하게 대하다가 신들의 벌을 받는다. 결국 신들은 그에게 처음 마주치는 사람과 사랑에 빠지는 저주를 내린다. 나르키소스의 자기 숭배는 자기 자신에 대한 짝사랑이라는 형벌로 이어진다. 불행히도, 그가 처음 마주한 얼굴은 호수(또는 샘)에 비친 자신의 모습이 되고 말았다. 그렇게 물속에 비친 자기 모습과 사랑에 빠지고, 그 모습을 껴안으려다 익사하고 만다(버전에 따라 다소 차이는 있다). 나르키소스가 자신보다 자신의 이미지와 사랑에 빠진다는 점은 실로 역설적이다.

나르키소스가 사랑했던 자기 이미지는 오늘날, 특히 21세기에 더욱 강력한 힘을 얻었다. 이 이미지는 갈수록 강력해져서 하이퍼모던 시대를 특징짓는 두려움 중 하나로 자리 잡았다. 물에 비친 그 이미지는 오늘날 우리가 소셜네트워크에서 매일 만들어내는 아바타와 다르지 않다. 인터넷은 이미지와 그 이미지 속 주체의 위치를 근본적으로 바꾸어놓았다. 미디어 이론가 허버트 마셜 매클루언이 이미 대중매체가 중심적인 역할을 할 것이라 예견한 바 있지만, 오늘날 우리는 거기서 더 나아가 디지털 시각 경험의 세속화 과정까지 완수했다. 이제 이미지는 더는 예술가, 전문가, 전문직 종사자 혹은 권력을 가진 사람들만의 전유물이 아니다. 이미지는 자연스러운 인간관계를 형성하고 자신의 정체성을 구축하는 '호모 포토그라피쿠스*Homo photographicus*', 즉 '사진

찍는 인간'의 손으로 넘어갔다.[39] 그러나 놀랍게도, 이처럼 수많은 이미지를 소비하고 생산하는 지금, 우리의 상상력은 그 어느 때보다 빈곤해졌다.

셀카

사회적 관계를 다루는 새로운 사회학에서 특히 눈에 띄는 현상 중 하나는 바로 '셀카'이다. 이 새로운 이미지 형식은 새로운 형태의 두려움을 불러일으킨다. 셀카에는 철학자 조르주 디디-위베르만[40]이 말한 이미지의 잠재력과 그것이 지닌 힘이라는 두 가지 요소가 결합해 있다. 셀카는 가상 세계에서 자신을 드러내는 대표적인 이미지로, 늘 완벽함을 지향한다. 우리는 항상 타인에게 이상적인 모습을 보여주길 원하며, 이로 인해 디지털 이미지를 필터나 수정, 보정 등을 통해 조작하는 일은 쉽게 외면할 수 없는 유혹이 된다. 그리고 하이퍼모던 주체는 결국 자신의 현실이 가상현실의 이미지에 미치지 못할까 봐 두려워한다.

셀카라는 가상 이미지가 만들어내는 이러한 새로운 양상의 두려움은 스페인 사진작가 라이아 아브릴의 사진 시리즈 '싱크퍼레이션Thinkspiration'를 통해 그 흐름을 추적해볼 수 있다. 이 시리즈에서는 거식증을 앓는 십 대들이 셀카 사진을 인터넷에 과시적으로 올리고 공유한다. 라이아 아브릴은 이러한 이미지들이 현실을 더 잘 인식하도록 돕는지, 아니면 오히려 카메라가 자신의 이미지를 통제하고 그 집착을 강화하는 또 다른 동맹으로 작용하는지에 대해 질문을 던진다.[41] 다시 말해, 셀카를 찍어 인터넷에 올리는 행위가 그 사진의 영향력을 강화하고, 원본 이미지를 더 강하게 왜곡하거나 조작하게 하지는 않는지를 질문한다.

극단적인 사례일 수 있지만, 셀카 문화에서 이미지가 사유의 힘을 압도한다는 것은 기정사실인 것 같다. 무엇보다 타인의 셀카를 볼 때, 그 이미지의 수정 여부를 알아채기가 매우 어렵기 때문이다. 하이퍼모던 주체는 분석의 도구로서 의심을 사용하지 않기 때문에, 비판 없이 이미지를 소비하고 감정적으로 몰두한다. 이 과정에서 가상 이미지를 현실의 투영물로 받아들이며, 그 결과 왜곡된 이미지들은 신뢰를 얻어 그것을 바탕으로 내적 이야기를 만들어가게 된다. 정신적 빈곤은 상상력과 의심을 가로막을 뿐만 아니라, 때로는 강력한 의혹마저 억누른다. 앞서 언급한 것처럼, '의심하다suspect'라는 단어는 겉으로 드러난 것만이 아니라 그 아래를 들여다보고, 분명해 보이는 것도 다시 확인하는 태도를 의미한다. 여기서 '관중spectator'이나 '스펙터클spectacle'과 같은 단어가 파생된다. 의심하는 주체는 "겉으로 드러난 것 아래에 무엇이 있는지를 탐색하는 데" 시간을 들이는 사람이다. 그러나 안타깝게도 이런 활동은 하이퍼모더니티가 요구하는 삶의 방식과는 거리가 멀다.

스크린을 통해 전달되는 이미지의 잠재력, 특히 그것이 가지는 권력은 이미지를 실어나르는 매체와 서사가 기하급수적으로 증가한 시점부터 지금까지 그 어느 때보다 강해지고 있다. 새로운 나르키소스들은 다양한 스크린을 통해 소비하는 이미지뿐만 아니라, 디지털 마을을 위해 스스로 만들어내는 자기 이미지와도 사랑에 빠질 위험에 처해 있다. 이것은 오늘날 교육이 반드시 다루어야 할 현대 사회의 핵심적인 두려움 중 하나다.

보는 법 교육

수많은 스크린에 둘러싸여 살면서도 그 위험성을 깨닫지 못했다는 사실은 참으로 아이러니하다. 젊은 세대는 물론 어른들의 주의력까지 잠식하고, 삶에서 강력한 중독 요인으로 자리 잡은 지금까지도 여전하다. 이 과정이 진행되는 동안, 우리는 스크린에 대해 거의 어떤 두려움도 느끼지 못했다. 문제는, 하이퍼모던 주체가 스크린을 일종의 토템처럼 신성하게 여기고 그것을 받들며, 스크린을 자신을 표현하고 세계관을 형성하는 공간으로 삼으면서 본격적으로 드러났다. 예를 들어, 집을 나선 지 5분 만에 스마트폰을 두고 나왔다는 사실을 깨달았을 때 밀려오는 불안감은 스크린, 특히 스마트폰이 얼마나 강력한 암시의 힘을 지닌 토템이 되었는지를 잘 보여준다. 오늘날 서구 선진 사회에서 스크린은 단순한 도구를 넘어, 숭배의 대상이 되었다. 질 리포베츠키는 에세이『글로벌 스크린』에서 이 점에 대해 매우 시사적인 통찰을 제시한다. 그는 현실이 온전한 실체로 인정받기 위해서는 반드시 촬영되어야 한다고 지적한다.[42]

오늘날 영상을 촬영하고 게시하며, 스크린 속에 자신을 드러내는 행위는 삶을 가치 있게 만들어주는 하나의 요소가 되었다. 그러나 스크린의 언어는 구현 방식에 따라 달라진다. 예를 들어, 트위터, 인스타그램, 틱톡과 같은 소셜미디어의 시각 언어는 영화의 언어와 다르다. 따라서 우리는 페이스북, 뉴스 방송, 유튜브, 다큐멘터리 등 서로 다른 콘텐츠를 같은 방식으로 소비해서는 안 된다. 스크린은 '주의 끌기'라는 핵심 목표를 달성하기 위해 형식이나 앱에 따라 이야기 방식을 달리한다. 스마트폰, 컴퓨터, 태블릿, 스마트워치 등 새로운 형태의 스크린이 계속 등장하고 있지만, 사용자들은 각 스크린의 형식에 맞는 소비 방식을 배우고 조절하는 교육을 거의 받지 못했다. 그 결과, 하이퍼모던 주체는 모든 스크린과 콘텐츠를 같은 태도와 기준으로 소비하게 되었다. 텔레비전을 보면서 스마트폰을 확인하고, 인스타그램이나 페이스북의 스크롤을 끝없이 움직이며 스토리를 확인하는 일이 일상으로 자리 잡은 것이다.

스크린 속 콘텐츠는 역동적이고 무한하기에, 스크린 시청을 자제하기가 갈수록 점점 더 어려워지고 있다. 끊임없이 새로운 콘텐츠가 생성되고 게시되는 공간이 다양해질수록 우리는 무언가를 놓치거나 잃고 있다는 느낌을 더 강하게 받는다. 그 결과,

하이퍼모던 주체는 최신 정보에 뒤처질지도 모른다는 불안감에 시달린다. 또한 시각적 생산의 역동성이 너무 압도적이고 자극적이어서, 아침에 눈을 뜨자마자 가장 먼저 스마트폰을 보고, 그 순간부터 그것에 끌리지 않을 수 없다. 스크린이 우리 삶에 너무 깊숙이 침투한 나머지, 우리는 단순한 오락을 넘어 그것들을 통해 개인적인 유익을 얻는 데 필요한 '보는 법 교육'을 망각하게 되었다.[43] 그러나 그보다 더 심각한 문제는, 우리가 시각 정보에 대한 비판적 사고를 교육해야 할 필요성조차 인식하지 못하고 있다는 사실이다. 그리고 이 무지가 초래할 수 있는 결과는 매우 심각하다.

나는 『생각하는 기술』이라는 책에서 이와 관련된 사례를 소개한 적이 있다. 시각 정보에 대한 비판적 사고 교육의 부재와 그로 인한 결과를 가장 단적으로 보여주는 사례 중 하나가 바로 부탄[44]이다. 부탄은 스크린을 통해 매개된 이미지의 힘이 실제 삶에 어떤 영향을 미치는 보여주는 대표적인 사례다. 히말라야 산맥에 위치한 인구 약 80만 명의 이 나라는 진정한 발전의 척도로 '국민 총 행복GNH, Gross National Happiness'이라는 독특한 지표를 채택했다. 1971년부터 부탄 국왕은 국민의 행복도를 측정하는 정책을 추진했고, 약 40년 동안 그 지수는 꾸준히 상승했다. 여기서 부탄 국민이 '행복'을 어떻게 정의하는지는 구체적으로 논하지 않겠지만, 주목할 점은 1999년에 텔레비전이 처음 보급되고, 2000년에 인터넷이 도입된 이후 행복 지수가 급격히 하락하기 시작했다는 사실이다. 이에 대해 부탄 정부가 시행한 여러 조사에 따르면, 국민의 행복도를 감소시킨 주요 원인으로 텔레비전과 인터넷이 지목되었다. 이는 단순한 통계 결과가 아니라, 부탄 국민 스스로 미디어 도입이 행복감 하락에 영향을 미쳤다고 평가한 결과이기도 하다. 텔레비전 도입 이후, 부탄 사회에서는 마약과 음주, 폭력, 절도, 살인 등 각종 사회문제가 급격히 증가하기 시작했다. 스크린을 통해 접한 가상의 이미지들은 부탄의 전통적인 가치 체계를 흔들었고, 국민이 가지고 있던 행복 개념에도 부정적인 영향을 미쳤다. 특히 텔레비전이 보급된 이후 나타난 이혼율의 증가도 주목할 만하다. 예를 들어, 부탄 여성들은 텔레비전에 등장하는 여성들의 외모 기준에 영향을 받아 스스로 아름답지 않다고 느꼈다. 또한 부탄 남성들도 텔레비전 속 여성상에 매료되어 전통적인 여성의 미 기준을 버리고 스크린 속 여성상을 새로운 이상형으로 삼게 되었다. 이처럼 부탄의 사례는 시각 정보를 비판적으로 사고하는 교육이 부재할 경우, 개인과 공동체의 정체성에 어떤 균열이 생기고, 부정적인 영향을 미칠 수 있는지를 가장 극적으로 보여준다.

시각 문화 이론가 니콜라스 미르조에프는 시각적 존재론의 관점에서 현대사회를 분석한다. 그는 포스트모던 문화가 스크린의 일상화라는 새로운 도전에 제대로 대응하지 못하고, 효과적인 시각화 전략의 구축에 실패했다고 지적한다.[45] 그에게 시각 문화의 중요성은 매우 근본적이며, 이는 이른바 '포스트모더니티'라 불리는 현상을 촉발한 주요 기폭제였다. 나는 여기에 시각 문화가 이제 하이퍼모더니티의 핵심 요소가 되었다는 점을 덧붙이고자 한다. 즉, 스크린을 매개로 한 시각적 세계의 헤게모니가 하이퍼모더니티라는 패러다임을 강제해왔다는 것이다. 그러나 이 패러다임 안에서 방대한 시각적 경험과 그것을 분석하는 능력 사이의 격차는 점점 더 벌어지고 있다. 다시 말해, 우리는 인류 역사상 가장 풍부한 시각 정보를 소비하는 시대에 살고 있지만, 그것을 분석하고 해석하는 능력은 오히려 점차 퇴보하고 있다. 이러한 상황은 시각 언어를 비판적으로 분석하고 해석하는 역량의 부족으로 이어지며, 시각 정보에 대한 비판적 사고 발달을 가로막는 결정적 걸림돌이 된다. 스크린이 전달하는 정보를 비판적으로 검토하고 성찰하는 능력이 부족할수록, 현실 세계와 가상 세계의 삶의 모델은 점점 더 왜곡되고, 이는 개인의 정체성에 치명적인 손상을 입힌다. 결국, 정보를 즉각적으로 전달하고 수백만 명을 연결해줌으로써 인류 발전의 든든한 동반자가 될 수도 있었던 스크린의 능력은 오히려 그와 정반대의 결과를 낳을 위험을 맞이하고 있다.

도피

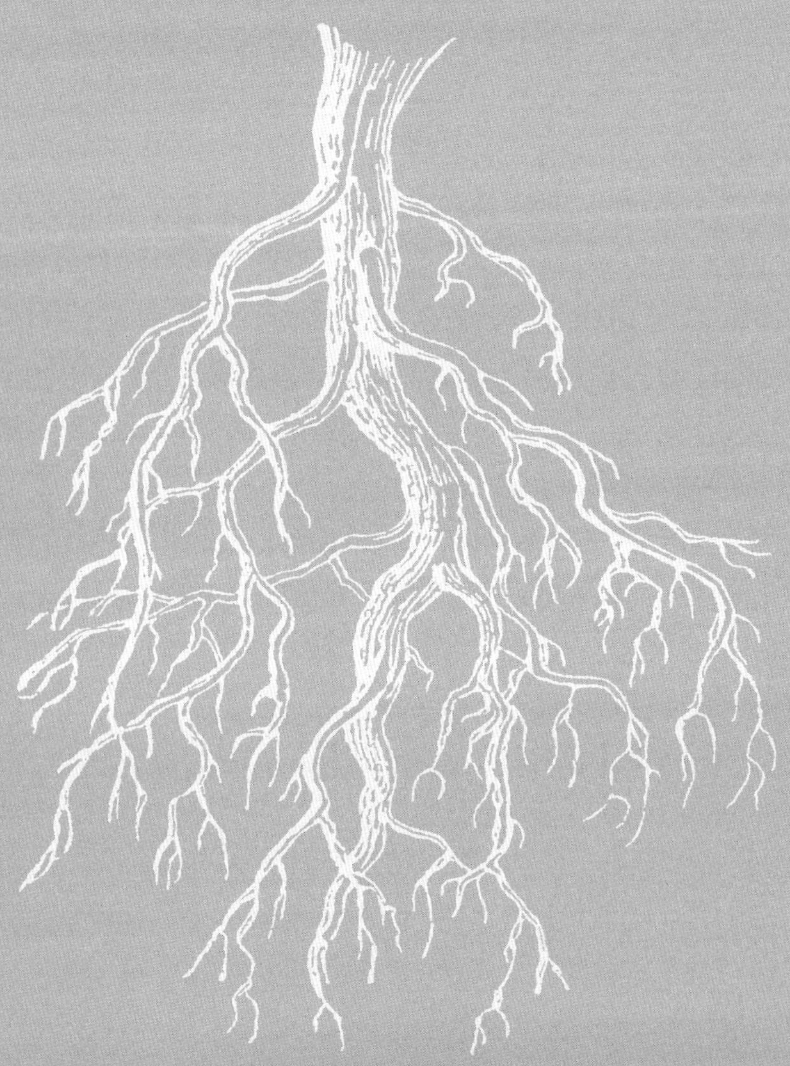

도피

우아하게 생각하고 사는 일은 절대 쉽지 않다. 그것은 올바른 선택을 위한 통합적인 노력을 요구하기 때문이다. 우아함은 단순히 미적인 감각에만 국한되지 않고, 윤리·정치·사회적 상호작용을 모두 아우르는 개념으로 전체론적인 성격을 지닌다. 우아함은 자신을 드러내는 수단으로 사치와 같은 특별한 요소를 필요로 하지 않으며, 도덕성이나 훌륭함의 본보기로 자신을 내세우거나 과시할 필요도 없다. 진정한 우아함은 보여주기 위해 애쓰지 않으며 오히려 일정한 거리를 두고 바라보게 만든다. 그러나 하이퍼모던 주체는 이 거리감을 받아들이지 못하기에 전체적으로 우아함을 조망하기가 어렵다. 가까이 있는 것에 끌리고 친밀함에 집착하는 성향은 우아함의 본질을 이해하고 전체론적 관점으로 사고하는 데 필요한 넓은 시야를 스스로 가로막는다.

정신적 빈곤 상태는 선택할 줄 아는 능력으로 정의되는 우아함의 모든 가능성을 차단한다. 정신적 빈곤의 영향 아래 있는 사람은 포스트 행복을 매우 집요하게 추구하는데, 그 집착의 동기는 의심스러울 수밖에 없다. 포스트 행복을 얻기 위한 이런 맹렬한 노력은 어쩌면 불행이 불쾌감의 형태로 드러난 것일지도 모른다. 실제로 일부 국가에서는 이러한 집착을 발전 지수를 평가하는 '수량적' 척도로까지 사용한다. 기관과 마을, 도시, 심지어 공공 단체에 이르기까지, 말 그대로 행복을 얻는 데 필요한 특정 자원을 제공하는 일을 사명으로 삼고 있는데, 이들은 이른바 '행복부'[1]라 불리기도 한다.

포스트 행복의 지위는 현재 중심 모델을 통해 형성된다. 개인의 생활, 직업, 우정, 여가 등 그 어떤 영역도 예외 없이, 모든 것이 '열정의 서사' 아래 전시의 대상이 된다.

이런 포스트 행복의 역학 속에서 등장한 것이 바로 '웰빙 증후군'이다. 그러나 이는 점점 더 편안하게, 더 기분 좋게 살고자 하는 끝없는 집착에 불과하다. 현재의 상태는 뒷전으로 밀린 채, 끊임없는 개선이라는 과정[2] 속에서 주체의 한계가 계속 시험당한다. 포스트 행복을 추구하는 이들은 가능한 모든 측면에서 자신의 상태를 '최적화'하려 애쓴다. 신체 능력을 세세한 부분까지 개선하고, 식단을 철저히 관리하며, 만족할 때까지 미용 시술이나 수술을 반복하고, 동시에 자기계발에 몰두하며, 코칭을 받고, 자기계발서를 통해 끊임없이 자신을 재창조한다. 이것은 단순히 행복을 누리거나 성찰하는 수준을 넘어, 주관적인 웰빙의 개념을 끝없이 부풀리는 행위다. 그리고 방향 감각이나 사회적 기준을 상실한 채, 이 개념을 마치 생명줄처럼 붙잡고 있다.

하이퍼모던 주체의 궁극적 목표는 포스트 행복에 도달하는 것이며, 그 과정에서 모든 행위는 활력('뒤나미스')을 유지하고, 스스로에게 생기('프뉴마')을 불어넣는 일로 귀결된다. 그러나 그 결과는 이 모델을 지지하지 않는 듯 보인다.[3] 점점 더 많은 행복을 얻기 위한 전략을 세우는 데 너무 많은 시간을 쏟다 보면, 오히려 그만큼 행복에서 멀어지게 된다. 이는 다양한 삶의 영역에서 특정 목표에 과도하게 몰두할 때 자주 발생하는 반동 효과다. 예를 들어, 잠을 자려고 애쓰면 오히려 더 잠들기 어려워지고, 긴장을 풀려고 노력하면 오히려 더 긴장하게 되는 것과 같은 이치다. 행복 역시 마찬가지다. 결국, 행복에 대해 지나치게 고민하기보다는 그것을 삶과 함께 자연스럽게 흘러가도록 두는 편이 낫다. 행복에 과도하게 몰두할수록 정작 그것을 온전히 누릴 기회를 놓칠 수 있기 때문이다.

오늘날 우리는 포스트 행복의 과잉 속에 살고 있다. 이런 집착을 뒷받침하듯, 행복의 심리학적 기초를 다룬 학술 논문만 해도 6만 4000편이 넘는다. 사회학과 심리학을 중심으로 '행복의 과학'이 존재한다고 주장하는 연구들이 이어졌지만, 이들은 때때로 모호하거나 상반된 결과를 드러낸다.[4]

더불어, 우아함의 부재와 '보는 법 교육'의 결핍이 이러한 포스트 행복 모델을 더욱 공고히 만든다. 우리가 살아가는, 겉으로 보이는 게 중요한 미적 사회는 매일 쏟아지는 행복의 이미지들과 실제로는 그 이미지가 될 수 없는 개인의 현실 사이에서 심각한 불협화음을 만들어낸다. 질 리포베츠키와 장 세로이에 따르면, "미적 사회에서의 삶은 매일 흘러넘치는 행복이나 아름다움의 이미지들과 일치하지 않는다. 하이퍼모던 사회를 지배하는 것은 과도하게 자신에게 집착하고, 불안을 느끼며, 정신적 분열 상태에 놓인 '호모 에스테티쿠스*Homo aestheticus*(미학적 인간)'이다. […] 우리는 점점 더 많은 아름다움을 소비하지만, 그렇다고 우리 삶이 더 아름다워지는 것은 아니다".[5]

미적인 것에 종속된 사회에서 포스트 행복의 이미지는 모든 것을 포괄하며 전지전능한 힘을 가진다. 우리가 받아들이는 이상적인 삶은 쾌락과 감각으로 가득 차 있어야 하며, 반드시 미적으로 표현 가능해야 한다. 광고 없는 포스트 행복은 존재하지 않으며, 그 결과 주체는 그 기준에 부합하도록 끊임없이 자신을 드러내야 한다는 압박에 시달린다. 욕망의 대상은 무한 공급의 논리에 따라 기하급수적으로 늘어나기에, 주체는 결코 안식을 누릴 수 없다. 그 결과, 주체의 삶은 더는 행복하지도, 즐겁지도, 흥미롭지도, 호기심을 자극하지도, 감탄을 자아내지도 못한다.[6] 대신 불만족과 불안, 그리고 무엇보다도 실망만 가득 자리 잡으며, 끝없이 반복되는 의욕과 무기력 사이의 딜레마 속에서 다른 어떤 것도 들어설 여지를 남기지 않는다.

포스트 행복에 대한 지적 권위의 상실

역사적으로 행복은 언제나 사유와 분석과 함께해왔다. 다시 말해, 행복은 사색적인 태도 위에서 형성되었다. 아리스토텔레스는 『니코마코스 윤리학』에서 행복이 인간 행위의 궁극적 목표이자 그 자체로 완전한 것이라고 주장한다. 동시에 행복은 인간의 본질적 기능과 깊이 연결되어 있다고 덧붙인다. 그의 말에 따르면, 그 본질적 기능은 영혼이 이성에 따라 움직이는 것이며, 따라서 행복과 이성의 활용은 서로 긴밀하게 맞물려 있다. 고대 그리스, 특히 헬레니즘 시대의 행복 개념은 '소포스*sophós*(현자)' 개념과 밀접한 관련이 있었다. 이들은 실천적 지혜와 이론적 지혜를 동시에 지닌 학자로, 존재의 본질을 탐구하는 철학자라기보다는 사람들을 행복으로 이끄는 안내자였다. 특히 정치적 위기가 빈번하던 시대에는 그 역할이 더욱 부각되었다. 한마디로, 소포스들은 이성을 도구 삼아 지혜를 전달하는 현자였다. 이와 관련해 헬레니즘 연구자 가르시아 구알은 다음과 같이 말한다. "현자는 고뇌와 슬픔을 치유하는 영혼의 치료자로 소개된다. 그가 추구하는 것은 신학적이거나 형이상학적인 교리가 아니라, 이성을 통해 삶을 마음의 선함과 평온함으로 이끄는 능력이다."[7]

반면, 포스트 행복은 이성과 감정 사이의 균형을 추구하지 않는다. 그것은 안정적이고 덕을 갖춘 삶(아리스토텔레스의 '중용' 개념)을 거부하고, 덧없지만 손쉽게 얻을 수 있고 전시 가능하며 유행에 의해 뒷받침되는 감정들을 과도하게 숭배하는 방향으로 나아간다.

포스트 행복은 오늘날의 지적 관념 속에서 새롭게 등장한 여러 요소에 의해 한층 강화되고 있다. 이제 행복은 철학의 세계에서 하찮은 문제로 취급되며, 학계에서도 그 위상을 잃었다. 철학이 물러난 자리는 유사 심리학, 코칭, 자기계발이 차지하게 되었다. 이유는 여러 가지가 있겠지만, 무엇보다 철학 자체가 이 논의에 적극적으로 참여하려는 의지를 보이지 않았던 게 크다. 그 결과, 포스트 행복은 지식인들의 인정도, 철학자들의 보호도 받지 못하게 되었다(물론 예외는 있다). 이는 아마도 포스트 행복이라는 개념이 지나치게 일상적인 냄새를 풍기고, 대중적 유행의 일부로 소비되거나 베스트셀러나 미디어 토론의 단골 주제로 전락했기 때문일지도 모른다. 프랑스 철학자 앙드레 콩트 스퐁빌은 행복이라는 주제를 철학적으로 옹호해온 드문 사상가 중 한 명으로 다음과 같이 지적한다. 오늘날 "대부분의 현대 철학자들은 오랫동안 철학적 전통의 일부였던 행복이라는 주제를 거의 철저히 외면하고 있다. […] 마치 어느날 갑자기 행복이 철학적 주제가 아니게 된 것처럼 말이다."[8]

고전고대에 좋은 삶의 모델을 탐구하기 위한 철학적 사유를 바탕으로 출발한 행복은, 현대에 이르러 데카르트식의 분명하고도 명확한 집착의 대상으로 변모했으며, 이제는 겉으로 보기에 더는 깊이 사유할 필요조차 없는, 매우 노골적인 포스트 행복의 형태로 나타나고 있다. 이러한 명백하고 직설적인 특성으로 인해 행복은 더이상 철학 공동체의 관심을 끌지 못하는 듯하다. 행복은 더는 학문적 식견과 지적인 분위기 속에서 심오하게 분석해야 할 주제가 아니며, 정의하기에 모호한 개념도, 다양한 역사적·철학적 뉘앙스를 담은 이론적 구성물도 아니다.[9] 오히려 그 반대다. 포스트 행복은 객관적이고 보편적이며 측정 가능한 개념으로 제시된다.

이것이 바로 내가 이 책을 집필하게 된 이유이다.

Adorno, T., y Horkheimer, M., *Dialéctica de la Ilustración*, Trotta, Madrid, 2001. 테오도어 아도르노·막스 호르크하이머, 김유동 옮김, 『계몽의 변증법』, 문학과지성사, 2001.

Agamben, G., *Desnudez, Anagrama, Barcelona*, 2011. 조르조 아감벤, 김영훈 옮김, 『벌거벗음』, 인간사랑, 2014.

Aristóteles, *Ética a Nicómaco: tratados morales*, Aguilar, Madrid, 1982. 아리스토텔레스, 천병희 옮김, 『니코마코스 윤리학』, 도서출판숲, 2013.

____, *Ética nicomaquea*, Gredos, Madrid, 1985. 아리스토텔레스, 천병희 옮김, 『니코마코스 윤리학』, 도서출판숲, 2013.

____, Física, *Gredos*, Madrid, 1995. 아리스토텔레스, 허지현 옮김, 『자연학』, 허지현연구소, 2022.

____, *Obras completas*, Aguilar, Madrid, 1973.

____, *Política*, Alianza, Madrid, 1999. 아리스토텔레스, 천병희 옮김, 『정치학』, 도서출판숲, 2009.

____, *Retórica*, Gredos, Madrid, 2000. 아리스토텔레스, 박문성 옮김, 『아리스토텔레스의 수사학』, 현대지성, 2020.

____, *Retórica*, introducción, trad. y notas Arturo E. Ramírez Trejo, Ediciones UNAM, México D. F., 2002. 아리스토텔레스, 박문성 옮김, 『아리스토텔레스의 수사학』, 현대지성, 2020.

Aurell, J., "Los efectos del giro lingüístico en la historiografía reciente", *Rilce, Revista de Filología Hispánica*, vol.20, 1 (2004), pp. 1-16.

Balzac, H. de, *Tratado de la vida elegante*, Impedimenta, Madrid, 2011. 오노레 드 발자크, 고봉만 옮김, 『우아한 삶에 대하여』, 충북대학교출판부, 2012.

Baudrillard, J., *De la seducción*, Cátedra, Madrid, 2005. 장 보드리야르, 배영달 옮김, 『유혹에 대하여』, 백의, 2002.

____, *El crimen perfecto*, Anagrama, Barcelona, 1996.

Bauman, Z., *Miedo líquido*, Paidós, Barcelona, 2010. 지그문트 바우만, 함규진 옮김, 『유동하는 공포』, 산책자, 2009.

Bentham, J., *Falacias políticas*, Centro de Estudios Constitucionales, Madrid, 1990.

Bernal, A., Ferrando, M., y Sainz, M., "Un estudio sobre las relaciones entre creatividad y algunos aspectos sociodemográficos: la edad de padres y madres", *IV Jornadas Doctorales Escuela Internacional de Doctorado de la Universidad de Murcia, Murcia*, 2019, pp. 477-482.

Beytía, P., y Calvo, E., "¿Cómo medir la felicidad?", *Claves de Políticas Públicas*, 4 (octubre de 2011).

Blanco Laserna, D., *Las paradojas cuánticas*, Ciencia National Geographic, RBA Libros, Barcelona, 2017.

Brown, W., *El pueblo sin atributos: la secreta revolución del neoliberalismo*, Malpaso, Barcelona, 2017. 웬디 브라운, 배충효·방진이 옮김, 『민주주의 살해하기: 당연한 말들 뒤에 숨은 민주주의 살해하기』, 내인생의책, 2017.

Burnet, J., *Plato's Euthyphro, Apology of Socrates and Crito*, Oxford University Press, Oxford, 1954.

Byung-Chul, H., *El aroma del tiempo*, Herder, Barcelona, 2015. 한병철, 김태환 옮김, 『시간의 향기』, 문학과지성사, 2013.

____, *El enjambre*, Herder, Barcelona, 2014. 한병철, 김태환 옮김, 『투명 사회』, 문학과지성사, 2014.

____, *La sociedad del cansancio*, Herder, Barcelona, 2012. 한병철, 김태환 옮김,

『피로 사회』, 문학과지성사, 2012.

Cabanas, E., e Illouz, E., *Happycracia: cómo la ciencia y la industria de la felicidad controlan nuestras vidas*, Paidós, Barcelona, 2019. 에바 일루즈·에드가르 카바나스, 이세진 옮김, 『해피크라시』, 청미, 2021.

Camps, V., *Elogio de la duda*, Arpa, Barcelona, 2016.

____, *La búsqueda de la felicidad*, Arpa, Barcelona, 2019.

Casado, C., y Colomo, R., "Un breve recorrido por la concepción de las emociones en la filosofía occidental", *A Parte Rei, Revista de Filosofía*, vol. 47, septiembre de 2006.

Cederström, C., y Spicer, A., *The Wellness Syndrome*, Polity Press, Cambridge, 2015.

Choza, J., *Historia cultural del humanismo*, Plaza y Valdés, Madrid, 2009.

Christakis, D. A., Zimmerman, F., Giuseppe, D. L., et al., "Early Television Exposure and Subsequent Attention Problems in Children", *Pediatrics*, 113 (4) (2004), pp. 708-713.

Cicerón, *Los deberes*, Gredos, Barcelona, 2014. 키케로, 엄성진 옮김, 『의무론』, 아카넷, 2024.

Comte-Sponville, A., *La felicidad, desesperadamente*, Paidós, Barcelona, 2001.

Concheiro, L., *Contra el tiempo*, Anagrama, Barcelona, 2016.

Cuervo Arango, M. A., "La calidad de vida. Juicios de satisfacción y felicidad como indicadores actitudinales del bienestar", *Revista de Psicología Social*, vol. VIII, 1 (1993), pp. 101-110.

Dai, D. Y., Tan, X., Marathe, D., et al., "Influences of Social and Educational Environments on Creativity During Adolescence: Does SES Matter?", *Creativity Research Journal*, 24 (2-3) (2012), pp. 191-199.

Dalrymple, T., *Sentimentalismo tóxico*, Alianza, Madrid, 2016.

Davies, W., *Estados nerviosos*, Sexto Piso, Madrid, 2019.

____, *La industria de la felicidad*, Malpaso, Barcelona, 2014. 윌리엄 데이비스,

황성원 옮김, 『행복 산업』, 동녘, 2015.

Debord, G., *La sociedad del espectáculo*, Pre-Textos, Valencia, 2012. 기 드보르, 유재홍 옮김, 『스펙타클의 사회』, 울력, 2014.

Didi-Huberman, G., *Cuando las imágenes toman posesión*, Antonio Machado Libros, Madrid, 2008.

Domínguez García, V., "El miedo en Aristóteles", *Psicothema*, 15(4) (2003), pp. 662-666.

Doval, S. L., "Acercamiento etimológico al término 'educación'", *Revista Española de Pedagogía*, 37 (146) (1979), pp. 115-122.

Ehrenreich, B., *Sonríe o muere*, Turner, Madrid, 2018. 바버라 에런라이크, 전미영 옮김, 『긍정의 배신』, 부키, 2011.

Espejo, C., "Religión e ideología en Homero", *Studia Historica*, Historia Antigua, vol. 12 (1994), pp. 9-20.

Fernández Hernández, A., "Influencia de las palabras emocionales en el procesamiento sintáctico y semántico de la oración", tesis doctoral, Universidad Complutense, Madrid, 2013.

Ferrater Mora, J., *Diccionario de filosofía*, vol. I., Ariel, Barcelona, 1994.

Fontcuberta, J., *La furia de las imágenes*, Galaxia Gutenberg, Barcelona, 2016.

Foucault, M., "Des espaces autres", *Architecture, mouvement, continuité*, 5, octubre de 1984. [De los espacios otros: trad. P. Bilstein y T. Lima.]

______, *Vigilar y castigar*, Siglo XXI, México D. F., 1980. 미셸 푸코, 오생근 옮김, 『감시와 처벌』, 나남출판, 2020.

Freud, S., *El malestar en la cultura*, Alianza, Madrid, 1970. 지그문트 프로이트, 김석희 옮김, 『문명 속의 불만』, 열린책들, 2020.

______, *La angustia Conferencias de introducción al psicoanálisis*, vol. XVI, Amorrortu, Buenos Aires, 1993. 지그문트 프로이트, 임홍빈·홍혜경 옮김, 『정신분석 강의』, 열린책들, 2020.

García Gual, C., "El sabio epicúreo y el sabio estoico", *Daimon, Revista Internacional de Filosofía*, 30 (2003), pp. 23-32.

Gelio, A., *Noches áticas*, I, Universidad de León, Secretariado de Publicaciones, León, 2006.

Gomá, J., *Dignidad*, Galaxia Gutenberg, Barcelona, 2019.

Grimal, P., *Diccionario de mitología griega y romana*, Paidós, Barcelona, 1991. 피에르 그리말, 최애리·이성엽·이창실·백영숙 옮김,『그리스 로마 신화 사전』, 열린책들, 2003.

Guthrie, W. K. C., *Historia de la filosofía griega*, Gredos, Madrid, 1993. W. K. C. 거스리, 박종현 옮김,『희랍 철학 입문』, 서광사, 2000.

Gutiérrez, B., Rodríguez, M. I., y Gallego, M. C., "El papel de los medios de comunicación actuales en la sociedad contemporánea española", *Signo y Pensamiento*, XXIX (57) (2010), pp. 268-285, disponible en: https://www.redalyc .org/articulo.oa?id=86020052017. [2019. 12. 3.]

Harari, Y., *Sapiens*, Debate, Barcelona, 2015. 유발 하라리, 조현욱 옮김,『사피엔스』, 김영사, 2023.

Heidegger, M., *Construir, habitar, pensar*, Ediciones Serbal, Barcelona, 1994.

____, *Preguntas fundamentales de la filosofía*, Comares, Sevilla, 2008. 마르틴 하이데거, 한충수 옮김,『철학의 근본 물음』, 이학사, 2018.

____, *Ser y tiempo*, Trotta, Madrid, 2012. 마르틴 하이데거, 이기상 옮김,『존재와 시간』, 까치, 2025.

Held, K., "Asombro, tiempo, idealización. Sobre el comienzo griego de la filosofía", *Estudios de Filosofía*, 26, Antioquía, 2002.

Hesíodo, *Teogonía, Planeta*, Barcelona, 1997. 헤시오도스, 천병희 옮김,『신들의 계보』, 도서출판숲, 2009.

Hobbes, T., *Leviatán*, Alianza, Madrid, 1999. 토머스 홉스, 진석용 옮김,『리바이어던』, 나남출판, 2008.

Homero, *Ilíada*, Gredos, Madrid, 2004. 호메로스, 천병희 옮김,『일리아스』, 도서출판 숲, 2015.

Hume, D., *Sobre la norma del gusto*, Península, Barcelona, 1989. 데이비드 흄, 김동훈 옮김,『취미의 기준에 대하여』, 마티, 2019.

____, *Tratado de la naturaleza humana*, Tecnos, Madrid, 2005. 데이비드 흄, 이준호 옮김,『인간 본성에 관한 논고 1, 2, 3』, 서광사, 2008.

Illouz, E., *Capitalismo, consumo y autenticidad*, Katz Editores, Buenos Aires, 2019.

____, *Intimidades congeladas Las emociones en el capitalismo*, Katz Editores, Buenos Aires, 2007. 에바 일루즈, 김정아 옮김,『감정 자본주의』, 돌베개, 2010.

____, *Les marchandises émotionnelles*, Premier Parallèle, París, 2019.

Innerarity, D., *La sociedad invisible*, Espasa, Madrid, 2004.

Jameson, F., *Ensayos sobre el posmodernismo*, Imago Mundi, Buenos Aires, 1991.

____, *El posmodernismo o la lógica cultural del capitalismo avanzado*, Paidós, Barcelona, 1995. 프레드릭 제임슨, 임경규 옮김,『포스트모더니즘, 혹은 후기자본주의 문화 논리』, 문학과지성사, 2022.

Kant, I., *Crítica de la razón práctica*, Losada, Buenos Aires, 1961. 이마누엘 칸트, 백종현 옮김,『실천 이성 비판』, 아카넷, 2019.

____, *Crítica de la razón práctica*, Alianza, Madrid, 2013. 이마누엘 칸트, 백종현 옮김,『실천 이성 비판』, 아카넷, 2019.

____, *Crítica de la razón pura*, Alfaguara, Madrid, 1994. 이마누엘 칸트, 백종현 옮김,『순수 이성 비판』, 아카넷, 2006.

____, *Fundamentación de la metafísica de las costumbres. Crítica de la razón práctica. La paz perpetua*, Porrúa, México D.F., 1995. 이마누엘 칸트, 백종현 옮김,『윤리 형이상학 정초』, 아카넷, 2018.

____, *¿Qué es la Ilustración? Y otros escritos de ética, política y filosofía de la historia*, Alianza, Madrid, 2013. 이마누엘 칸트, 임홍배 옮김,『계몽이란 무엇인가』, 길, 2020.

Kelly, T. L. J., y Trasler, J. M., "Reproductive epigenetics", *Clinical Genetics*, vol. 65 (4) (2004), pp. 247-260.

Kleint, C., y Wiemers, G.(eds.), *Werner Heisenberg in Leipzig 1927-1942*, Akademie Verlag, Berlín, 1993.

Knauss, B., *La polis Individuo y Estado en la Grecia antigua*, Aguilar, Madrid, 1979.

Lacan, J., *El seminario Libro 7: La ética del psicoanálisis*, Paidós Ibérica, Buenos Aires, 2009. 자크 라캉, 백상현 옮김,『라깡의 인간학』, 위고, 2017.

____, "Lo simbólico, lo imaginario y lo real", *De los nombres del padre*, Paidós Ibérica, Buenos Aires, pp. 11-64.

Lasso de la Vega, J., "Ideales de la vida antigua en Grecia", *Helmántica*, 13 (40-42) (1962), pp. 23-72.

Levinas, E., *De la existencia al existente*, Arena Libros, Madrid, 2000. 에마뉘엘 레비나스, 서동욱 옮김,『존재에서 존재자로』, 민음사, 2003.

Lipovetsky, G., *De la ligereza, Anagrama*, Barcelona, 2016. 질 리포베츠키, 이재형 옮김,『가벼움의 시대』, 문예출판사, 2017.

____, *El crepúsculo del deber*, Anagrama, Barcelona, 2000.

____, *El lujo eterno*, Anagrama, Barcelona, 2003. 질 리포베츠키·루 엘리에트, 유재명 옮김,『사치의 문화』, 문예출판사, 2018.

____, *La era del vacío*, Anagrama, Barcelona, 1986.

____, *La felicidad paradójica*, Anagrama, Barcelona, 2007. 질 리포베츠키, 정미애 옮김,『행복의 역설』, 알마, 2009.

____, *Los tiempos hipermodernos*, Anagrama, Barcelona, 2008.

____, *Metamorfosis de la cultura liberal*, Anagrama, Barcelona, 2003.

Lipovetsky, G., y Serroy, J., *La estetización del mundo*, Anagrama, Barcelona, 2015.

____, *La pantalla global*, Anagrama, Barcelona, 2009.

Locke, J., *Ensayos sobre el entendimiento humano*, Fondo de Cultura Económica, México D. F., 2005. 존 로크, 추영현 옮김,『인간 지성론』, 동서문화동판, 2017.

López, F., "El giro lingüístico de la filosofía y la historiografia contemporánea", *Revista Mañongo*, 37, vol. XIX (2011), pp. 189-213.

Lyotard, J. F., *La condición postmoderna*, Cátedra, Madrid, 1987. 장프랑수아 리오타르, 유정완 옮김, 『포스트모던의 조건』, 민음사, 2018.

Machado, M., "La extraña aventura de la palabra 'calma'", *Criticón* (96) (2006), pp. 181-186.

Maffei, A. M., "Fobia: su especificidad y abordaje psicoterapéutico", dir. A. Imbriano, Escuela de Psicología, Universidad Argentina John F. Kennedy, 2010.

Maquiavelo, N., *El príncipe*, El Aleph, Buenos Aires, 1999. 니콜로 마케아벨리, 강정인·김경희 옮김, 『군주론』, 까치, 2015.

Marina, J. A., *Anatomía del miedo*, Anagrama, Barcelona, 2015.

Martín, L., *El mundo feliz*, Anagrama, Barcelona, 2018.

Martín-Cabello, A., "Ciudadanía global. Un estudio sobre las identidades sociopolíticas en un mundo hiperconectado", *Arbor*, 1(93) (786) (2017).

Martínez-Hernáez, A., "La mercantilización de los estados de ánimo. El consumo de antidepresivos y las nuevas biopolíticas de las aflicciones", *Política y sociedad*, 43 (3) (2006), pp. 43-56.

Maslow, A. H., *Toward a Psychology of Being*, D. Van Nostrand, Nueva York, 1968. 에이브러햄 매슬로, 정태연·노현정 옮김, 『존재의 심리학』, 문예출판사, 2005.

Mauss, I. B., Tamir, M., et al., "Can Seeking Happiness Make People Unhappy? Paradoxical Effects of Valuing Happiness", *Emotion*, 11 (4 de agosto de 2011), disponible en: https://www.ncbi.nlm.nih.gov/pmc/articles/PMC3160511/.

Mill, J. S., *El utilitarismo*, Alianza, Madrid, 2007. 존 스튜어트 밀, 이종인 옮김, 『공리주의』, 현대지성, 2020.

Mirzoeff, N., *Una introducción a la cultura visual*, Paidós, Barcelona, 2003. 니콜라스 미르조에프, 임산 옮김, 『비주얼 컬처의 모든 것』, 홍시커뮤니케이

션, 2009.

Moccia, S., "Felicidad en el trabajo", Papeles del psicólogo, 37 (2) (2016), pp. 143-151.

Monasterio Astobiza, A., Ausín, T., Toboso, M., et al., "Traducir el pensamiento en acción: interfaces cerebro-máquina y el problema ético de la agencia", *Revista de Bioética y Derecho*, 46 (2019) pp. 29-46.

Morgan, D. K., y Whitelaw, E., "The case for transgenerational epigenetic inheritance in humans", *Mamm Genome*, 19 (6) (2008), pp. 394-397.

Mourelle de Lema, M., "La lengua española y los medios de comunicación", *Primer Congreso Internacional de la Lengua Española*, I (1998), pp. 491-509.

Nandy, A., "Modernidad y búsqueda de la felicidad", *Anuario Asia-Pacífico*, 1, Casa-Asia, CIDOB y Real Instituto Elcano, 2009, pp. 295-303.

Nassif, R., *Pedagogía general*, Kapeluz, Buenos Aires, 1958.

Neff. W. S., "Socioeconomic Status and Intelligence, a critical survey", *The Psychological Bulletin,* 35 (10) (1938), pp. 727-757.

Nussbaum, M. C., *Upheavals of thought: the intelligence of emotions*, Cambridge University Press, Cambridge, 2001. 마사 누스바움, 조형준 옮김,『감정의 격동』, 새물결, 2015.

Ortega, R. Y., "Reflexiones a propósito de Sócrates", *De Amicitia et doctrina*, Colegio de México, México D. F., 2007, pp. 277-298.

Ortega y Gasset, J., *La rebelión de las masas*, Andrés Bello, México, 1996. 오르테가 이 가세트, 황보영조 옮김,『대중의 반역』, 역사비평사, 2005.

____, *Meditaciones del Quijote*, Cátedra, Madrid, 2005. 오르테가 이 가세트, 신정환 옮김,『돈키호테 성찰』, 을유문화사, 2017.

____, *¿Qué es filosofía?*, Alianza, Madrid, 1999. 오르테가 이 가세트, 김현창 옮김,『대중의 반란/철학이란 무엇인가』, 동서문화동판, 2016.

Orwell, G., *1984*, Debolsillo, Barcelona, 2019. 조지 오웰, 정회성 옮김,『1984』, 민음사, 2003.

Ovidio, P., *Metamorfosis*, Alianza, Madrid, 1996. 오비디우스, 이윤기 옮김, 『변신 이야기 1, 2』, 민음사, 1998.

Parsasirat, Z., Foroughi, A., Yusooff, F., et al., "Effect of Socioeconomic Status on Emersion Adolescent Creativity", *Asian Social Science*, 9 (4) (2013), pp. 105-112.

Pinker, S., *El instinto del lenguaje*, Alianza, Madrid, 2012. 스티븐 핑커, 김한영·문미선·신효식 옮김, 『언어 본능』, 동녘사이언스, 2008.

____, *Enlightenment Now: The Case for Reason*, Science, Humanism, and Progress, Penguin Books, Londres, 2018. 스티븐 핑커, 김한영 옮김, 『지금 다시 계몽』, 사이언스북스, 2021.

____, *Los ángeles que llevamos dentro*, Paidós, Barcelona, 2018. 스티븐 핑커, 김명남 옮김, 『우리 본성의 선한 천사』, 사이언스북스, 2014.

Platón, *Critón*, Diálogos, vol. I, Gredos, Madrid, 1981. 플라톤, 황문수 옮김, 『소크라테스의 변명, 크리톤, 파이돈, 향연』, 문예출판사, 1999.

____, *República, Diálogos*, vol. IV, Gredos, Madrid, 2003. 플라톤, 박종현 옮김, 『플라톤의 국가·정체』, 서광사, 2005.

____, *Platón*, vol. II, Gredos, Madrid, 2011. 플라톤, 천병희 옮김, 『전집Ⅱ』, 숲, 2019.

Punset, E., *Viaje a las emociones*, Destino, Barcelona, 2010.

Ramis, J. P., "Reflexiones sobre el trasfondo político en el juicio de Sócrates", *Atenea*, 491 (2005), pp. 57-69.

Ricoeur, P., *Freud: una interpretación de la cultura*, Siglo XXI, Buenos Aires, 2004. 폴 리쾨르, 김동규·박준영 옮김, 『해석에 대하여』, 인간사랑, 2020.

Robin, C., *El miedo: historia de una idea política*, Fondo de Cultura Económica, México D. F., 2018.

Robinson, K., *Finding your element*, Penguin, Londres, 2014. 켄 로빈슨·루 애로니카, 정미나 옮김, 『엘리먼트』, 21세기북스, 2016.

Rodríguez Donís, M., "La amistad de Cicerón. Crítica del utilitarismo",

Fragmentos de Filosofía, 5 (2007), pp. 81-110.

Rodríguez González, J., "Las categorís de espacio y tiempo en el marco teóico de la posmodernidad", *Ensayos, Revista de la Facultad de Educación de Albacete*, 27 (2012), disponible en: https://revista.uclm.es/index.php/ensayos/article/view/92/88. [2019. 12. 9.]

Rojas Osorio, C., "Giro lingüístico/giro hermenéutico/giro semiológico", *Revista de Filosofía*, 57 (2001), pp. 63-75.

Rousseau, J. J., *Discurso sobre las ciencias y las artes*, Alianza, Madrid, 2012. 장 자크 루소, 김중현 옮김, 『학문과 예술에 대하여 외』, 한길사, 2007.

Russell, B., *La conquista de la felicidad*, Debolsillo, Barcelona, 2016. 버트런드 러셀, 이순희 옮김, 『행복의 정복』, 사회평론, 2005.

Saborit, P., *Vidas adosadas*, Anagrama, Barcelona, 2006.

Sagrada Biblia, Nuevo Testamento, Ediciones de la Universidad de Navarra, Pamplona, 2004. 신약성서.

Sarasqueta, G., "Postpolítica: ¿autopsia o metamorfosis del relato? El caso de Donald Trump", *Question* 1, 1 (55) (2017), pp. 118-135.

Schopenhauer, A., *Parerga y Paralipómena*, II, Trotta, Madrid, 2013. 아르투어 쇼펜하우어, 홍성광 옮김, 『쇼펜하우어의 행복론과 인생론』, 을유문화사, 2023.

Sevil Serrano, J., Abós Catalán, A., Aibar Solana, A., et al., "¿Se deberían replantear las recomendaciones relativas al uso sedentario del tiempo de pantalla en adolescentes?", *Sport TK*, 7 (2) (2018), pp. 75-82.

Sloterdijk, P., "El imperio ausente y la hiperpolítica", *Paisajes después del muro*, I. de la Nuez (coord.), Península, Barcelona, 1999, pp. 179-192.

Spinoza, B., *Ética*, Sarpe, Madrid, 1984. 스피노자, 강영계 옮김, 『에티카』, 서광사, 2007.

Spock, B., y Rothenberg, M., *El cuidado de su hijo del Dr Spock*, Pocket Books, 1997.

Strömbäck, J., "Four phases of mediatization: an analysis of Mediatization of Politics", *The international journal of press/politics*, 13 (3) (2008), pp. 228-246. Sutton, S., "El tiempo y el gemir de la subjetividad", *Revista de Filosofía*, 47 (137) (2014), pp. 211-229.

Touraine, A., *Crítica de la modernidad*, Fondo de Cultura Económica, Bogotá, 2000.

Ugalde, J., "El asombro, la afección originaria de la filosofía", *Areté*, 29 (1) (2017), pp. 167-181.

Vallet, A., *El lenguaje total*, Edelvives, Barcelona, 1980.

Vañó Vicedo, R., *Educar la mirada*, Tirant lo Blanch, Valencia, 2015.

Vendetti, T. (dir.), y Wehrheim, J. (guion), *Bhutan: Taking the Middle Path to Happiness*, 2007.

Verdú, V., *La ausencia. El sentir melancólico en un mundo de pérdidas*, La Esfera de los Libros, Madrid, 2011.

Viola, F. I., "La reiteración del inicio. Aportes para una nueva concepción del tiempo a partir de la filosofía de Emmanuel Levinas", *Franciscanum*, 165 (LVIII) (2016), pp. 119-143.

Virilo, P., *Estética de la desaparición*, Anagrama, Barcelona, 1998.

VV. AA., *Educación emocional*, R. Bisquerra (coord.), Desclée Brouwer, Bilbao, 2011.

Wittgenstein, L., *Los cuadernos azul y marrón*, Tecnos, Madrid, 1993. 루트비히 비트겐슈타인, 이영철 옮김, 『청색 책 갈색 책』, 책세상, 2020.

____, *Tractatus logico-philosophicus*, Alianza de Bolsillo, Madrid, 2012. 루트비히 비트겐슈타인, 이영철 옮김, 『논리-철학 논고』, 책세상, 2020.

Xu, G., Strathearn, L., Liu, B., et al., "Twenty-Year Trends in Diagnosed Attention-Deficit/Hyperactivity Disorder Among US Children and

Adolescents, 1997-2016", JAMA Network Open, 31 de agosto de 2018, disponible en: https://jamanetwork.com/journals/jamanetworkopen/fullarticle/2698633.

Zafra, R., *El entusiasmo*, Anagrama, Barcelona, 2017.

Zaoui, P., *La discreción*, Arpa, Barcelona, 2017. 피에르 자위, 이세진 옮김, 『드러내지 않기』, 위고, 2017.

일간지 |

VV. AA., "Cómo ser feliz y otras aspiraciones que buscamos los españoles en Google", diario *La Información*, 25 de diciembre de 2016, disponible en: https://www.lainformacion.com/asuntos-sociales/feliz-aspiraciones-buscamos-espanoles-google_0_984201619/. [2019. 12. 30.]

"El hablante español utiliza cada vez menos palabras", *Cinco Días, El País Economía*, 6 de junio de 2005.

행복이라는 좁은 길을 따라

1장 정신적 빈곤

1   Prudencio, Benítez, "Utopía y 'pólis': el lugar de la inocencia y la felicidad en la imagen de los antiguos griegos(유토피아와 '폴리스': 고대 그리스인의 이미지 속 순수함과 행복의 장소)", *Daimon Revista Internacional de Filosofía*, 34(2005), pp. 5-17.

2   Aristóteles, *Ética nicomaquea* (Gredos, Madrid, 2014). 아리스토텔레스, 천병희 옮김, 『니코마코스 윤리학』, 도서출판숲, 2013.

3   Kant., I, *Crítica de la razón práctica* (Alianza, Madrid, 2013). 이마누엘 칸트, 백종현 옮김, 『실천 이성 비판』, 아카넷, 2019.

4   Lipovetsky, G., *Los tiempos hipermodernos(하이퍼모던의 시간)*(Anagrama, Barcelona, 2006).

5   아동기 및 청소년기 정신 건강에 관한 다학제 연구팀의 성명 참조: "La pandemia ha provocado un aumento de hasta el 47% en los trastornos de salud mental de los menores(코로나 팬데믹으로 인해 미성년자 정신 건강 장애 최대 47% 증가)" https://www.aeped.es/sites/default/files/20220407_np_salud_mental_in-fancia_y_adolescencia.pdf.

6   https://www.lasexta.com/constantes-vita-les/causas/salud-mental/preocupante-aumento-casos-depre-sion-ansiedad-trastornos-conducta-alimentaria-ninos-adolescentes_2022011361e02f917c3dac0001ff6685.html.

7 "Los datos de la salud mental en España, la pandemia detrás de la pandemia(스페인의 정신 건강 자료, 팬데믹 뒤에 숨겨진 팬데믹)", https://www.rtve.es/noti-cias/20211215/datos-salud-mental-espana/2238590.shtml [2022. 8. 23].

8 "Los datos de la salud mental en España, la pandemia detrás de la pandemia(스페인의 정신 건강 자료, 팬데믹 뒤에 숨겨진 팬데믹)", https://www.rtve.es/noti-cias/20211215/datos-salud-mental-espana/2238590.shtml [2022. 8. 23].

9 이 문제를 언급하는 수많은 연구들은 다음 기사에서 확인할 수 있다(이 기사는 각 연구를 쉽게 참고할 수 있도록 관련 연구를 요약하고 있다): "Déficit de atención, ansiedad o depresión: los efectos en los niños del uso inadecuado de los dispositivos electrónicos(주의력 결핍, 불안 또는 우울증: 전자기기의 부적절한 사용이 아동에게 미치는 영향)", Camarero, Ana, *El País* (2022. 5. 27).

10 "La simplificación del lenguaje y la pérdida del pensamiento complejo(언어의 단순화와 복잡한 사고의 상실)", https://www.cambio16.com/la-simplificacion-del-lenguaje-y-el-desvanecimiento-del-pensamiento-complejo/. [2022. 3. 24] "El hablante de español utiliza cada vez menos palabras(스페인어 사용자는 점점 더 적은 단어를 사용한다)", https://cincodias.elpais.com/cincodias/2005/06/06/senti-dos/1118024839_850215.html.

11 인터넷에서 구글 트렌드를 이용해 전 세계에서 '행복'이라는 단어를 검색한 결과를 살펴보았더니, 2004년에는 100점 만점에 20점 수준이었으나, 2015년에는 100점으로 최고치를 기록했고, 2021년에는 54점 수준을 유지했다. 더 자세한 내용은 다음을 참고하라. Illouz, E., Cabanas, E., *Happycracy* (Paidós, Barcelona, 2019). 에바 일루즈·에드가르 카바나스, 이세진 옮김, 『해피크라시』, 청미, 2021.

12 Davies, W., *La industria de la felicidad*(행복의 산업) (Ediciones Malpaso, Barcelona, 2014).

13 Lacan, J., *El seminario Libro 7: La ética del psicoanálisis 1959-1960* (Paidós,

Buenos Aires, 2009). 자크 라캉, 백상현 옮김, 『라깡의 인간학』, 위고, 2017.

14 Illouz, E., *Intimidades congeladas Las emociones en el capitalismo* (Katz Editores, Buenos Aires, 2007), p. 18. 에바 일루즈, 김정아 옮김, 『감정 자본주의』, 돌베개, 2010.

15 Illouz, E.(Comp.), *Capitalismo, consumo y autenticidad. Las emociones como mercancía(자본주의, 소비와 진정성: 상품으로서의 감정)* (Katz Editores, Buenos Aires, 2019), p. 16.

16 Illouz, E., *Intimidades congeladas Las emociones en el capitalismo* (Katz Editores, Buenos Aires, 2007), p. 159. 에바 일루즈, 김정아 옮김, 『감정 자본주의』, 돌베개, 2010.

17 T.L., Kelly, J.M., Trasler, "Reproductive epigenetics(생식 유전학)", *Clinical Genetics*, 65(4) (2004), pp. 247-260.

18 후성유전학을 통해 발생한 변화는 일반적으로 후속 세대에 걸쳐 비교적 안정적으로 유지된다. Morgan, D. K., Whitelaw, E., "The case for transgenerational epigenetic inheritance in humans(인간의 세대 간 후성 유전 현상에 대한 논거)", *Mamm Genome*, 19 (6) (2008), pp. 394-397.

19 Nassif, R., *Pedagogía general(일반 교육학)* (Kapeluz, Buenos Aires, 1958), p. 6.

20 Aristóteles, *Ética nicomaquea* (Gredos, Madrid, 2014), p. 132. 아리스토텔레스, 천병희 옮김, 『니코마코스 윤리학』, 도서출판숲, 2013.

21 같은 책.

22 Gomá, Javier, *Dignidad(존엄성)* (Galaxia Gutenberg, Barcelona, 2019).

23 이는 물리학자 에르빈 슈뢰딩거의 고양이 실험을 떠올리게 한다. 그는 실험에서 상자 안에 고양이와 독가스 장치를 넣었는데, 그 장치는 50퍼센트의 확률로 작동해 고양이를 죽일 수 있도록 설계되어 있었다. 양자물리학에 따르면, 전자는 동시에 서로 다른 두 위치에 존재할 수 있으므로, 고양이 역시 살아 있으면서 동시에 죽어 있는 상태가 될 수 있다. 이는 양자물리학에서 '상태의 중첩'이라고 불리는 현상이며, 이 중첩은 관찰자가 상자를 열고 인식을 통해 개입할 때만 사라진다. 즉, 관찰이 이루어지

는 순간 중첩 상태는 깨지고, 고양이의 생사 여부가 결정된다. 이 실험은 고양이의 상태를 결정하는 데 있어 관찰자의 역할이 결정적임을 보여준다. 양자물리학의 원리를 알려면 다음 논문을 참조하라. Laserna, Blanco, "Las paradojas cuánticas(양자적 역설)", *Ciencia National Geographic* (RBA Libros, Barcelona, 2017). 더 자세한 내용은 다음 책을 참조하라. Kleint, C., Wiemers, G.(eds.), *Werner Heisenberg in Leipzig 1927-1942(라이프치히의 베르너 하이젠베르크 1927-1942)* (Akademie Verlag, Berlín, 1993).

24 Gomá, Javier, *Dignidad(존엄성)* (Galaxia Gutenberg, Barcelona, 2019).

25 Freud, S., *Beyond the Pleasure Principle* (Alianza Editorial, Madrid, 1997). 지그문트 프로이트, 강영계 옮김,『쾌락 원리의 저편』, 지만지, 2021.

26 Freud, S., *El malestar en la cultura* (Alianza Editorial, Madrid, 1970). 지그문트 프로이트, 김석희 옮김,『문명 속의 불만』, 열린책들, 2020.

27 같은 책, p. 20.

28 Baudrillard, Jean, *El crimen perfecto(완전 범죄)* (Anagrama, Barcelona, 1996), p. 156.

29 H., Byung-Chul, *La sociedad del cansancio* (Herder, Barcelona, 2012). 한병철, 김태환 옮김,『피로 사회』, 문학과지성사, 2012.

30 Innerarity, D., *La sociedad invisible(보이지 않는 사회)* (Espasa, Madrid, 2004), p. 65.

31 Zaoui, P., *La discreción* (Arpa, Barcelona, 2017), p. 27. 피에르 자위, 이세진 옮김,『드러내지 않기』, 위고, 2017.

32 Merleau-Ponty, M., *Fenomenología de la percepción* (Península, Barcelona, 1975). 모리스 메를로퐁티, 주성호 옮김,『지각의 현상학』, 세창출판사, 2025.

33 Saborit, P., *Vidas adosadas: El miedo a los semejantes en la sociedad contemporánea (붙어 있는 삶: 현대 사회의 타인에 대한 두려움)* (Anagrama, Barcelona, 2006), p. 13.

34 Baudrillard, J., *De la seducción* (Cátedra, Madrid, 2005). 장 보드리야르, 배영달 옮김,『유혹에 대하여』, 백의, 2002.

35 Kohut, T., Fisher, W. A., Campbell, L., "Perceived Effects of Pornography

on the Couple Relationship: Initial Findings of Open-Ended, Participant-Informed, 'Bottom-Up' Research(포르노그래피가 부부 관계에 미치는 영향에 대한 인식: 개방형, 참가자 정보 제공, '하향식' 연구의 초기 결과)", *Archives of Sexual Behavior*, febrero, 46(2) (2017), pp. 585-602.

36 "Crece el uso de aplicaciones para ligar(데이트 앱 사용 증가)", 2020. 7. 9. https://www.gipuzkoa.eus/es/web/gazte-ria/-/ligatzeko-aplikazioen-erabilerak-gora-egin-du[2022. 10. 22]

37 Gasset, Ortega y, *Obras completas(전집)*, Revista de Occidente, vol. VI(347), Madrid, 1964.

38 Ehrenreich, B., *Sonríe o muere* (Turner, Barcelona, 2018). 바버라 에런라이크, 전미영 옮김,『긍정의 배신』, 부키, 2011.

다름에서 품격으로
2장 우아하게 살기

1 Agamben, G., *Desnudez* (Anagrama, Barcelona, 2011). 조르조 아감벤, 김영훈 옮김,『벌거벗음』, 인간사랑, 2014.

2 Séneca, *Epístolas morales a Lucilio(루킬리우스에게 보내는 도덕적 편지들)*, vol. I (Gredos, Madrid, 2000).

3 Verdú, V., *La ausencia. El sentir melancólico en un mundo de pérdidas(부재: 상실의 세상에서의 우울한 감정)* (La Esfera de los Libros, Madrid, 2011).

4 Machado, M., "La extraña aventura de la palabra 'calma'('평온함'이라는 단어의 이상한 모험)", *Criticón*, 96, 2006, pp. 181-186.

5 Homero, *Iliad* (Gredos, Madrid, 2004). 호메로스, 천병희 옮김,『일리아스』, 도서출판 숲, 2015.

6 Séneca, *Epístolas morales a Lucilio(루킬리우스에게 보내는 도덕적 편지들)*, vol. I (Gredos, Madrid, 2000).

7 Gasset, Ortega y, *Obras completas(전집)*, Revista de Occidente, vol. VI(347), Madrid, 1964.

8 Gasset, Ortega y, *La rebelión de las masas* (Alianza Editorial, Madrid, 2014). 오르테가 이 가세트, 황보영조 옮김,『대중의 반역』, 역사비평사, 2005.

9 Balzac, H. *Tratado de la vida elegante* (Impedimenta, Madrid, 2011). 오노레 드 발자크, 고봉만 옮김,『우아한 삶에 대하여』, 충북대학교출판부, 2012.

10 Brown, W., *El pueblo sin atributos: la secreta revolución del neoliberalismo* (Malpaso Ediciones, Barcelona, 2017). 웬디 브라운, 배충효·방진이 옮김,『민주주의 살해하기: 당연한 말들 뒤에 숨은 민주주의 살해하기』, 내인생의책, 2017.

11 Gasset, Ortega y, *Obras completas(전집)*, Revista de Occidente, vol. II, (Alianza Editorial, Madrid, 2014).

12 Gasset, Ortega y, *España invertebrada(무척추 스페인)* (Austral, Madrid, 2011).

13 Schopenhauer, A., *Parerga y Paralipómena*, II (Trotta, Madrid, 2013). 아르투어 쇼펜하우어, 홍성광 옮김,『쇼펜하우어의 행복론과 인생론』, 을유문화사, 2023.

14 Cicero, *Los deberes* (Gredos, Barcelona, 2014). 키케로, 엄성진 옮김,『의무론』, 아카넷, 2024.

15 Balzac, H. *Tratado de la vida elegante* (Impedimenta, Madrid, 2011). 오노레 드 발자크, 고봉만 옮김,『우아한 삶에 대하여』, 충북대학교출판부, 2012.

16 Platón, *Diálogos. Gorgias* (Gredos, Madrid, 2000). 플라톤, 김인곤 옮김,『고르기아스』, 아카넷, 2021.

17 Gelio, A., *Noches áticas I(아티카의 밤 I)* (Universidad de León, Secretariado de Publicaciones, León, 2006).

18 Aristóteles, *Retórica* (Gredos, Madrid, 2000). 아리스토텔레스, 박문성 옮김,『아리스토텔레스의 수사학』, 현대지성, 2020.

19 Quintiliano, F., *Sobre la formación del orador(웅변가의 교육)* (Departamento de Ediciones y Publicaciones, Universidad Pontificia de Salamanca, Salamanca, 1996).

20 Thompson, M., *Sin palabras ¿Qué ha pasado con el lenguaje de la política?(무언: 정치의 언어는 어디로 갔는가?)* (Debate, Barcelona, 2017).

21 "El español aumenta sus hablantes, pero 'se empobrece'(스페인어는 점점 더 인기를 얻지만 동시에 '빈곤해지고' 있다)", *Europa Press*, 2016. 1. 19. https://www.europapress.es/cultura/exposiciones-00131/noticia-espanol-aumenta-hablantes-empobrece-20160119141505.html.

22 Balzac, H. *Tratado de la vida elegante* (Impedimenta, Madrid, 2011). 오노레 드 발자크, 고봉만 옮김, 『우아한 삶에 대하여』, 충북대학교출판부, 2012.

23 Gasset, Ortega y, *Obras completas*(전집), vol. I(Alianza Editorial, Madrid, 2014).

24 Gasset, Ortega y, *Obras completas*(전집), vol. VI(Alianza Editorial, Madrid, 2014).

25 Balzac, H. *Tratado de la vida elegante* (Impedimenta, Madrid, 2011). 오노레 드 발자크, 고봉만 옮김, 『우아한 삶에 대하여』, 충북대학교출판부, 2012.

범주에 관한 생각
3장 범주의 후성유전학

1 Christesen, P., "Luxury, Lost in Translation: τρυφή in Plutarch's Sparta (호화로움, 번역 오류: 플루타르코스의 스파르타에서의 트뤼페)", *Luxury and Wealth in the Archaic to Hellenistic Peloponnese*(고대에서 헬레니즘 시대까지 펠로폰네소스의 사치와 부), C. Gallou, S. Hodkinson(eds.)(Classical Press of Wales, Swansea, 2020).

2 Lipovetsky, G., Roux, E., *El gran lujo*(심한 사치) (Anagrama, Barcelona, 2004).

3 Ferrater Mora, J., *Diccionario de filosofía*(철학 사전), vol.I (Ariel, Barcelona, 1994).

4 Aristóteles, *Obras completas*(전집) (Aguilar, Madrid, 1973).

5 Kant, I., *Crítica de la razón pura* (Alfaguara, Madrid, 1978). 이마누엘 칸트, 백종현 옮김, 『순수 이성 비판』, 아카넷, 2006.

6 Hume, D., *Tratado de la naturaleza humana* (Tecnos, Madrid, 2005). 데이

비드 흄, 이준호 옮김, 『인간 본성에 관한 논고 1, 2, 3』, 서광사, 2008.

7 Kant, I., *Prolegómenos a toda metafísica futura* (Librería El Ateneo, Buenos Aires, 1950). 이마누엘 칸트, 백종현 옮김, 『형이상학 서설』, 아카넷, 2012.

8 Kant, I., *Crítica de la razón pura* (Librería El Ateneo, Buenos Aires, 1950), p. 65. 이마누엘 칸트, 백종현 옮김, 『순수 이성 비판』, 아카넷, 2006.

9 같은 책.

10 문제는 지성이 주어진 것(직관-감각)과 설정된 것(개념)을 너무 좁고 폐쇄적으로 연결하고, 개념에 대해 최대한 직설성을 추구하여, 그 결과 그 개념의 정의 영역을 엄격히 제한할 때 발생한다. Ferrater Mora, J., *Diccionario de filosofía*(철학 사전), vol.I (Ariel, Barcelona, 1994), p. 616.

11 Davies, W., *La industria de la felicidad* (Ediciones Malpaso, Barcelona, 2014). 윌리엄 데이비스, 황성원 옮김, 『행복 산업』, 동녘, 2015.

12 Christakis, D. A., Zimmerman, F., Giuseppe, D. L., et al., "Early Television Exposure and Subsequent Attention Problems in Children(아동의 텔레비전 조기 노출과 그에 따른 주의력 문제)", *Pediatrics* 113 (4) (2004), pp. 708-713, https://pubmed.ncbi.nlm.nih.gov/15060216.

13 Levinas, E., *De la existencia al existente* (Arena Libros, Madrid, 2000), p. 105. 에마뉘엘 레비나스, 서동욱 옮김, 『존재에서 존재자로』, 민음사, 2003.

14 Viola, F. I., "La reiteración del inicio. Aportes para una nueva concepción del tiempo a partir de la filosofía de Emmanuel Levinas(시작의 반복. 에마뉘엘 레비나스의 철학을 기반으로 한 새로운 시간 개념에 대한 기여)", *Franciscanum*, 165, vol. LVIII, 2016, p. 121.

15 Sutton, S., "El tiempo y el gemir de la subjetividad(시간과 주체성의 신음)", *Revista de Filosofía*, 137 (2014), p. 213.

16 Levinas, E., *De la existencia al existente* (Arena Libros, Madrid, 2000), pp. 132-133. 에마뉘엘 레비나스, 서동욱 옮김, 『존재에서 존재자로』, 민음사, 2003.

17 Aristóteles, *Physics* (Gredos, Madrid, 1995). 아리스토텔레스, 허지현 옮

김, 『자연학』, 허지현연구소, 2022.

18 Heidegger, M., *Ser y tiempo* (Trotta, Madrid, 2012). 마르틴 하이데거, 이기상 옮김, 『존재와 시간』, 까치, 2025.

19 Concheiro, L, *Contra el tiempo(시간에 대항하여)* (Anagrama, Barcelona, 2016), p. 12.

20 이 한국인 철학자에게 현대 시간성에서 눈에 띄는 점 중 하나는 시간이 더는 예전처럼 질서를 부여하는 성격을 지니지 못하게 되었다는 점인데, 이는 시간이 박자를 잃었기 때문이라고 본다. 이 사상가의 독특성은 콘체이로가 주장한 것처럼 가속화를 시간을 규정하는 본질적인 요소라고 보지 않고, 오히려 그 과정의 결과로 간주한다는 점이다. H. Byung-Chul, *El aroma del tiempo* (Herder, Barcelona, 2015), p. 9. 한병철, 김태환 옮김, 『시간의 향기』, 문학과지성사, 2013.

21 Lipovetsky, G., *Los tiempos hipermodernos(하이퍼모던 시간)* (Anagrama, Barcelona, 2008).

22 Lyotard, J.-F., *La condición postmoderna* (Cátedra, Madrid, 1987), p. 20. 장프랑수아 리오타르, 유정완 옮김, 『포스트모던의 조건』, 민음사, 2018.

23 Debord, G., *La sociedad del espectáculo* (Pre-textos, Valencia, 1999). 기 드 보르, 유재홍 옮김, 『스펙타클의 사회』, 울력, 2014.

24 같은 책, p. 137.

25 Jameson, F., *Ensayos sobre el posmodernismo(포스트모더니즘에 관한 에세이)* (Imago Mundi, Buenos Aires, 1991), p. 28.

26 Rodríguez González, J., "Las categorías de espacio y tiem-po en el marco teórico de la posmodernidad(포스트모더니즘 이론적 틀에서의 공간과 시간의 범주)", *Ensayos, Revista de la Facultad de Educación de Albacete*, 27 (2012), p. 22, https://revista.uclm.es/index.php/ensayos/article/view/92.

27 Foucault, M., "Des espaces autres(다른 공간들)", *Architecture, mouve-ment, continuité*, 1984. 10. 5. [*De los espacios otros*, trad. P. Bilstein y T. Lima.]

28 같은 글.

29 같은 글.

30 Coromines, J., *Breve diccionario etimológico de la lengua castellana(간략한 스*

페인어 어원 사전) (Gredos, Madrid, 1983), p. 248.

31 Jameson, F., *El posmodernismo o la lógica cultural del capitalismo avanzado* (Paidós, Barcelona, 1995), p. 108. 프레드릭 제임슨, 임경규 옮김, 『포스트모더니즘, 혹은 후기자본주의 문화 논리』, 문학과지성사, 2022.

32 Virilo, P., *Estética de la desaparición(사라짐의 미학)* (Anagrama, Barcelona, 1998), p. 26.

33 "En las dos últimas décadas casi se duplicó el número de niños con trastornos de atención(지난 20년 동안 주의력 장애가 있는 어린이가 약 두 배 증가)", https://khn.org/news/en-las-ultimas-dos-decadas-casi-se-duplico-el-numero-de-niños-con-trastorno-de-atención/.

34 Xu, G., Strathearn, L., Liu, B., et al., "Twenty-Year Trends in Diagnosed Attention-Deficit/Hyperactivity Disorder Among US Children and Adolescents, 1997-2016(미국 아동과 청소년의 주의력 결핍/과잉행동 장애 진단의 20년 추세, 1997-2016)", en JAMA Network Open, 31 de agosto de 2018, https://jamanetwork. com/joumals/jamanetworkopen/fullarticle/2698633.

35 Sloterdijk, P., "El imperio ausente y la hiperpolítica(부재하는 제국과 과잉 정치)", Iván de la Nuez(ed.), *Paisajes después del muro(성벽 이후의 풍경)* (Península, Barcelona, 1999) p. 189.

36 Heidegger, M., *Construir, habitar, pensar(건축, 거주, 사유)* (Ediciones Serbal, Barcelona, 1994), pp. 133-134.

생명력 없는 삶
4장 뒤나미스 또는 죽음

1 *Sagrada Biblia Nuevo Testamento(신약성서)* [Ediciones Universidad de Navarra (EUNSA), Pamplona, 2004].

2 Zafra, R., *Fragilidad(취약성)*(Anagrama, Barcelona, 2022).

3 Ruiz Castro, M., "España lidera el consumo mundial de benzodiacepinas(스페인의 벤조다이아제핀 소비는 세계에서도 손꼽힌다)", *El Periódico de España*, 2022. 4. 2. [2022. 10. 1.]

4 스페인에서는 항우울제 처방이 2012년 이후 꾸준히 증가했고, 2021년에는 전년 대비 가장 큰 증가 폭을 보였다. "Los datos tras una década de 'cultura del medicamento' en España: el consumo de antidepresivos ha crecido un 40%(스페인의 '약물 문화' 10년 후 데이터: 항우울제 소비량이 40퍼센트 증가했다)", https://www.rtve.es/noticias/20220305/da-tos-medicamentos-consumo-antidepresivos-crece-40/2291907.sht-ml [2022. 8. 31].

5 Coromines, J., *Breve diccionario etimológico de la lengua castellana(간략한 스페인어 어원 사전)* (Gredos, Madrid, 1983).

6 Ehrenreich, B., *Sonríe o muere* (Turner, Barcelona, 2018). 바버라 에런라이크, 전미영 옮김, 『긍정의 배신』, 부키, 2011.

7 스페인의 2021년 이혼율은 전년 대비 12.5퍼센트 증가했고, 별거율은 32퍼센트 증가했다. 출생아 수에 관한 BBC 기사: "El dramático descenso de los nacimientos en el mundo(세계적으로 급격한 출생률 감소)", https://www.bbc.com/mundo/no-ticias-53417504. [2022. 8. 31].

8 Baumgarten, A., *Estética breve(간략한 미학)* (Centro de Investigaciones Filosóficas, Buenos Aires, 2014).

9 Platón, *Platón II* (Gredos, Madrid, 2011). 플라톤, 천병희 옮김, 『전집 II』, 숲, 2019.

10 Lipovetsky, G., *La era del vacío(공허의 시대)* (Anagrama, Barcelona, 1986).

11 Butler, J., *Los sentidos del sujeto(주체의 감각들)* (Herder, Barcelona, 2016).

12 Merleau-Ponty, M., *Signos(기호들)* (Seix Barral, Barcelona, 1964).

13 Merleau-Ponty, M., *Fenomenología de la percepción* (Planeta, Barcelona, 1993). 모리스 메를로퐁티, 주성호 옮김, 『지각의 현상학』, 세창출판사, 2025.

14 같은 책.

15 Bauman, Z., *Modernidad y ambivalencia(모더니티와 양가성)* (Anthropos, Barcelona, 2005).

16 Bauman, Z., *Community: Seeking Safety in an Insecure World(커뮤니티: 불안한 세상에서 안전을 추구하기)* (Polity Press, Cambridge, 2001).

17 Kunda, Z., "The Case for Motivated Reasoning(동기화된 추론의 사례)", *Psychological Bulletin*, 108 (3), pp. 480-498, 1990, https://fbaum.unc.edu/teaching/articles/Psych-Bulletin-1990-Kunda.pdf.

18 Ruiz, J. C., *El arte de pensar para niños(어린이를 위한 생각의 기술)* (Toromítico, Córdoba, 2019).

19 우리는 플라톤의 『국가』에서 동굴의 노예들이 그림자 속에서 살았고, 오직 눈부신 빛의 놀라움만이 그들에게 경이로움을 불러일으킬 수 있으며, 이것이 진리를 드러내는 과정의 시작이 될 수 있다는 점을 잊어서는 안 된다.

20 Heidegger, M., *Preguntas fundamentales de la filosofía* (Comares, Sevilla, 2008) 마르틴 하이데거, 한충수 옮김, 『철학의 근본 물음』, 이학사, 2018.

21 이 문제에 대해 자세히 알아보려면 다음 기사를 참조하라. Held, K., "Asombro, tiempo, idealización. Sobre el comienzo griego de la filosofía(경이로움, 시간, 이상화. 그리스 철학의 시작에 대하여)", *Estudios de Filosofía*, 26, Antio-quía, Colombia, 2002, https://bibliotecadigital.udea.edu.co/dspace/bitstream/10495/12714/1/Escobar_2002_AsombroTiempoIdealizacion.pdf.

22 Bauman, Z., *Miedo líquido* (Paidós, Barcelona, 2010). 지그문트 바우만, 함규진 옮김, 『유동하는 공포』, 산책자, 2009. 바우만에 따르면, 현대 정신은 끊임없이 증대되는 행복 추구 경향 속에서 탄생한다. 소비자 중심의 유동적 현대 사회에서, 각 주체는 독립적으로 행복을 추구하도록 교육받는다.

23 Bauman, Z., *El arte de la vida* (Paidós, Barcelona, 2009). 지그문트 바우만, 김수진 옮김, 『지그문트 바우만 행복해질 권리』, 21세기북스, 2025.

창의성에서 재창의성으로
5장 사라지는 언어

1 Wittgenstein, L., *Tractatus logico-philosophicus* (Madrid, Alianza de Bolsillo, 2012). 루트비히 비트겐슈타인, 이영철 옮김, 『논리-철학 논고』, 책세상, 2020.

2 이러한 '한계' 개념의 조작은 한계가 언어-생각-현실 간의 관계와 연관

이 있다는 점에서, 신경 기술의 새로운 과학적 발전에 점진적인 영향을 받고 있다. 현재 알고리즘을 통해 신경 신호(생각)를 운동 기능과 연결하고 있지만, 역사상 처음으로 말을 하지 않아도 생각을 해석해 행동으로 옮길 수 있게 되었다는 점도 사실이다. 뇌-기계 인터페이스 신경 기술은 뇌의 운동 피질 영역에 전극을 삽입하는 방식으로 작동한다. "센서는 정보(뇌의 전기적 신호)를 감지하는데, 이는 개별 뉴런의 국소 활동이나 수백, 수천, 수백만 개의 뉴런이 동시에 일으키는 집합적 활동일 수 있다. 디코더(decoder, 해석기)는 이러한 신호를 처리하고, 잡음을 걸러내며, 신호를 증폭하여 작동기(이펙터effectors/액츄에이터actuators)를 움직이는 수학적 알고리즘이다. 이 신호의 해독(디코딩)은 뇌-기계 인터페이스가 효과적으로 작동하는 데 핵심적이다. 마지막으로, 작동기는 뇌-기계 인터페이스의 적용 유형을 반영한다. […] 뇌-기계 인터페이스의 신경 기술은 […] 인간 능력 향상 기술로서 인지 능력이나 환경 제어 능력을 증대하는 데 사용될 수 있다." Monasterio Astobiza, A., Ausín, T., Toboso, M., et al., "Tradu-cir el pensamiento en acción: interfaces cerebro-máquina y el pro-blema ético de la agencia(생각을 행동으로 옮기다: 뇌-기계 인터페이스와 행위의 윤리적 문제)", Revista de Bioética y Derecho, 46 (2019), pp. 29-46 https://scielo.isciii.es/scielo.php?script=sci_arttext&pid=S1886-58872019000200003.

3 경제적 자유주의의 승리와 기술 과학의 진보는 세계를 좁히고 통합하는 데 성공했다. 우리는 이를 통해 세계의 개념이 좁아졌음을 인식하게 되었다. 예를 들어, 사이버 문화와 같은 요소는 미시적인 문화적 편견이나 지리적 차이를 넘어 수백만 명의 사람들을 소통의 장으로 끌어들였다. 또한 이른바 '세계 시민권'을 통해서도 이를 느낄 수 있는데, 이는 민족적·국가적 정체성에 얽매이지 않고, 민주적 가치에 동참하는 것을 의미한다. Martín Cabello, A., "Ciuda-danía global. Un estudio sobre las identidades sociopolíticas en un mundo hiperconectado(세계 시민권: 초연결 세계에서의 사회정치적 정체성 연구)", Arbor, vol. 193, 786 (2017).

4 특히 젊은 세대에서 강렬한 감정적 단어가 출현하고 발달하는 양상을 살펴보는 것은 매우 중요하다. 다음 논문 참고. Sabater Gálvez, L., "Aparición y desarrollo de palabras con carga emocional en distintos grupos de edad de niños y adolescentes(청소년기 다양한 연령대에 걸친 강렬한 감정적 단어의 출현과 발달)", dirs. Miguel Angel Pozo García y José Antonio Hinojosa Poveda (Universidad Complutense, Madrid, 2022).

5 대표적인 예가 바로 '감정 교육'의 부상이다. 오늘날의 현실에서 감정이 차지하는 중요성은 하이퍼모던 주체에 대한 감정적 교육의 필요성을 강하게 요구하고 있다. "감정 교육은 일반적인 교육과정에서는 충분히 다루어지지 않았던 사회적 필요성에 대한 응답이다. 이에는 불안, 스트레스, 우울증, 폭력, 약물 사용, 자살, 위험 행동 등이 포함되며, 이들 대부분은 감정적 문맹의 결과이다.", VV. AA., *Educación emocional*(감정 교육), Bisquerra, R.(Desclée Brouwer, Bilbao, 2011), p. 11.

6 López, F., "El giro lingüístico de la filosofía y la historiografía contemporánea(현대 철학과 역사학의 언어적 전회)", *Revista Mañongo*, 37호, vol.XIX, 2011, p. 191.

7 하우메 아우렐에 따르면, 언어적 전회는 1964년 구스타프 베리만에 의해 만들어졌다. 이 개념을 대중화하고 종종 참고 자료로 인용되는 사람은 리처드 로티일 것이다. Aurell, J., "Los efectos del giro lingüístico en la historiografia reciente(최근 역사학에서 언어적 전회의 효과)", *Rilce, Revista de Filología Hispánica*, vol.20, 1 (2004), pp. 1-16.

8 리처드 로티가 '언어적 전회'라는 개념을 대중화했지만, 그 기원을 누구에게서 찾아야 하는지에 대한 견해는 다양하다. 미셸 푸코는 니체를 선구자로 보았고, 장프랑수아 리오타르는 비트겐슈타인을 언어 문제를 철학적 연구의 중심에 놓은 최초의 사상가로 여겼다. 또 다른 관점에서는 구조주의에 영향을 준 언어학자 페르디낭 드 소쉬르를 이 흐름에 영감을 준 인물로 제시한다. Rojas Osorio, C., "Giro lingüístico/giro hermenéutico/giro semiológico(언어적 전회/해석적 전회/기호적 전회)", *Revista de Filosofía*, vol. 57 (2001), pp. 63-75, 330-336.

9 Castellanos, L., *La ciencia del lenguaje positivo: cómo nos cambian las palabras que elegimos*(긍정적 언어의 과학: 우리가 선택하는 단어가 우리를 어떻게 변화시키는가) (Paidós, Barcelona, 2016).

10 에바 일루즈는 감정 자본주의의 존재를 주장하며, 이로 인해 '호모 센티멘탈리스*Homo sentimentalis*'라는 인간 유형이 등장했다고 주장한다. 이에 따르면, 사회를 구조화하는 거대한 서사에는 사소해 보이지만 결정적인 해석의 열쇠가 들어 있으며, 이러한 맥락에서 감정은 사회를 이론화하는 데 중요한 역할을 한다고 한다. 이 내용과 관련해서는 『감정 자본주의』를 참고하고, 좀 더 자세히 알고 싶다면 또 다른 저서인 다음 책을 참조하라. *Les marchandises émotionnelles(감정 상품)* (Premier Parallèle, París, 2019). 아울러, 윌리엄 데이비스는 다음 책에서 감정이 어떻게 사회를 지배하게 되었는지를 철저하게 분석한다. *Estados nerviosos(긴장 상태)*,(Sexto Piso, Madrid, 2019).

11 지방의 고유한 어휘가 쇠퇴하는 현상은 특히 '텅 빈 스페인' 현상과 가속화된 도시화에서 비롯된다. 다음 논문을 참고하라. Collantes, M. C., "Léxi-co rural en regresión. Sondeo entre estudiantes de Aranda y la Ribera(농촌 어휘의 쇠퇴: 아란다와 라 리베라 학생들을 대상으로 한 설문 조사)", *Biblioteca Estudio e Investigación*, 7 (1992), Aranda del Duero, pp. 135-146. 이 연구에서 알 수 있듯, 일부 지역에서는 농촌 고유의 어휘가 사라지고 있지만, 동시에 일부 회복 사례도 있다.

12 Lacan, J., "Lo simbólico, lo imaginario y lo real(상징계 실재계 상상계)", *De los nombres del padre(아버지의 이름들에 대하여)* (Paidós, Buenos Aires, 2005), pp. 11-64.

13 Nussbaum, M. C., *Upheavals of thought: the intelligence of emotions* (Cambridge University Press, Cambridge, 2001). 마사 누스바움, 조형준 옮김, 『감정의 격동』, 새물결, 2015.

14 Illouz, E., *Intimidades congeladas Las emociones en el capitalismo* (Katz Editores, Buenos Aires, 2007), p. 16. 에바 일루즈, 김정아 옮김, 『감정 자본주의』, 돌베개, 2010.

15 다음 논문을 참조. Fernández Hernández, A., "Influencia de las palabras emocionales en el procesamiento sintáctico y semántico de la oración(감정적 단어가 문장의 통사적, 의미적 처리에 미치는 영향)", Universidad Complutense, Madrid, 2013.

16 Touraine, A., *Crítica de la modernidad*(현대성 비판) (Fondo de Cultura Económica, Bogotá, 2000), p. 201.

17 위키피디아 정의.

18 Aliste, M. E. R., Real, D. L., y Bravo, I. L., "¿res visual, auditivo o kinestésico? Estilos de aprendizaje desde el modelo de la Programación Neurolingustica (PNL)(당신은 시각, 청각 또는 운동 감각이 있는가? 신경언어 프로그래밍NLP 모델의 학습 스타일)", *Revista Iberoamericana de Educación*, 38 (2) (2006), pp. 1-10.

19 라틴아메리카 언어아카데미의 대표들은 스페인어의 변화를 더 자세히 분석하기 위해 라리오하의 산 미얀 데 라 코골라 수도원에 모였다. 그곳에 모인 전문가들은 특히 젊은 층에서 사용하는 단어 수가 급격히 감소하고 있다고 진단했다. "El hablante de español utiliza cada vez menos palabras(스페인어 사용자는 점점 더 적은 단어를 사용한다)", *Cinco Días, El País Economía*, 2005. 6. 6. https://cincodias.elpais.com/cincodias/2005/06/06/senti-dos/1118024839_850215.html.

20 Mourelle de Lema, M., "La lengua española y los medios de comunicación(스페인어와 미디어)", *Primer Congreso Internacional de la Lengua Española*, vol.I, 1998년, p. 492.

21 "Instagram y TikTok, las aplicaciones que más crecen en España(스페인에서 가장 성장하는 애플리케이션 인스타그램과 틱톡)", *El Correo*, 2022. 5. 18, https://www.elcorreo.com/tecnologia/internet/instagram-aplicacio-nes-crecen-20220518141210-ntrc.html.

22 Pinker, S., *El instinto del lenguaje* (Alianza, Madrid, 2012). 스티븐 핑커, 김한영·문미선·신효식 옮김, 『언어 본능』, 동녘사이언스, 2008.

23 Orwell, G., *1984* (Debolsillo, Barcelona, 2019), p. 315. 조지 오웰, 정회성 옮김, 『1984』, 민음사, 2003.

24 Lakoff, G., *No pienses en un elefante* (Península, Barcelona, 2017). 조지 레이코프, 유나영 옮김, 『코끼리는 생각하지 마』, 와이즈베리, 2015.

25 Orwell, G., *1984* (Debolsillo, Barcelona, 2019), p. 315. 조지 오웰, 『1984』, 정회성 옮김, 민음사, 2003.

26 같은 책.

27 Vallet, A., *El lenguaje total(전체 언어)* (Edelvives, Barcelona, 1980).

28 Gutiérrez, B., Rodríguez, M. I., y Gallego, M. C., "El papel de los medios de comunicación actuales en la sociedad contempo-ránea española(현대 스페인 사회에서 현재 미디어의 역할)", *Signo y Pensamiento*, XXIX (57) (2010), pp. 268-285, https://www.redalyc.org/articulo.oa?id=860200. [2019. 12. 3].

29 Bono, E. de, *Lateral Thinking: A Textbook of Creativity* (Penguin Books, Londres, 2016). 에드워드 드 보노, 이은정 옮김, 『드 보노의 수평적 사고』, 한언출판사, 2019.

30 Lieberman, N. J., "Alegría y pensamiento divergente: una investigación de su relación a nivel de jardín de infantes(기쁨과 확산적 사고: 유치원 수준에서의 관계에 대한 조사)", *El diario de psicología genética*, 107, 1965.

31 Lipman, M., *Investigación filosófica(철학적 연구)* (La Torre, Madrid, 1988).

32 Neff, W. S., "Socioeconomic Status and Intelligence, A Critical Survey(사회경제적 지위와 지능, 비판적 조사)", *Psychological Bulletin*, 35(10) (1938).

33 Bernal, A., Ferrando, M., y Sainz, M., "Un estudio sobre las relaciones entre creatividad y algunos aspectos sociodemográ-ficos: la edad de padres y madres(창의성과 사회인구학적 측면의 관계 연구: 아버지와 어머니 연령)", IV *Jornadas Doctorales Escuela Internacional de Doctorado de la Universidad de Murcia, Murcia*, 2019, pp. 477-482, https://dialnet.unirioja.es/ser-vlet/articulo?codigo=6892325Z.

34 Dai, D. Y., Tan, X., Marathe, D., et al., "Influences of Social and Educational Environments on Creativity During Adolescence: Does SES Matter?(청소년기 창의성에 대한 사회 및 교육 환경SES의 영향: SES가 중요한가?)", *Creativity Research Journal*, 24 (2-3) (2012).

35 Parsasirat, Z., Foroughi, A., Yusooff, F., et al., "Effect of Socioeconomic Status on Emersion Adolescent Creativity(사회경제적 지위가 청소년 창의성 발현에 미치는 영향)", *Asian Social Science*, 9 (4) (2013).

36 Pinker, S., *Los ángeles que llevamos dentro* (Paidós, Barcelona, 2018). 스티브 핑커, 김명남 옮김, 『우리 본성의 선한 천사』, 사이언스북스, 2014.

37 González-Ramírez, M. T., y Landero-Hernández, R., "Diferencias en tolerancia a la frustración entre Baby Boomers, Generación X y Millennials (베이비붐 세대, X세대, 밀레니얼 세대의 좌절에 대한 내성 차이)", *Ansiedad y Estrés*, vol. 27, 2-3, 2021, pp. 89-94, https://www.ansiedadyestres. es/sites/de-fault/files/rev/2021/anyes2021a12.pdf.

불만 속의 기대
6장 포스트 행복

1 Lipovetsky, G., *El crepúsculo del deber*(의무의 황혼) (Anagrama, Barcelona, 2000), p. 156.

2 Lipovetsky, G., *La era del vacío*(공허의 시대) (Anagrama, Barcelona, 1986).

3 Lipovetsky, G., *El crepúsculo del deber*(의무의 황혼) (Anagrama, Barcelona, 2000), p. 12.

4 같은 책, p. 16.

5 Martín, L., *El mundo feliz*(행복한 세상) (Anagrama, Barcelona, 2018).

6 Kant., I, *Crítica de la razón práctica* (Alianza, Madrid, 2013), 이마누엘 칸트, 백종현 옮김, 『실천 이성 비판』, 아카넷, 2019.

7 Lipovetsky, G., *Los tiempos hipermodernos*(하이퍼모던 시대) (Anagrama, Barcelona, 2000), pp. 21-22.

8 Lipovetsky, G., *La felicidad paradójica* (Anagrama, Barcelona, 2007), p.148. 질 리포베츠키, 정미애 옮김, 『행복의 역설』, 알마, 2009.

9 *The Objective*: "España es el país donde más ansiolíticos se consumen: el 11 % de la población los toma(스페인은 항불안제를 가장 많이 소비하는 국가로, 인구의 11퍼센트가 이를 복용한다)", Lidia Ramíez, 2022. 5. 22, https://theobjective.com/socie-dad/2022-05-22/consumo-ansioliticos-espana-valium-orfidal/.

10 Fernádez, M., "Cuando la soledad mata(외로움이 죽일 때)", *El País*, 2018. 1. 13, https://elpais.com/politica/2018/ 01/13/actualidad/1515873186_

409536.html. [2022. 10. 1.].

11 Choza, J., *Historia cultural del humanismo*(인본주의의 문화사) (Thémata y Plaza y Valdés, Sevilla y Madrid, 2009), pp. 194.

12 Adorno, T., Horkheimer, M., *Dialéctica de la Ilustración* (Trotta, Madrid, 2001). 테오도어 아도르노·막스 호르크하이머, 김유동 옮김, 『계몽의 변증법』, 문학과지성사, 2001.

13 Rodríguez Donís, M., "La amistad de Cicerón: crítica del utilitarismo(키케로의 우정: 공리주의 비판)", *Fragmentos de Filosofía*, 5(2007).

14 Lipovetsky, G., Serroy, J., *La pantalla global*(글로벌 스크린) (Anagrama, Barcelona, 2009).

15 Dalrymple, T., *Sentimentalismo tóxico*(유독한 감상주의) (Alianza, Madrid, 2016).

16 Cabanas, E., Illouz, E., *Happycracy* (Paidós, Barcelona, 2019). 에바 일루즈·에드가르 카바나스, 이세진 옮김, 『해피크라시』, 청미, 2021.

17 Beytía, P., Calvo, E., "¿Cómo medir la felicidad(행복은 어떻게 측정할까?)", *Claves de Políticas Públicas*, 2011. 10. 4.

18 "Cómo ser feliz y otras aspiraciones que buscamos los españoles en Google(행복해지는 방법과 그 외 스페인 사람들이 구글에서 검색하는 바람들)", VV. AA., *La Información*, 2016, 12. 25., https://www.lainformacion.com/asuntos-sociales/feliz-aspiraciones-buscamos-espanoles-google_0_984201619 [2019. 12. 30.].

19 Martín, L., *El mundo feliz*(행복한 세상) (Anagrama, Barcelona, 2018), p. 97.

20 같은 책, p. 97.

21 같은 책, p. 98.

22 Aristóteles, *Ética a Nicómaco* (Gredos, Madrid, 1993). 아리스토텔레스, 천병희 옮김, 『니코마코스 윤리학』, 도서출판숲, 2013.

23 Aristóteles, *Política* (Alianza, Madrid, 1999). 아리스토텔레스, 천병희 옮김, 『정치학』, 도서출판숲, 2009.

24 Harari, Y., *Sapiens* (Debate, Barcelona, 2015). 유발 하라리, 조현욱 옮김,

『사피엔스』, 김영사, 2023.

25 Rojas Estapé, M., *Cómo hacer que te pasen cosas buenas*(마음 흠트) (Espasa, Madrid, 2018).

26 Pinker, S., *Enlightenment Now: The Case for Reason, Science, Humanism, and Progress* (Penguin Books, Londres, 2018), p. 4. 스티븐 핑커, 김한영 옮김, 『지금 다시 계몽』, 사이언스북스, 2021.

27 Guthrie, W. K. C., *Historia de la filosofía griega* (Gredos, Madrid, 1993). W. K. C. 거스리, 박종현 옮김, 『희랍 철학 입문』, 서광사, 2000.

28 Punset, E., *Viaje a las emociones*(감정으로의 여행) (Destino, Barcelona, 2010), p. 15.

29 Camps, V., *Elogio de la duda*(의심에 대한 찬사) (Arpa, Barcelona, 2016).

30 Ricoeur, P., *Freud: una interpretación de la cultura* (Siglo XXI, Buenos Aires, 2004년), p. 33. 폴 리쾨르, 김동규·박준영 옮김, 『해석에 대하여』, 인간사랑, 2020.

31 Camps, V., *La búsqueda de la felicidad*(행복을 찾아서) (Arpa, Barcelona, 2019), p. 10.

32 Russell, B., *La conquista de la felicidad* (Debolsillo, Barcelona, 2016), p. 15. 버트런드 러셀, 이순희 옮김, 『행복의 정복』, 사회평론, 2005.

33 더 자세한 내용은 다음을 참고하라. Nandy, A., "Modernidad y búsqueda de la felicidad(모더니티와 행복 추구)", *Anuario Asia-Pacífico*, 1, Casa-Asia, CIDOB y Real Instituto Elcano, 2009.

34 Davies, W., *La industria de la felicidad* (Ediciones Malpaso, Barcelona, 2014), p. 10. 윌리엄 데이비스, 황성원 옮김, 『행복 산업』, 동녘, 2015.

35 같은 책, p. 17.

36 Cabanas, E., Illouz, E., *Happycracy* (Paidós, Barcelona, 2019). 에바 일루즈, 에드가르 카바나스, 이세진 옮김, 『해피크라시』, 청미, 2021.

37 Davies, W., *La industria de la felicidad* (Ediciones Malpaso, Barcelona, 2014), pp. 16-17. 윌리엄 데이비스, 황성원 옮김, 『행복 산업』, 동녘, 2015.

38 Ortega y Gasset, J., *¿Que es filosofia?* (Alianza, Madrid, 1999). 오르테가 이 가세트, 김현창 옮김, 『대중의 반란/철학이란 무엇인가』, 동서문화동

판, 2016.

39 Séneca, *Epístolas morales a Lucilio*(루킬리우스에게 보내는 도덕적 편지들), vol. I (Gredos, Madrid, 2000).

40 한병철은 다음 책에서 이 이론을 옹호하고 있다. *El enjambre* (Herder, Barcelona, 2014). 한병철, 김태환 옮김, 『투명 사회』, 문학과지성사, 2014.

41 Concheiro, L., *Contra el tiempo*(시간에 대항하여) (Anagrama, Barcelona, 2016), p. 19.

42 Ehrenreich, B., *Sonríe o muere* (Turner, Barcelona, 2018), p. 16. 바버라 에런라이크, 전미영 옮김, 『긍정의 배신』, 부키, 2011.

43 Martínez-Hernáez, A., "La mercantilización de los estados de ánimo. El consumo de antidepresivos y las nuevas biopolíticas de las aflicciones(기분의 상품화: 항우울제 소비와 고통에 대한 새로운 생명 정치)", *Política y sociedad*, 43(3) (2006), p. 43.

44 Davies, W., *La industria de la felicidad* (Ediciones Malpaso, Barcelona, 2014), p. 9. 윌리엄 데이비스, 황성원 옮김, 『행복 산업』, 동녘, 2015.

45 Dalrymple, T., *Sentimentalismo tóxico*(유독한 감상주의) (Alianza, Madrid, 2016), p. 68.

46 Kant., I, *Crítica de la razón práctica* (Alianza, Madrid, 2013), p. 26. 이마누엘 칸트, 백종현 옮김, 『실천 이성 비판』, 아카넷, 2019.

47 Moccia, S., "Felicidad en el trabajo(노동에서의 행복)", *Papeles del psicólogo*, 37(2) (2016).

48 Sánchez Vázquez, J. F., Sánchez-Ordóñez, R., "'Happiness Management': Revisión de literatura científica en el marco de la felicidad en el trabajo ('행복경영': 직장에서의 행복의 범주에 관한 과학 문헌 검토)", Retos. *Retos. Revista de Ciencias de Administración y Economía*, 9 (18) (2019), pp. 259-271. https://doi.org/10.17163/ret.n18.2019.05. [2022.10.27.].

49 Zafra, R., *El entusiasmo*(열정) (Anagrama, Barcelona, 2017).

50 Debord, G., *La sociedad del espectáculo* (Pre-textos, Valencia, 1999), pp. 42-43. 기 드보르, 유재홍 옮김, 『스펙타클의 사회』, 울력, 2014.

51 Robinson, K., *Finding your element* (Penguin Books, Londres, 2014). 켄 로

빈슨·루 애로니카, 정미나 옮김, 『엘리먼트』, 21세기북스, 2016.

52 Cuervo Arango, M. A., "La calidad de vida. Juicios de satisfacción y felicidad como indicadores actitudinales del bienestar(삶의 질: 웰빙의 태도 지표로서 만족과 행복에 관한 판단)", *Revista de Psicología Social*, VIII(1) (1993).

53 Maslow, A. H., *Toward a Psychology of Being* (D. Van Nostrand, Nueva York, 1968). 에이브러햄 매슬로, 정태연·노현정 옮김, 『존재의 심리학』, 문예출판사, 2005.

54 Bentham, J., *Falacias políticas(정치적 오류)* (Centro de Estudios Constitucionales, Madrid, 1990).

55 Mill, J. S., *El utilitarismo* (Alianza, Madrid, 2007), p. 53. 존 스튜어트 밀, 이종인 옮김, 『공리주의』, 현대지성, 2020.

토템 스크린
7장 두려움과 포스트 행복: 하이퍼모던 시대의 두려움

1 Maffei, A. M., "Fobia: su especificidad y abordaje psicoterapéutico(공포증: 그 특이성과 심리치료적 접근)", dir. A. Imbriano, Escuela de Psicología, Universidad Argentina John F. Kennedy, 2010.

2 Grimal, P., *Diccionario de mitología griega y romana* (Paidós, Barcelona, 1991). 피에르 그리말, 최애리·이성엽·이창실·백영숙 옮김, 『그리스 로마 신화 사전』, 열린책들, 2003.

3 Hesíodo, *Teogonía* (Planeta, Barcelona, 1997). 헤시오도스, 천병희 옮김, 『신들의 계보』, 도서출판숲, 2009.

4 플라네타 출판사 판본의 『일리아스』에서는 포보스가 'Fuga(도망)'로 번역되었지만, 카를로스 가르시아 구알이 감수하고 그레도스 출판사에서 나온 『일리아스』에서는 'Huida(도피)'로 번역된다. 이는 아레스와 전투에 참여해 가장 사나운 전사조차 도망치게 만드는 강하고 용감한 딸을 가리킨다. 다음을 참조하라. *Homero*, XIII, pp. 298.

5 Camps, V., *Elogio de la duda(의심에 대한 찬사)* (Arpa, Barcelona, 2016).

6 Kant, I., *¿Qué es la Ilustración? Y otros escritos de ética, política y filosofía de la*

historia (Alianza, Madrid, 2013). 이마누엘 칸트, 임홍배 옮김,『계몽이란 무엇인가』, 길, 2020.

7 Spock, B., Rothenberg, M., *El cuidado de su hijo del Dr Spock*(스폭 박사의 육아서) (Pocket Books, 1997).

8 이 변화에 관해 자세히 알아보려면 다음 논문을 참조하라. Doval S. L., "Acercamiento etimológico al término 'educación'('교육' 개념에 대한 어원학적 접근)", *Revista Española de Pedagogía*, 37(146) (1979).

9 Locke, J., *Ensayos sobre el entendimiento humano* (Fondo de Cultura Económica, México D. F., 2005). 존 로크, 추영현 옮김,『인간 지성론』, 동서문화동판, 2017.

10 Ramis, J. P., "Reflexiones sobre el trasfondo político en el juicio de Sócrates(소크라테스 재판의 정치적 배경에 대한 성찰)", *Atenea*, 491 (2005).

11 Ortega Ortiz, R. Y., "Reflexiones a propósito de Sócrates(소크라테스에 대한 고찰)", *De Amicitia et doctrina*(우정과 학습에 관하여) (México, Colegio de México, 2007), p. 288.

12 Burnet, J., *Plato's Euthyphro, Apology of Socrates and Crito*(플라톤의 에우티프론, 소크라테스의 변명, 크리톤) (Oxford University Press, Oxford, 1954).

13 Sarasqueta, G., "Postpolítica: ¿autopsia o metamorfosis del relato? El caso de Donald Trump(탈정치: 이야기의 정밀 분석인가, 변형인가? 도널드 트럼프 사례)", *Question* 1, 1 (55) (2017), p. 128.

14 같은 글.

15 개념의 용어적 변형을 탐구하기 위해 다음을 참고했다. Domínguez García, V., "El miedo en Aristóteles(아리스토텔레스의 두려움)", *Psicothema*, 15 (4) (2003).

16 경이로움의 개념은 철학적 태도와 관련해 특별한 중요성을 가진다. 이 주제에 대해서 더 자세히 알아보려면 다음을 참고하라. Ugalde, J., "El asombro, la afección originaria de la filosofía(경이로움, 철학의 근본적 애정)", *Areté*, 29(1), 2017.

17 Aristóteles, *Retórica* (Gredos, Madrid, 2000), pp. 21-22. 아리스토텔레스, 박문성 옮김, 『아리스토텔레스의 수사학』, 현대지성, 2020.

18 Robin, C., *Fear: The History of a Political Idea(두려움: 정치사상의 역사)* (Fondo de Cultura Económica, México, D. F., 2018), p. 5.

19 Casado, C., Colomo, R., "Un breve recorrido por la concepción de las emociones en la filosofía occidental(서양 철학에서의 감정 개념에 대한 간략한 소개)", *A parte rei, Revista de Filosofía*, 47 (2006. 9.).

20 Hobbes, T., *Leviathan* (Alianza, Madrid, 1999). 토머스 홉스, 진석용 옮김, 『리바이어던』, 나남출판, 2008.

21 Spinoza, B., *Ética* (Sarpe, Madrid, 1984). 스피노자, 강영계 옮김, 『에티카』, 서광사, 2007.

22 Castany Prado, B., *Una filosofía del miedo(두려움의 철학)* (Anagrama, Barcelona, 2022).

23 Marina, J. A., *Anatomía del miedo(두려움의 해부학)*(Anagrama, Barcelona, 2015).

24 Maquiavelo, N., *El príncipe* (El Aleph, 1999). 니콜로 마케아벨리, 강정인·김경희 옮김, 『군주론』, 까치, 2015.

25 Sigmund Freud, *La angustia Conferencias de introducción al psicoanálisis*, vol. XVI (Amorrortu, Buenos Aires, 1993). 지그문트 프로이트, 임홍빈·홍혜경 옮김, 『정신분석 강의』, 열린책들, 2020.

26 오늘날 정치가 새롭게 등장한 미디어의 확장 및 영향력의 메커니즘에 발맞추어 시도했던 변화와 적응들에 대해서는 수많은 분석이 존재한다. 그러나 여기서 우리는 예스페르 스트룀벡의 분석을 강조하고자 한다. 그는 정치 커뮤니케이션 미디어화의 마지막 단계에서는 정치인들이 미디어에 대한 영향력을 상실하게 되고, 그 결과 미디어의 논리에 적응해야만 하는 처지에 놓이게 된다고 주장했다. Strömbäck, J., "Four phases of mediatization: an analysis of Mediatization of Politics(매체화의 4단계: 정치의 매체화 분석)", *The International Journal of Press/Politics*, 13(3) (2008).

27 Espejo, C., "Religion e ideologia en Homero(호메로스의 종교와 이데올로

기)", *Studia Historica, Historia Antigua*, 12 (1994).

28 고대 그리스의 생활 방식과 관련 내용에 대해서 자세히 알고 싶다면 다음을 참조하라. Lasso de la Vega, J., "Ideales de la vida antigua en Grecia(그리스 고대 생활의 이상)", *Helmántica*, 13 (1962), pp. 40-42.

29 Knauss, B., *La polis Individuo y Estado en la Grecia antigua*(폴리스: 고대 그리스의 개인과 국가) (Aguilar, Madrid, 1979).

30 대화편인 『크리톤』은 『소크라테스의 변론』과 함께 쓰였기 때문에 정의감, 비난, 시민적 의무의 수용 사이에는 강한 상관관계가 존재한다고 볼 수 있다. 『크리톤』에서는 법이 그 무엇보다 중요한 것으로 다뤄지기에 탈옥이 위법이라고 주장하는 것은 당연하다. 무엇보다 여기서 중요한 것은 단순히 사는 것이 아니라 정의의 관념에 부합하게 '잘 사는 것'이 중요하다는 논증이다. Platón, *Critón, Diálogos*, vol. I(Gredos, Madrid, 1981). 플라톤, 황문수 옮김, 『소크라테스의 변명, 크리톤, 파이돈, 향연』, 문예출판사, 1999.

31 Kant, I., *Fundamentación de la metafísica de las costumbres. Crítica de la razón práctica. La paz perpetua* (Porrúa, México D. F., 1995), p. 39. 이마누엘 칸트, 백종현 옮김, 『윤리 형이상학 정초』, 아카넷, 2018.

32 Foucault, M., *Vigilar y castigar* (Siglo XXI, México D. F., 1980). 미셸 푸코, 오생근 옮김, 『감시와 처벌』, 나남출판, 2020.

33 Lipovetsky, G., *Metamorfosis de la cultura liberal*(자유주의 문화의 변형) (Anagrama, Barcelona, 2006), p. 33.

34 같은 책, p. 27.

35 플라톤의 동굴 비유에서 이미지에 의한 통제는 간수들 자신이 죄수들의 현실 인식을 조작하고 있다는 사실을 명확히 인지하는 순간부터 시작된다. 죄수들이 벽에 비친 그림자라고 믿는 것들은 사실, 간수들이 물건과 횃불을 이용하여 만들어낸 허상일 뿐이다. Platón, *Diálogos, República*, vol. IV(Gredos, Madrid, 2003). 플라톤, 박종현 옮김, 『플라톤의 국가·정체』, 서광사, 2005.

36 Sevil Serrano, J., Abós Catalán, A., Aibar Solana, A., et al., "¿Se deberían replantear las recomendaciones relativas al uso sedentario del tiempo de

pantalla en adolescentes?(청소년의 장시간 스크린 사용에 대한 권장 기준을 재검토해야 할까?)", *Sport TK*, 7 (2) (2018).

37 이런 관점에서 볼 때, 환상을 상품처럼 유통하는 도구인 스펙터클과 그 협력자들은 밀접하게 연관되어 있고, 핵심 요소 중 하나는 이미지다. Debord, G., *La sociedad del espectáculo* (Pre-textos, Valencia, 2012). 기 드 보르, 유재홍 옮김,『스펙타클의 사회』, 울력, 2014.

38 Ovidio, P., *Metamorfosis* (Alianza, Madrid, 1996). 오비디우스, 이윤기 옮김,『변신 이야기 1, 2』, 민음사, 1998.

39 Fontcuberta, J., *La furia de las imágenes(이미지의 분노)* (Galaxia Gutenberg, Barcelona, 2016).

40 Didi-Huberman, G., *Cuando las imágenes toman posición*(이미지가 위치를 잡을 때)(Antonio Machado Libros, Madrid, 2008).

41 Fontcuberta, J., *La furia de las imágenes(이미지의 분노)* (Galaxia Gutenberg, Barcelona, 2016).

42 Lipovetsky, G., Serroy, J., *La pantalla global(글로벌 스크린)* (Anagrama, Barcelona, 2009).

43 Vañó Vicedo, R., *Educar la mirada(보는 법 교육하기)* (Tirant lo Blanch, Valencia, 2015).

44 부탄의 사례와 관련해 다음의 다큐멘터리를 참고했다. Tom Vendetti(dir.), *Bhutan: Taking the Middle Path to Happiness*(행복을 향한 중도中道) (2007).

45 Mirzoeff, N., *Una introducción a la cultura visual)* (Paidós, Barcelona, 2003). 니콜라스 미르조에프, 임산 옮김,『비주얼 컬처의 모든 것』, 홍시커뮤니케이션, 2009.

도피
결론

1 "Ministerios de la Felicidad: Iniciativas estatales para que la gente sea más feliz(행복부: 사람들을 더 행복하게 만들기 위한 국가 이니셔티브)", RT actualidad, 2017. 3. 23. https://eju.tv/2017/03/ministerios-de-la-felicidad-iniciativas-estatales-para-que-la-gente-sea-mas-feliz.

2 Cederström, C., y Spicer, A., *The Wellness Syndrome*(웰니스 신드롬) (Polity Press, Cambridge, 2015).

3 여기에서 인용된 기사를 쓴 연구진은 사람이 행복을 추구하는 순간부터 오히려 실망감이 커진다는 점을 지적했다. 두 개의 통제 집단을 대상으로 진행한 실험 결과, 행복을 매우 중요하게 여긴 첫 번째 집단은 실험 상황에서 기대와 달리 행복함을 거의 느끼지 못했다. 반면, 처음부터 행복 문제를 덜 중요하게 여긴 두 번째 집단은 상대적으로 덜 불행한 결과를 보였다. 연구진은 이러한 결과를 바탕으로, 행복에 높은 가치를 부여할수록 오히려 행복감이 낮아질 수 있다는 결론을 내렸다. Mauss, I. B., Tamir, M., et al., "Can Seeking Happiness Make People Unhappy? Paradoxical Effects of Valuing Happiness(행복을 추구하면 사람들이 불행해질 수 있을까? 행복 가치 평가의 역설적 효과)", *Emotion*, 11 (4) (2011. 8.), https://www.ncbi.nlm.nih.gov/pmc/articles/PMC3160511/.

4 Cabanas, E., Illouz, E., *Happycracy* (Paidós, Barcelona, 2019). 에바 일루즈·에드가르 카바나스, 이세진 옮김, 『해피크라시』, 청미, 2021.

5 Lipovetsky, G., Serroy, J., *La estetización del mundo*(세상의 미학화) (Anagrama, Barcelona, 2015), p. 25.

6 Lipovetsky, G., *De la ligereza* (Anagrama, Barcelona, 2016), p. 15. 질 리포베츠키, 이재형 옮김, 『가벼움의 시대』, 문예출판사, 2017.

7 García Gual, C., "El sabio epicúreo y el sabio estoico(에피쿠로스 현자와 금욕주의 현자)", *Daimon, Revista Internacional de Filosofía*, 30(2003), p. 24.

8 Comte-Sponville, A., *La felicidad, desesperadamente*(행복, 필사적으로) (Paidós, Barcelona, 2010), p. 12. 최근작으로는 다음을 참고. Camps, V., *La búsqueda de la felicidad*(행복을 찾아서) (Arpa, Barcelona, 2019).

9 Cabanas, E., Illouz, E., *Happycracy* (Paidós, Barcelona, 2019) 에바 일루즈·에드가르 카바나스, 이세진 옮김, 『해피크라시』, 청미, 2021.

원고의 일부 출처에 대한 설명

이 책에 실린 원고 대부분은 기존에 발표한 작품들에 한 번도 실리지 않은 미공개 글이지만, 하이퍼모던 주체를 형상화하기 위해 최근에 발표한 다음

세 편의 논문을 활용하고 일부 수정, 보완해 실었다.

- "Taxonomí del miedo hipermoderno frente a la duda(의심에 직면한 하이퍼모던 두려움의 분류학)", *Inclusiones*, 6 (2019. 10-12).
- "Posverdad, escepticismo y pensamiento crítico: el ciclo de la vida pública(탈진실, 회의주의, 비판적 사고: 공적인 삶의 순환)", *La posverdad a debate*, Ediciones Egregius, 2019.
- "La crisis hipermoderna de la felicidad: posfelicidad(행복에 대한 하이퍼모던 위기: 포스트 행복)", coord. Manuel Bermúdez Vázquez, *Luces en el camino: Filosofía y Ciencias Sociales en tiempos de desconcierto(길 위의 빛: 혼란의 시대에 철학과 사회과학)* (Madrid, 2021).

옮긴이 김유경

멕시코 몬테레이 공과대학과 스페인 카밀로호세셀라 대학에서 조직심리학을 공부했다. 출판기획과 번역을 하며 다양한 분야의 스페인어권 작품을 알리고 있다. 번역한 책으로 『언어의 뇌과학』, 『스토아적 삶의 권유』, 『동물들의 인간 심판』, 『가난포비아』, 『사람을 얻는 지혜』 등이 있다.

우아한 사고를 위한 철학

초판 발행 2026년 4월 10일

지은이 호세 카를로스 루이스
옮긴이 김유경

책임편집 조은화 ǀ **편집** 신원제
디자인 상록 이강효
마케팅 이보민 손아영

펴낸곳 (주)북하우스 퍼블리셔스 ǀ **펴낸이** 김정순
출판등록 1997년 9월 23일 제406-2003-055호
주소 04043 서울시 마포구 양화로 12길 16-9(서교동 북앤빌딩)
전화 02-3144-3123 ǀ **팩스** 02-3144-3121
전자우편 editor@bookhouse.co.kr ǀ **홈페이지** www.bookhouse.co.kr
인스타그램 @bookhouse_official

ISBN 979-11-6405-354-4 03100